［德］约瑟夫·帕辛格　著
（Josef Parzinger）

傅梅瑛　译

第2版
2.Auflage

FALLTRAINING
德国破产法案例评析
INSOLVENZRECHT

当代中国出版社
Contemporary China Publishing House

© 2021 C. F. Müller GmbH, Waldhofer Straβe 100, 69123 Heidelberg

Dieses Werk, einschlieβlich aller seiner Teile, ist urheberrechtlich geschützt. Jede Verwertung auβerhalb der engen Grenzen des Urheberrechtsgesetzes ist ohne Zustimmung des Verlages unzulässig und strafbar. Dies gilt insbesondere für Vervielfältigungen, Übersetzungen, Mikroverfilmungen und die Einspeicherung und Verarbeitung in elektronischen Systemen.

图书在版编目（CIP）数据

德国破产法案例评析：第 2 版 /（德）约瑟夫·帕辛格著；傅梅瑛译． -- 北京：当代中国出版社，2025.5. -- ISBN 978-7-5154-1545-1

Ⅰ．D951.622.9

中国国家版本馆 CIP 数据核字第 2025QG2930 号

出 版 人　蔡继辉
责任编辑　邓颖君　李　昭
责任校对　贾云华　康　莹
印刷监制　刘艳平
封面设计　宋　涛　鲁　娟
出版发行　当代中国出版社
地　　址　北京市地安门西大街旌勇里 8 号
网　　址　http://www.ddzg.net
邮政编码　100009
编 辑 部　(010) 66572156
市 场 部　(010) 66572281　66572157
印　　刷　中国电影出版社印刷厂
开　　本　710 毫米 ×1000 毫米　1/16
印　　张　17.5 印张　1 插页　232 千字
版　　次　2025 年 5 月第 1 版
印　　次　2025 年 5 月第 1 次印刷
定　　价　88.00 元

版权所有，翻版必究；如有印装质量问题，请拨打 (010) 66572159 联系出版部调换。

前　言

破产法涵盖了广泛的法律主题。它与债法、物权法、公司法，甚至劳动法、税法和著作权法等其他法律领域密切相关，并引发了诸多经济问题。

本书的案例训练将使您从法学的视角熟悉破产领域的相关内容。除了经典的破产法主题，例如破产程序的流程、（临时）破产管理人的权限以及债权人的不同优先级别外，还将向您详细介绍近年来破产法的众多改革内容，包括破产计划程序、自主管理、破产撤销、集团破产和个人破产。本书还涵盖了国际破产法的基本原则。此外，您还将学习到《债券法》以及于 2021 年 1 月 1 日生效的《企业稳定与重组法》（StaRUG）的相关知识，这部法律对金融债务（如银团贷款和债券）的重组具有重要意义。此外，自 2021 年 1 月 1 日起，《破产法》本身也进行了多项修订。

本书有关《破产法》导论的问题、入门案例和最终案例，可以使您有机会对《破产法》有一个整体的了解。十二个详细的练习案例可以加深您对《破产法》的理解。我建议将这本全面修订的第2版《案例评析》与齐默曼（Zimmermann）先生的《破产法概要》（Grundriss des Insolvenzrechts）、格罗伊丝娜（Gleußner）女士的案例训练（JURIQ Erfolgstraining）结合使用，这两本书在本书中多处都有引用。如需详细了解，我推荐克劳斯·海舍（Klaus Reischl）先生的破产法教科书。

我很高兴收到大家对第3版的建议和意见。

约瑟夫·帕辛格
2021年1月于德国慕尼黑

目录

内容概览 / 001

引用建议 / 005

从危机到破产 / 015

有关《破产法》导论的几个问题
——第 1 部分 / 001

有关《破产法》导论的几个问题
——第 2 部分 / 018

基础案件事实 / 034

11 个简短导论案例 / 035

练 习 案 例

练习案例 1　处分权的转移 / 059

练习案例 2　别除权与取回权 / 076

练习案例 3　履行选择权、抵销 / 102

练习案例 4　破产撤销的细节问题 / 111

练习案例 5　破产中的企业买卖（不良资产并购）/ 137

练习案例 6　拖延申请破产的法律责任 / 159

练习案例 7　破产计划程序 / 179

练习案例 8　自主管理程序 / 187

练习案例 9　集团破产 / 194

练习案例 10　《欧盟破产条例》与国际破产法 / 203

练习案例 11　个人破产 / 217

练习案例 12　《企业稳定与重组法》下的重组计划 / 226

最后的训练——24 个最终案例 / 240

内容概览

案例	内容
有关《破产法》* 导论的几个问题	《破产法》导论
导论案例	《破产法》规定范围概览

---

* 译者注：此处所谓的《破产法》即德国《破产法》（Insolvenzordnung）。在德国法上，Ordnung 一般指的是程序法，例如《民事诉讼法》（Zivilprozessordnung）、《破产法》（Insolvenzordnung）。而实体法则称为 Gesetz，例如《民法典》（Bürgerliches Gesetzbuch）、《刑法典》（Strafgesetzbuch）等。译者为了凸显 Insolvenzordnung 的程序法特征，曾将其翻译为《破产条例》，因为德国 Verordnung 基本类似于我国的"条例"。但本书为照顾国内的阅读习惯，仍然按习惯翻译为《破产法》。此处还需说明的是，在 1999 年之前德国曾存在两部破产基本法，即《破产清算法》（Konkursordnung）和《破产和解法》（Vergleichsordnung）。但 1999 年的破产法改革将两部法律统一为一部《破产法》，而 Insolvenzordnung 德语直译确实是《支付不能法》。这也是我国同时存在一部德国《支付不能法》的翻译著作的原因。（下文如无特别说明，星号均为译者注）

续表

案例	内容
练习案例 1	处分权的转移，《破产法》第 80 条 善意取得，《破产法》第 81 条、第 91 条第 2 款 破产管理人的（不）履行选择权及其例外，《破产法》第 103 条以下 因全等及非全等履行*造成的破产撤销，《破产法》第 129 条以下
练习案例 2	破产别除权与破产取回权 破产取回权的替代，破产别除权的替代 所有权保留与破产 破产中的加工条款
练习案例 3	破产管理人（不）履行选择权，《破产法》第 103 条以下 破产中的抵销 抵销的排除，《破产法》第 94—96 条
练习案例 4	破产撤销的细节问题 程序的中断与吸收，《民事诉讼法》** 第 240 条，《破产法》第 85、86 条 因故意侵害债权人利益造成的破产撤销，《破产法》第 133、143 条 股东贷款的破产撤销，《破产法》第 135 条 有限责任公司的资本维持原则，《有限责任公司法》第 30 条以下

---

* 所谓"全等履行"或"非全等履行"，是德国破产法对于破产撤销问题所做的一种区分。简单来说，如果存在请求权，并且请求权可以实施时所进行的履行叫作全等履行；相反的，如果不存在请求权，或者请求权不能实施时所进行的履行叫作非全等履行，比如债权根本不存在，或者未到清偿期，但债务人仍然对个别债权人进行履行，即为一种"非全等履行"。一般来说，德国破产法对于全等履行的撤销有着比对非全等履行的撤销更高的要求。按照译者的理解，我国破产法上对此并无对应的概念。"非全等履行"类似于我国《破产法》第 32 条所谓的"偏驳性清偿行为"。对此可参见王伶坤：《破产法中可撤销行为之立法规制》，载民商法律网，http：//civillaw.com.cn/t/？id=32203，2016 年 7 月 26 日发布。但译者认为，这种类似性似乎是学者解释的结果，因为单从《破产法》第 32 条的措辞无法得出这一结论。也有学者建议将 kongruente Deckung 和 inkongruente Deckung 翻译为"一致履行"与"不一致履行"。

** 本书所提到的法律，如无特别说明，均为德国国内法律。

续表

案例	内容
练习案例 5	破产中的企业买卖（不良资产并购） 资产交易与股权交易 "转移重组"* 责任的连续性，《商法典》第 25 条，《税收征管法》第 5 条，《民法典》第 613a 条第 2 款 劳动关系的接纳，交易公司 公司买卖中的担保 债转股
练习案例 6	破产管理人的诉讼权利能力 共同损害的主张 拖延申报破产的责任 缔约上过失责任 份额损害
练习案例 7	破产计划程序
练习案例 8	自主管理程序
练习案例 9	集团公司破产
练习案例 10	国际送达与基于《欧盟破产法》应适用的法律 国际送达与《欧盟破产法》之外应适用的法律
练习案例 11	个人破产 剩余债务免除
练习案例 12	《企业稳定与重组法》中的工具 重组计划：内容与确认 债务人的义务及其运营 有管辖权的法院与救济措施 《债券法》
最后的训练	用于复习的 24 个最终案例

---

* 所谓转移重组，即 übertragende Sanierung，又可译为"转让型重整"。具体内容将在具体案例中予以说明。

引用建议

一份详细的法律评注可以让您迅速地熟悉法律，因此将此表格*放置在本案例书的开头。我建议您在阅读每个案例前逐个查阅相关法条。如果表格中未指出法律名称，则应对应《破产法》（InsO）相关条文。对于学生和见习律师的提示：请注意查阅法律评论是否被允许。

章节	法条	划重点
1 S.1		"共同清偿"（与《民事诉讼法》上的个别清偿相对应）
1. S.2	第286条以下	"免除"（通过剩余债务免除）
2 I		"地方法院""专属"（实体管辖适用《破产法》，而不是《民事诉讼法》或《法院组织法》）
3 I 1		"地域管辖"

---

* 此处表格的翻译仅仅是为了保持本书的完整性。译者认为，如果不是系统学习德国《破产法》及相关法律并参加考试，本表格并无实际意义。

续表

章节	法条	划重点
3 I 1	《民事诉讼法》第13条、第17条	"一般法院地"
3 I 1	《欧盟破产法》第3条第1款	（对于欧盟境内的国际管辖，但丹麦除外）
4a I 1		"自然人"（破产程序费用的减免只适用于自然人）
6 I 1	第4条、《民事诉讼法》第567条以下	
6 III	《法院组织法》第72条第1款	"申诉法院"
12 I Nr. 2	《巴伐利亚州城镇组织法》第77条	
12 I 2	第15条	"债务人"
14 I 1		"对程序开启有法律上利益""证实存在债权及破产原因"
14 I 1	《民事诉讼法》第294条	"证实"
15 I 2	第10条第2款	"无人管理"（法律定义）
15a I	《民法典》第823条第2款、《企业稳定与重组法》第42条第1款第1句	
15a I 1	第17条	"失去支付能力"
15a I 1	第19条	"资不抵债"
15a I 2		"最迟三周""六周"
15a III		"有限责任公司"（只有有限责任公司的股东负有义务）

续表

章节	法条	划重点
15a Ⅲ	第10条第2款	"无人管理"（法律定义）
15b Ⅰ	《税收征管法》第69条、《刑法典》第266a条	（支付禁令与支付税款及员工社会保险责任之间的职责冲突）
15b Ⅰ	第15b条第4款第1句	《破产法》第15b条代替了《有限责任公司法》第64条第4款，规定了出现破产原因后对外支付的赔偿责任
15b Ⅰ 2	第15b条第2款、第3款	
15b Ⅱ 2		"只有当……时才适用""或者"
15b Ⅳ 2		"更少的损害"（可以主张，但管理层负有举证责任）
15b Ⅷ	《税收征管法》第69条	
16	第17条、第18条、第19条	
19 Ⅰ		"法人"
19 Ⅱ 1		"除非""继续经营""十二个月""大概率"（概率超过50%）
19 Ⅱ 2		"返还股东贷款""对此适用第39条第2款""不考虑"
21 Ⅰ 1		"全部措施""有必要"
21 Ⅰ 2	《民事诉讼法》第6条、第567条以下	"即时申诉"
21 Ⅱ 1		"尤其是"
21 Ⅱ 1 Nr. 1	第21条第2款第3项、第22条第2款、第5条第1款第2句	"委任临时破产管理人"

续表

章节	法条	划重点
21 Ⅱ 1 Nr. 1	第22a条	(在《破产法》第22a条的情况下,必须委任临时债权人委员会)
21 Ⅱ 1 Nr. 2 Var. 1	《民事诉讼法》第240条第2句;《破产法》第22条第1款,第23条,第24条第1款、第2款	"一般处分禁止"(所谓"强"临时破产管理人)
21 Ⅱ 1 Nr. 2 Var. 2	第88条以下	"强制执行""否决"
21 Ⅱ 1 Nr. 5		"不变现"
22a	第56a条	
23 Ⅰ 1	第9条	
23 Ⅰ 2	第8条	
27	第34条	
29 Ⅰ Nr. 1	第156条第1款	
29 Ⅰ Nr. 2	第176条	
34 Ⅰ、Ⅱ	第6条	
34 Ⅰ、Ⅱ	《民事诉讼法》第571条第2款第2句	(申诉法院不审查地域管辖问题)
34 Ⅱ	第15条	(对债务人来说,破产申请人有权提起申诉,参见《破产法》第15条)
35		"程序开启时""以及""获得""(破产财产)"
38	第87—89条、第174条以下、第187条以下	"程序开启时""成立""破产债权人"
39 Ⅰ 1		"按下面的顺序"(分为五级)

续表

章节	法条	划重点
39 Ⅰ 1 Nr. 5	第39条第4款第2句、第5款，第135条	"股东贷款""经济上"（第4款第2句提供了重组便利，第5款对小股东提供了优惠）
39 Ⅰ 2		"国家资助银行"（例如，复兴信贷银行KfW的债权不会处于劣后顺位，即便它是债务人的股东）
39 Ⅱ	第19条第2款第2句	"劣后顺位""约定"
39 Ⅳ 1		"承担个人责任"
39 Ⅳ 2		"导致""不适用第1款第5项"
39 Ⅴ		"非任职股东""10%或更少"
41 Ⅰ		"视为到期"
45		"非指向金钱的债权"
47	《民法典》第985条	"物权上"
47	第48条	
49	第165条	
49	《强制拍卖与强制管理法》第1条、第30d条、第153b条，《破产法》第165条	
51 Nr. 1		"让与动产""让与权利"（这里指的是让与担保及概括债权让与等）
51	第165条以下	
52	第190条	
53	第54条	"破产管理人的费用"
53	第55条	"其他共益债务"
53	第90条、第209条以下	（只对共益债务来说有意义）
54 Ⅰ Nr. 1	《法院费用法》第58条、附录第2320项	

续表

章节	法条	划重点
54 Ⅰ Nr. 2	《破产管理人报酬法》第 63 条以下	
55 Ⅰ Nr. 1	第 61 条	"破产管理人的行为"
55 Ⅰ Nr. 2	第 103 条第 1 款	"双务合同""只要""履行""要求"
55 Ⅱ 1	第 22 条第 1 款第 2 句第 2 项第 1 种可能	"临时破产管理人""处分权""被让与"
60 Ⅰ		"有过错的"
65	《破产管理人报酬法》	
80 Ⅰ	第 81 条、第 117 条	"管理财产""处分财产""破产管理人"
81 Ⅰ 1		"处分无效"
81 Ⅰ 2		"不触及""第 892 条"
81 Ⅰ 3	第 55 条第 1 款第 3 项	
85 Ⅰ	《民事诉讼法》第 240 条、第 250 条	
86 Ⅰ	第 87 条	
86	《民事诉讼法》第 240 条	
87	第 174 条以下	
88 Ⅰ	第 129 条以下	"通过强制执行""担保""无效"
89 Ⅰ		"强制执行""既不,也不"
92 S. 1	《民法典》第 823 条第 2 款、《破产法》第 15a 条	
92 S. 2	第 60 条	
93	《商法典》第 171 条	
94	第 95 条、第 96 条	"破产程序开始时""不触及"

续表

章节	法条	划重点
103 Ⅰ	第55条第1款第2项	"双务合同""对方当事人"
103 Ⅱ	第104条以下、174条以下	"拒绝"
106 Ⅰ		债权人获得"清偿""要求"
107 Ⅰ		"债务人""出卖""转移占有"
107 Ⅱ		"债务人""买回""取得占有""才"
108 Ⅰ 1		"不动产标的"
113 2		"三个月至月底"
129 Ⅰ	第130条以下、第143条	"法律行为""破产程序开始前""侵害破产债权人利益"
129 Ⅰ	第140条、第147条	"破产程序开始前"
129 Ⅰ	第142条第1款	"侵害"
130 Ⅰ		"法律行为""破产债权人"
130 Ⅰ Nr. 1		"破产申请前三周""如果""以及"
130 Ⅰ Nr. 2		"破产申请后"
131 Ⅰ		"法律行为""破产债权人""不能""请求"
132		"债务人的法律行为""直接"
135 Ⅰ		"担保""清偿"
135 Ⅱ	第143条第3款	
142 Ⅰ		"直接获得等值对待给付"
143 Ⅰ 2	《民法典》第819条第1款、第818条第4款、第291条、第292条、第987条以下	"准用于"（撤销相对人的损害赔偿及用益返还）
143	第144条	
144 Ⅱ 1	第55条第1款第3项	

续表

章节	法条	划重点
156 Ⅰ	第29条第1款第1项	
165	《破产法》第49条，《强制拍卖与强制管理法》第10条第1款第5项、第30d条	
166 Ⅰ	第173条	"动产""占有"
166 Ⅱ	第174条	"债权""已经让与"（不适用于权利和出质）
166	第170条	
170	第171条第1款、第2款	
174	第28条第1款	
176	第29条第1款第2项	
178 Ⅰ	第179条	
178 Ⅲ	第201条第2款	
178 Ⅲ		"有效"
178 Ⅲ	《民事诉讼法》第580条、第767条	（只有针对生效判决的救济措施才有可能）
179 Ⅰ	《民事诉讼法》第256条	（确认之诉，要求确认申报的债权并进行登记）
179	第189条	
179 Ⅱ		"可执行的执行名义或终审判决""争议人"（对于有执行名义的债权来说，争议人有义务防止债权被确认）
180	第182条	（争议金额由预期的清偿率确定）
184	第201条第2款	（如果债务人对债权提出争议，债权人必须在破产程序结束后另行取得执行名义才可以强制执行）

续表

章节	法条	划重点
189 Ⅱ	第 198 条	
201 Ⅱ	第 178 条第 3 款、第 257 条第 1 款	
201 Ⅱ 1		"由债务人"
217 Ⅰ 1		"享有优先受偿权的债权人""破产债权人"
217 Ⅰ 2	第 225a 条	"还有入股或成员权利"
217 Ⅱ	第 220 条第 3 款、第 222 条第 5 项、第 223a 条、第 230 条第 4 款、第 238b 条	"终结日期"
218 Ⅰ 3	第 197 条	"终结日期"
243	第 222 条、第 244 条	"群组""区分"
244	第 245 条	
245 Ⅰ Nr. 2	第 245 条第 2 款、第 3 款	
251 Ⅰ Nr. 2	第 251 条第 2 款	
251 Ⅱ	《民事诉讼法》第 294 条	
251 Ⅲ		"方式""完成"
253 Ⅳ		"立即撤回申诉"
271a Ⅱ	第 270b 条第 2 款	
270b Ⅰ Nr. 1	第 270a 条第 1 款	"自主管理计划"
270d Ⅰ 1	第 18 条	"濒临失去支付能力""以及""并不是完全没有希望""提交破产计划"
274	第 275 条、第 280 条	
286		"自然人"

续表

章节	法条	划重点
287	第 287 条第 2 款	"申请""破产申请"
287a Ⅱ		"不允许"
302 Nr. 1		"故意实施的侵权行为"
304 Ⅰ 1	第 304 条第 2 款	"自然人""未实施独立经济活动""只要"
304 Ⅰ 2	第 304 条第 2 款	"一目了然"
305 Ⅰ Nr. 1		"与债权人达成债务清偿的法庭外协议"
335	《欧盟破产法》	
335		"国家的权利""开启破产程序"
335	第 3 条	(国际管辖权准用《破产法》第 3 条规定)
343 Ⅰ 1		"破产程序""被认可""不适用"

从危机到破产

	破产申请 ↓	法院裁定开启破产程序 ↓	
危机阶段	破产申请程序	正式破产程序	→

危机阶段
- 行为可能可撤销，基于《破产法》第133条第1款的撤销有可能涉及破产申请10年前的行为。
- 破产申报义务，《破产法》第15a条第1款。
- 损害赔偿请求权，《破产法》第15a条第1款，《民法典》第823条第2款。
- 公司管理层的赔偿义务，《破产法》第15b条第4款。

破产申请程序
- 破产法院审查是否存在破产前提及原因。
- 经常委托"弱临时破产管理人"，《破产法》第22条第2款第1项，第2项第2种情况。
- 在破产申请程序阶段产生的债务原则上属于破产债权，《破产法》第38条。
- 例外：通过破产法院个案授权，或者通过"强临时破产管理人"创设债务，《破产法》第21条第2款第1句第2项第1种情况，第22条第2款第1项、第2项第1种情况，第55条第2款。

正式破产程序
- 对债务人财产的处分权转移给破产管理人，《破产法》第80条。
- 善意取得只在极其例外的情况下存在，《破产法》第81条第1款，第91条第2款。
- 财产流动可撤销，《破产法》第129条以下。
- 破产管理人可以选择履行或不履行尚未完全履行完毕的法律行为，《破产法》第103条以下。
- 进入破产程序后仍与债务人实施法律行为的债权人是共益债权人，《破产法》第55条第1款。

有关《破产法》导论的几个问题
——第 1 部分

律师 Stephanie Simon 女士受中产联合会（Verband des Mittelstands，VdM）的委托，作一场题为"破产法导论"的报告。出于招揽客户的需要，Simon 律师立即同意了该委托。她请一位实习生以要点的方式回答下述问题。

1. 依据《破产法》，破产程序的目的是什么？

2. 在企业破产时，《破产法》规定了哪三种共同清偿债权人的方式？

3. 共同清偿债权人的意义是什么？

4. 假设没有《破产法》，债权人之间会通过合同对类似《破产法》的规定作出约定吗？

5. 哪些论据可以在个案中支持重组？

6.《破产法》所规定的执行是如何区别于《民事诉讼法》第 704 条以下规定的执行的？

7. 破产程序是如何运作的？请将下面的概念按时间顺序排列："报告期日、（破产）撤销、破产财产变现、破产申请程序、破产程序开启裁定、程序的终止、审核期日、破产财产的分配、破产申请"。

8. 商业代理人是否可以提起破产申请？如何对待股东？

9. 如何对债务人的债权人进行分组（《破产法》第38条以下）？每个组都有什么特征？

10. 如何区分取回权人和别除权人？

问题1—10答案

1. 依据《破产法》，破产程序的目的是什么？

依据《破产法》第1条的规定，破产程序（Insolvenzverfahren）的目的是"对（破产）债务人的债权人进行共同清偿"。所以，破产程序是将全体债权人视为一个集体进行清偿。也正是在这个意义上，破产程序区别于《民事诉讼法》第704条以下所规定的所谓"个别强制执行"（Einzelzwangsvollstreckung）。*

对个别企业的保存（或者说保存工作岗位），并不是《破产法》的首要目的。只有相对于清算来说，保存一家企业能够更好地对债权人进行清偿时，才能出于满足债权人的目的保存一家企业。

为了保证对所有债权人进行平等清偿，需要委任一位破产管理人。破产管理人的费用实际上减少了可供分配给债权人的财产。** 但即便如此，相较于完全放任债务人自己自生自灭，债权人仍然在很多情况下都会获得更好的待遇。

---

* 也正是基于这一原因，德国一些古典的破产法教科书也将破产程序称为"共同执行程序"（Gesamtvollstreckungsverfahren），以区别于强制执行作为个别执行程序。

** 实践中甚至经常会出现破产管理人的费用（工资）占据了大部分甚至全部破产财产的情况。因此，破产财产是否足以支付程序费用（主要是破产管理人的工资）是德国实践中破产程序能否成功开启的一个重要因素。即便出现了破产原因，但破产财产不足时，法院往往会驳回破产申请，当债务人是公司法人时会被依职权注销。

对于自然人来说，有机会实现剩余债务的免除，即便这部分债务并没有在破产程序中被清偿，并且仍然存在（参见剩余债务免除部分，《破产法》第286条以下）。

破产管理人的工作是对属于债务人的财产进行变现（《破产法》第159条）。在破产程序结束时，债务人全部可变现的财产标的都必须变现为金钱，因为只有金钱可以对债权人进行清偿，尤其是按比例进行清偿。相对应地，债权人实际上也只能将指向金钱的债权在破产登记表（Insolvenztabelle）中进行申报（《破产法》第174条第2款，对于债权向金钱债权的折算参见《破产法》第45条）。

2. 在企业破产时，《破产法》规定了哪三种共同清偿债权人的方式？

《破产法》第1条首先规定了债务人财产的清算（将债务人的财产变现并将款项进行分配）。而清算可以通过两种方式完成。

清算的第一种方式是将债务人的个别财产进行变现。对于一家企业来说，这通常意味着以低于资产账面价值的金额进行变现。

对一家企业来说，第二种清算的可能性是以持续经营价值（Fortführungswert）来处置整个企业。对此，第一种实现方式就是所谓"转让重组"（übertragende Sanierung，其最主要的形式就是"资产交易Asset Deal"）。企业的资产标的（Aktiva）将被转让给新的业主继续经营。比如，甲公司的资产被转让给乙公司继续经营。原甲公司的债务则继续留在甲公司，甲公司清算解散。

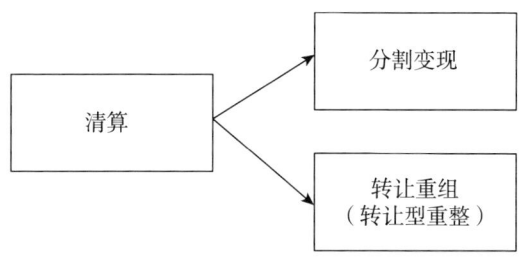

另外,《破产法》第1条还提道:"特别是为了企业的存续,可以在破产计划中做出不同的安排。"在这种重组方式中,可以通过将公司的股份转让给债权人或破产计划资助人的方式,使得原企业得以保存。

因此,共同清偿债权人的三种方式就是:分割变现、转让重组(转让型重整),以及对法律实体(Rechtsträger)进行重组(Reorganisation)*。

(参见练习案例5"破产中的企业买卖"。)

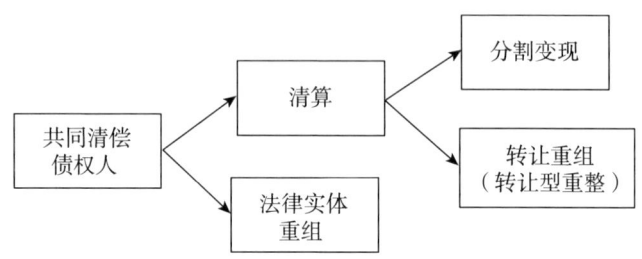

3. 共同清偿债权人的意义是什么?

如果债权人不采取共同的行动,他们相互之间就必然面临着"竞争",尤其是当债务人的财产不足以清偿全体债权人时,个别债权人必须及时采取行动。债权人之间的竞争会造成下述消极效果:

---

* 值得注意的是,作者在本书中使用了两个中文上对应的"重组"一词。在德语中,一般有三个词可以表达中文中"重组"的意思,但意思各有不同。一般来说,Reorganisation 指的是对整个企业结构进行更广泛的、战略性的重塑,以实现长期目标,更多的是一种组织结构上的变化,显然更为宏观,而且随时都可以实施。Restrukturierung 指的是对企业的某些领域或部分进行有针对性的变革,显然更细致、更微观。在这个意义上,Sanierung 与 Restrukturierung 是类似的,因此,在企业层面进行讨论时,Sanierung 与 Restrukturierung 是近义词,很多时候也是混用的。当然,Sanierung 与 Restrukturierung 也是有区别的。一般来说,Restrukturierung 任何时候都可以实施,并无时间限制。而 Sanierung 则涉及那些有严重流动性问题,因此处于濒临(可能即将发生)破产的企业。所以,如果使用了 Sanierung 一词一般表示实施重组的压力最大,尤其是短期流动性的压力,作为 Sanierung 的第一步总是包括立即采取措施以短期恢复流动性。在确保了流动性之后,进一步的操作通常在 Sanierung 与 Restrukturierung 中是类似的。因此,破产法中所指的"重组"如无意外应当是 Sanierung。

——动作最快的债权人将获得足额的清偿,动作慢的债权人将一无所获。

——多个程序的竞合会造成时间和费用上的浪费。

——为了能够及时采取行动,每个债权人(理论上)都必须支付更高的风险监控成本,以便能够迅速做出反应。[1] 这些成本有可能提高贷款成本。

——经过个别强制执行,债务人经常会被剥夺必备的经营财产。此时,企业会马上失去继续经营的可能。一家因此停业的企业会立即失去原有的价值。

——个人的理性行为实际上对全体债权人来说都是次优的(集体行动问题)。

4. 假设没有《破产法》,债权人之间会通过合同对类似《破产法》的规定作出约定吗?

应该不会,即便这种约定的结果可以给所有人带来好处。但达成协议的交易成本确实很高,因为必须所有(主要)的债权人都参与到协议中来。

然而,尤其是一家公司的不同金融债权人[高级债权人(senior creditors)、夹层债权人、次级债权人(junior creditor)、债券持有人],依然会定期就其在破产之外和破产期间的负债排序达成单独的协议,即所谓的债权人间协议。

5. 个案中的哪些理由可以支持重组?

如果那些不可转让的法律地位能够得到保存,那么保存公司就是

---

[1] 这种监控是与成本相关的,并首先对那些拥有大额债权的债权人是必要的,例如通过贷款协议获得相关知情权的银行。

有利的。与公司相关的特许权或公法许可就属于这种情况。还包括那些必须在不太有利的条件下完成的认证及签署的合同。从税务角度来说，亏损结转的使用也是很重要的。[1]

与重组（Reorganisation）不同，在采用转让型重整（übertragend Sanierung）的方式时，只有资产被转移给了新的公司，而债务则留在了原（破产）公司。

6. 基于《破产法》的执行在多大程度上区别于基于《民事诉讼法》第704条以下的执行？

首先，《破产法》规定的是对全体债权人的一种共同的清偿，参见《破产法》第1条。相反，《民事诉讼法》规定的则是一种个别的执行，适用优先原则（Prioritätsprinzip）。只有当债权人最终分配明细已经公布和确定后仍然想申报债权时，他才会被排除在最终分配之外，参见《破产法》第177条、第189条第1款、第196条、第197条第1款。[2]

依据《破产法》第87条，破产债权人（Insolvenzgläubiger，《破产法》第38条）只能基于破产程序的规定主张他们的债权，也就是在破产登记表中申报债权，参见《破产法》第174条以下。依据《破产法》第89条的规定，从结果上来说，在整个破产程序持续期间，破产债权人都不可能再申请个别强制执行（Einzelzwangsvollstreckung）。[3]

依据《破产法》第21条第2款第1句第3项的规定，破产法院可

---

[1] Vgl. Eidenmüller, ZHR 175 (2011), 11, 17.
[2] 参见联邦最高法院判例BGH, NZI 2007, 401。
[3] Vgl. Zimmermann, Grundriss des Insolvenzrechts, 11. Aufl. 2018, Rn. 292 ff.

以规定将强制执行的禁止提前到破产申请程序（Insolvenzantragsverfahren）* 中。

对于在破产程序开始后 6 个月内未能执行的共益债权人（Massegläubiger）来说，存在一个强制执行禁止的例外，参见《破产法》第 90 条第 1 款、第 2 款[1]。在破产财产不足（Masseunzulänglichkeit）的情况下，这种强制执行禁止会延伸及于直至向法院告知破产财产不足时已经产生的那些共益债务（Masseverbindlichkeit），参见《破产法》第 210 条。

7. 破产程序是如何运作的？请将下面的概念按时间顺序排列："报告期日、（破产）撤销、破产财产变现、破产申请程序、破产程序开启裁定、程序的终止、审核期日、破产财产的分配、破产申请"。

正确的顺序如下：

（1）破产申请（Insolvenzantrag）：债务人（自己申请，《破产法》第 13 条、第 15 条）及/或债权人（他人申请，《破产法》第 13 条、第 14 条）可以提出开始破产程序的申请。[2] 对于自主管理程序（Eigenverwaltung）来说，还必须满足《破产法》第 270a 条的前提条件。

---

* 所谓破产申请程序（Insolvenzantragsverfahren），又称破产开启程序（Eröffnungsverfahren），指的是法院接到债务人或者债权人的破产申请后，直至破产程序正式开始的中间阶段。一般来说，这是一个评估阶段，破产法院会委任一位鉴定人来评估债务人是否符合破产条件（失去支付能力或资不抵债），以及是否具备开启破产程序的条件（即财产是否足够支付程序费用）。鉴定人在完成评估后须向法院提交鉴定报告，对以上两个问题给出回答。如果破产程序顺利开启，鉴定人一般就是以后的破产管理人。

〔1〕 但只是在未申报破产财产不足（Masseunzulänglichkeit）的情况时才允许，参见《破产法》第 210 条。所谓"破产财产不足"，指的是破产财产虽然仍然足够支付程序费用（破产管理人的工资和法院费用），但已经不足以支付全部共益债务了。此时，破产管理人应建议法院中止破产程序。

〔2〕 Vgl. Gleußner, Insolvenzrecht, 2015, S. 151 ff.

(2) 破产申请程序（Eröffnungsverfahren）：随之而来的是所谓破产申请程序，有时又被称为临时破产程序（vorläufiges Insolvenzverfahren）*。收到破产申请的法院将会对破产申请的可行性和合理性进行审查，特别是接到申请的法院是否有管辖权，以及是否符合《破产法》第 16 条以下规定的破产原因。此外，法院还要委托一位鉴定人（Sachverständiger，《破产法》第 5 条第 1 款第 2 句），来评估是否存在一项或多项破产原因，以及破产财产是否足够支付程序费用（《破产法》第 54 条、第 26 条第 1 款**）。此时的鉴定人，一般同时也是临时破产管理人（vorläufiger Insolvenzverwalter，参见《破产法》第 21 条第 1 款，第 2 款第 1 项、第 2 项）。

按语：破产申请程序和破产补助金（Insolvenzgeld）。在破产申请程序中，破产法院可以依据《破产法》第 21 条颁布安全措施。作为常见的安全措施，法院一般会设置一位"弱"临时破产管理人，[1] 或者在例外的情况下设置一位"强"临时破产管理人。[2] 针对债务人的强制执行一般也会被终止。破产申请程序，或者叫临时破产管理程序，始于破产申请的提起，终于破产程序的正式开启，或者破产申请因无财产被驳回（《破产法》第 26 条）。在实践中，破产申请程序一般会持续 2 到 4 个月。不过，由于破产补助金一般只能发放 3 个月，所以实践中破产申请程序大多时候也只持续 3 个月。

---

* 但实际上，所谓"临时破产管理程序"并不是一种独立的程序，而只是在破产申请程序中颁布了安全措施后的状态。

** 委托鉴定人一般是企业破产程序中的惯例。而在个人破产程序，尤其是消费者破产程序中，破产法院往往会因为案情比较简单直接裁定开启破产程序，从而省去了破产申请程序。只有在破产法院认为案情比较复杂，无法立即决定是否应当开启破产程序时，才会在个人破产程序中例外地委任鉴定人提出鉴定报告。

[1] 基于《破产法》第 21 条第 2 款第 1 句第 1 项和第 2 项第 2 种情况，以及第 22 条第 2 款申请法院颁布审批保留（Zustimmungsvorbehalt）。

[2] 基于《破产法》第 21 条第 2 款第 1 项和第 2 项，以及第 22 条第 1 款申请法院颁布一般处分禁止（allgemeines Verfügungsverbot）。

德国的破产补助金是由劳动保护部门发放的用于支付员工工资费用*，其资金来源是根据联邦劳工和社会事务部的规定（《社会法典》第三章第361条）每年向雇主征收的。相关的规定参见德国《社会法典》第三章（Drittes Buch Sozialgesetzbuch）第165条以下的规定。

（3）破产程序开启裁定（Eröffnungsbeschluss）：破产法院会作出裁定开启破产程序（《破产法》第27条），或者以无财产为由驳回破产申请（《破产法》第26条**）。即便是在破产程序正式开启之后，也可能因为无财产（《破产法》第207条第1款）或者破产财产不足（Masseunzulänglichkeit，《破产法》第211条第1款）而中止破产程序。此时破产程序的中止仍然需要破产法院出具裁定。

（4）破产债权登记表（Insolvenztabelle）：破产管理人需要将破产债权人所申报的债权在破产债权登记表中进行登记（《破产法》第174条以下）。但只有被确认的债权才能在破产程序中参与分配。

（5）破产撤销（Anfechtung）：破产管理人需要将破产财产价值最大化，比如，他可以通过行使《破产法》第103条以下的（不）履行选择权，或者基于《破产法》第129条以下的规定实施破产撤销（Insolvenzanfechtung）。此外，他还可以对外主张债务人的债权。在资产负债表上会发生资产的交换，现金项增加，而应收账款减少。

（6）报告期日（Berichtstermin）：在报告期日，破产管理人会介绍破产程序的进展情况，并在某些情况下决定是否继续经营债务人企业

---

* 破产补助金一般可以涵盖员工的净工资（税后工资）以及社会保险的员工支付部分。

** 在实践中，如果破产申请是债务人自己提起的，破产法院有时在裁定因无财产驳回破产申请后，会顺带裁定鉴定人（临时破产管理人）的工资由债务人支付。此时，如果债务人自己不主动履行就会出现破产管理人需要向债务人追债的尴尬局面。译者碰到过一个这样的案例。在该案中，债务人公司自己也没有财产，只发现了一项可撤销的债权，需要向第三债务人主张。但由于破产程序根本就没有开启，无法适用破产撤销的规定，最后只能原因《撤销法》（Gesetz über die Anfechtung von Rechtshandlungen eines Schuldners außerhalb des Insolvenzverfahrens）中的规定实施了撤销。

(《破产法》第 29 条第 1 款第 1 项、第 156 条、157 条)。

(7) 审核期日 (Prüfungstermin)：在审核期日，破产管理人会宣布已经申报的债权是已经被确认还是仍然存在争议 (《破产法》第 29 条第 1 款第 2 项、第 176 条以下)。有时，报告期日与审核期日也会合并进行。*

(8) 破产财产变现 (Verwertung der Masse)：依据《破产法》第 156 条以下规定。对于标的物上存在别除权 (Absonderungsrecht，担保权 Sicherungsrecht) 的财产标的，则适用《破产法》第 165 条以下规定。

(9) 变现价款分配 (Verteilung des Erlöses)：《破产法》第 187 条以下规定。

(10) 破产程序终止 (Beendigung des Verfahrens)：由破产法院出具终结裁定 (《破产法》第 200 条)。

8. 商业代理人 (Prokurist)** 是否可以提起破产申请？如何对待股东？

《破产法》第 15 条规定了有权提起企业法人破产申请的人。破产申请是业主的行为，而并非一种商事经营行为 (《商法典》第 49 条第

---

* 在实践中，对于小型破产程序来说，这也是常态。在审核期日之后，到破产程序正式终结之前，都可以再申报债权，但已经属于迟延申报债权，需要支付一定的迟延费用，实践中大概是 20 欧元。

** 严格来说，对"Prokurist"一词的含义目前很难在中文中找到合适的词汇进行翻译，因为我国法律上目前没有这一制度，很难有合适的词语涵盖其内涵和外延。Prokurist 的核心含义不是"获得授权"（获得授权体现地更多的是一种内部关系），而是"相对人认为他有概括的商业代理权"。作为 Prokurist 需要在商业登记簿上进行登记，拥有（仅次于 Geschäftsführer 的）"全面的商业代理权"（Prokura)，该制度体现的是一种对外关系。信赖 Prokurist 登记内容的相对人可以获得德国《商法典》所规定的一系列信赖保护（包括积极的和消极的）。从权限上来说，Prokurist 与 Geschäftsführer 仍有差异，无法在法律上对外代表公司。在我国以往出版物上，Prokurist 被翻译为"经理"，比如杜景林、卢谌译的《德国商法典》。但个人认为将 Prokurist 简单翻译为"经理"是不恰当的。本书建议翻译为"商业代理人"是为了体现其与"商业登记簿"的强关联性：无登记无 Prokurist，甚至与其是否获得内部授权无关。

1 款)。因此,公司的经理(Prokurist)无权提起破产申请。

只有在公司无人管理(führungslos)时,法人的股东才有权提起破产申请(《破产法》第 15 条第 1 款第 2 句,股份有限公司股东提起破产的权利存在争议)。如果只是公司的执行董事拒绝提起破产申请,并不能认为公司已经无人管理。这里说的无人管理,指的是公司没有执行董事(《破产法》第 10 条第 2 款)。

破产申请的权利与破产申请的义务相对应,但股份有限公司的股东并没有破产申请的义务(比较《破产法》第 15a 条第 3 款)。

9. 如何对破产债务人的债权人进行分组(《破产法》第 38 条以下)?每个群组都有何特征?

(1)享有取回权的债权人(Aussonderungsberechtigte Gläubiger)

第一组是享有取回权的债权人*,依据《破产法》第 47 条、第 48 条:[1]

这里首先包含物权取回权,特别是那些债务人所占有的财产的所有权人。只要占有(本)权(Recht zum Besitz)已经不存在了,债权人就可以依据《民法典》第 985 条请求返还原物。

其中一类重要的案例类型是保留所有权人(Vorbchaltseigentümer,参见《破产法》第 107 条第 2 款),比如在债务人破产前以所有权保留(Eigentumsvorbehalt)方式向债务人供货的供货商。但这里需要注意的是,如果破产管理人并未拒绝履行买卖合同,那么保留买受人(Vorbehaltskäufer)便仍处于有权占有的地位。破产管理人有时间在报

---

* 其实严格来说,取回权人并不是破产程序的参与者,因为取回权的功能是将标的物或权利从破产财产中取出(破产财产自然会因此而减少),而并不是从破产财产中获得分配。审查取回权的过程,实际上也是确定破产财产范围的过程。

〔1〕Vgl. Zimmermann, Grundriss des Insolvenzrechts, 11. Aufl. 2018, Rn. 94, 207 ff.; Gleußner, Insolvenz recht, 2015, Rn. 14 ff.

告期日之后再作出决定，是否继续履行合同。因此，他可以先继续保留那些对继续经营企业必需的财产（《破产法》第 107 条第 2 款第 1 句）。

此外，还有债法上的取回权。例如，出租人基于《民法典》第 546 条所享有的"个人的"（债法上的）返还请求权，或出借人基于《民法典》第 604 条第 1 款所享有的返还请求权。

享有取回权的债权人可以要求从破产财产中返还标的物。在破产申请程序中，破产法院可以颁布安全措施（《破产法》第 21 条第 1 款，第 2 款第 1 句第 5 项），暂时禁止取回相关的标的物。通过这种方式，可以（暂时）确保企业继续运营。但如果因此给债权人造成损失，应当予以赔偿。

与取回权相对应的个别强制执行规定是《民事诉讼法》第 771 条。

（2）享有别除权的债权人（Absonderungsberechtigte Gläubiger，《破产法》第 49—52 条）

大部分的担保取得人都是享有别除权的债权人,[1] 主要包括让与担保（Sicherungsübereignung）和债权让与担保（Sicherungsabtretung）。出现这种情况的背景是：由于在德国法上无法通过法律行为创设丧失占有的质权［besitzloses Pfandrecht（Faustpfandrecht，《民法典》第 1205 条）］[2]，因此担保取得人会取得担保物上的完全所有权（Volleigentum）。但是从经济上来说，由于担保约定（Sicherungsvereinbarung）的存在，担保所有权（Sicherungseigentum）实际上与丧失占有的质权是一样的。[3]

---

〔1〕 Vgl. Zimmermann, Grundriss des Insolvenzrechts, 11. Aufl. 2018, Rn. 238 ff.

〔2〕 房东或旅馆老板的法定捐助质权（Einbringungspfandrecht）是一种非占有式的质权，但它与物的占有无关，其核心是一种物的引入。

〔3〕《破产法》第 51 条第 1 项提出了一种观点，担保所有权（Sicherungseigentum）并不能像《民诉法》第 771 条第 1 款一样作为一种第三人的权利处理。相反的观点则认为，（担保所有权）也是一种法定的所有权。

人的担保，比如保证［担保（Bürgschaft），保证（Garantie），安慰信（Patronat）］，在担保提供者破产时，只能按一般破产债权（Insolvenzforderung）处理。这种担保方式对于债权人来说实际上只是多增加了一个债务人［担保人（Bürge），保证人（Garant），赞助人（Patron）］而已。

依据《破产法》第50条第1款的规定，担保取得人也可以就其利息受偿。

只要破产管理人实际占有动产标的物，他就可以自己对该动产进行变卖（《破产法》第166条第1款）。但紧接着，破产管理人必须在扣除9%的相关费用（《破产法》第170条、第171条）之后[1]，向债权人返还变卖所得款项。但对不动产的处理却不尽相同（《破产法》第49条），无论是担保取得人还是破产管理人都可以基于《强制拍卖与强制管理法》（ZVG）对不动产标的物进行强制拍卖。[2]

破产管理人也可以对那些以担保为目的被让与的债权进行主张，参见《破产法》第166条第2款。这里需要注意的是，《破产法》第166条第2款不包含那些以担保为目的被出质的债权，这部分债权仍然可以由担保取得人自己进行主张。

《破产法》第166条第2款还不包括那些以担保为目的被让与或出质的其他权利，例如可以对有限责任公司的股份进行转让和出质，由于可以"切断"公司而不影响其经营业务，因此这是一种非常有价值的担保权利。[3]

在破产申请程序中，破产法院可以颁布安全措施（《破产法》第

---

[1] 通常在合同中会约定更高的费用金额。

[2] Gleußner, Insolvenzrecht, 2015, Rn. 55–57; Zimmermann, Grundriss des Insolvenzrechts, 11. Aufl. 2018, Rn. 459.

[3] 联邦最高法院判决（BGH, NZI 2016, 2）指出：只要相关财产份额在经济上属于债务人企业的一部分，破产管理人即应享有财产变现的权利。

21条第1款、第2款第1句第5项),禁止债权人对相关的标的物进行变现。但如果因此给债权人造成损失,则需要对其进行赔偿。

如果担保物变现所得的款项仍然不足以清偿债权人,则债权人可以就剩余的债权以破产债权人(Insolvenzgläubiger)的身份,以《破产法》第38条的顺位参加破产程序,参见《破产法》第52条、第190条。[1]

(3)共益债权人(《破产法》第53—55条)

共益债务(Masseverbindlichkeit)主要包括破产程序的费用(尤其是破产管理人的工资),以及由破产管理人所引入的债务。[2]当然,这样做的目的之一是为了激励供货商与破产管理人签署新的协议。通过这种方式,使得(暂时)继续推进债务人的业务成为可能。

共益债权人相对来说会享有一种更有利的法律地位,甚至可以预期得到全部债权的清偿。

(4)破产债权人(《破产法》第38条)

破产债权人(Insolvenzgläubiger)是那些债权在破产程序开始前就已经成立的全体债权人。[3]破产债权人需要将其债权在破产债权列表(Insolvenztabelle)中进行登记(《破产法》第174条以下)。破产债权人通常只能获得其总体债权的一个极低的清偿比例,如4%的破产清偿率(Insolvenzquote)。

(5)劣后顺位的破产债权(《破产法》第39条、第174条第3款)

这里主要包括那些股东因向公司提供贷款(股东贷款,Gesellschafterdarlehen)而获得的贷款返还债权*,以及那些基于《破产

---

[1] Gleußner, Insolvenzrecht, 2015, Rn. 58.
[2] Vgl. Zimmermann, Grundriss des Insolvenzrechts, 11. Aufl. 2018, Rn. 174 ff.
[3] Vgl. Zimmermann, Grundriss des Insolvenzrechts, 11. Aufl. 2018, Rn. 142 ff.
* 实际上,所谓"股东贷款"在实践中的认定是相当宽泛的。基本上,一切股东对公司的付款或者财产转移,都可以被认定为破产法意义上的股东贷款。

法》第 39 条第 1 款第 5 项所从事的一些经济上法律行为而取得的债权。[1]

此处的所谓经济上法律行为，主要指下面的行为人所享有的债权：间接股东（如集团母公司），或者与股东享有同等地位的第三人，也就是那些与股东同样享有分红权，且可以以类似股东地位对公司施加影响力的第三人。[2] 实际上，实践当中的情况纷繁复杂，对公司施加影响的可能性众多，再加上被列为劣后顺位债权的重大后果（根本无法获得任何清偿），都使得《破产法》第 39 条第 1 款第 5 项的评估结果在实践中显得极为重要。比如，我们有可能会问，是否在合同中约定了严格的条件会导致债权在破产程序中被列为劣后顺位债权。从 2021 年 1 月 1 日开始，由国家促进银行所提供的债权不能再被列为劣后顺位债权，参见《破产法》第 39 条第 1 款第 5 项第 2 句。这是很重要的，尤其在国家促进银行成为公司的股东，但未能享受到重组优待（《破产法》第 39 条第 4 款第 2 句）或者小股东优待（《破产法》第 39 条第 5 款）时。

后顺位的破产债权人一般无法在破产程序中获得任何清偿。他们必须将自己的债权 100% 作坏账处理。

（6）清偿顺序图解

下面的图表描绘了破产程序的清偿顺序。我们可以把它理解为一种梯田式的喷泉：只有当最上一层的水池蓄满水后，水才会继续流向下一层的水池；只有当第二层的水池蓄满水后，水才会继续流向第三层。这也类似于一种"瀑布"式的情况，不同层级的债权人（senior creditors，second lien creditors，mezzanine creditors，etc.）之间可以通

---

[1] Vgl. Zimmermann, Grundriss des Insolvenzrechts, 11. Aufl. 2018, Rn. 153.
[2] 参见联邦最高法院所谓"质权人判决"（Pfandgläubigerentscheidung），BGH, NJW 1992, 3035, 3036。

过协议将相互间的关系进行确定。

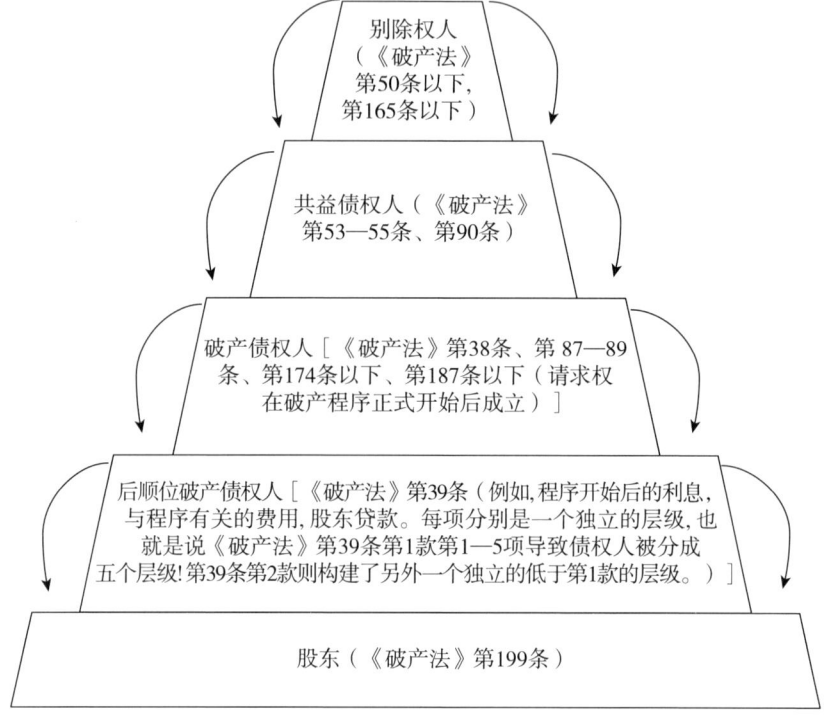

属于别除权的标的物和债权,它们虽然也是由破产管理人进行变现,但是变现的全部金额却马上会被支付给相应的别除权人。

清偿别除权后剩余的财产将立即用于对共益债权人进行清偿。

如果在清偿共益债权人后仍有剩余,才能对破产债权人进行清偿。在大多数情况下,破产债权人的"池子"是无法被蓄满的,因为德国一般的破产清偿率只有不到10%。因此,劣后顺位债权人的"池子"基本上都是干的。按照德国联邦统计局的数字,在截至2018年终结的破产程序中,破产债权人的平均清偿率只有3.8%。[1]

---

[1] 参见 http：//www.destatis.de/DE/Themen/Branchen-Unternehmen/Unternehmen/Gewerbemeldungen-Insolvenzen/insolvenzverfahren-bis-2018.html,2021年1月24日访问。

只有当上述所有债权都被清偿完毕后仍有剩余财产时，股东才有可能获得超额财产的分配（参见《破产法》第 199 条）。这种情况是极为罕见的，因为即便是破产债权人的"池子"一般也只能被填充 3%—5%。

享有取回权的债权人并未被放置在这个"金字塔"中。因为，取回权项下的标的物根本就不属于破产财产（《破产法》第 47 条规定："取回权的标的物不属于破产财产。"）。享有取回权的债权人原则上也处于一个很好的法律地位。

10. 如何区分享有取回权和享有别除权的债权人？

享有取回权的债权人（《破产法》第 47 条）可以直接从破产财产中取回属于他的标的物（如基于《民法典》第 985 条，或者基于《民法典》第 546 条的个人权利）。但别除权项下的标的物和债权必须先由破产管理人进行变现（《破产法》第 166 条以下），此后，该变现金额在扣除相应费用后才能被支付给别除权人（《破产法》第 170 条、第 171 条）。

有关《破产法》导论的几个问题
——第 2 部分

第 2 部分的下列问题仍应由实习生准备答案要点。

第 2 部分的问题是:

11. 为何《破产法》第 80 条具有核心作用？

12. 在破产程序开始后，是否仍有可能由债务人进行善意取得？

13. 破产撤销的目的是什么？

14. 在破产前，有限责任公司的执行董事有哪些责任风险？

15. 什么时候放弃优先顺位可以排除资不抵债的风险？

16. 哪些破产程序开始后发生的效力可以通过法院被转移到破产申请程序中发生效力？

17. 资合与人合公司在破产中分别会发生什么？

18. 什么是阻碍性债权人？

19. 2021 年 1 月 1 日生效的《破产法》引入

了哪些变化？

20. 2012 年的《进一步便利公司重组法》引入了哪些变化？

问题 11—20 答案

11. 为何《破产法》第 80 条具有核心作用？[*]

《破产法》第 80 条规定了，破产程序开始后，债务人对破产财产的处分权转归破产管理人所有。[1] 也是从此时开始，债务人对破产财产的处分在法律上无效，参见《破产法》第 81 条第 1 款。相反地，负担行为（Verpflichtungsgeschäft）则仍然有效，但已经不能从破产财产中被履行了。

12. 在破产程序开始后，是否仍有可能由债务人进行善意取得？

破产程序开始后，善意取得原则上只对土地（不动产）有效（比较《破产法》第 81 条第 1 款第 2 句、第 91 条第 1 款），例外地也适用于特殊的动产（船舶、车辆）。对于土地登记簿的善意信赖有可能因为《破产法》第 32 条的异议（附注）登记而失效。因此，一般应由破产管理人及时做出此项异议附注。^{**}

破产程序开始后，动产标的物就不能再被善意取得了，除非由破产管理人做出追认（《民法典》第 185 条第 2 款第 1 句第 1 种情况）。

---

* 从破产申请被提起之后，作为（临时）破产管理人需要问的问题就是哪些财产标的属于破产财产，哪些法律行为（法律上行为）会对破产财产有影响。可以说，整个破产程序都是围绕破产财产（Insolvenzmasse）展开的。而《破产法》第 80 条在处分权上的切断作用正好与破产法的核心价值——追求破产财产最大化——相吻合。

[1] Vgl. Zimmermann, Grundriss des Insolvenzrechts, 11. Aufl. 2018, Rn. 280 ff.

** 在德国破产法实践中，要求破产管理人在接到法院转发的破产申请后，及时通知已知债权人以及其他程序参与人，迅速隔断他们善意取得债务人财产的可能性，并避免未来更多的破产撤销工作。

通过《破产法》第 21 条第 2 款第 2 项第 1 种情况，以及第 22 条第 1 款第 1 句的规定，可以使得第 80 条的效力提前在破产申请程序（Eröffnungsverfahren）中发生。

处分权转移	
破产申请程序	（正式）破产程序
《破产法》第 21 条第 2 款第 2 项第 1 种情况、第 22 条第 1 款第 1 句、第 23 条、第 24 条：委任一位"强"临时破产管理人。与"强"临时破产管理人不同，"弱"临时破产管理人并无处分权，只对某些法律行为有批准的权利（比较《破产法》第 21 条第 2 款第 2 项第 2 种情况）	《破产法》第 80 条：破产财产处分权被（完全）转移给破产管理人

13. 破产撤销的目的是什么？

基于《破产法》第 80 条的处分权转移的目的，是防止破产财产在破产程序正式开始后发生灭失。[1] 而破产撤销的目的，则是使得在破产程序开始前所发生的财产变动回复原状。[2] 《破产法》第 129 条以下所追求的目的，与《撤销法》（Anfechtungsgesetz, AnfG）在个别执行程序种所追求的目的是一样的。但上述（两种）撤销需要与《民法典》第 119 条、第 123 条和第 142 条所规定的撤销严格区分。《民法典》的规定是为了保障私法自治（Privatautonomie）。而破产撤销则是为了保护破产财产免受损失，破产撤销是为了保障全体债权人的利益，在满足一定的条件时，对个别债权人所获得的清偿可以要求其返还给破产财产。

在仅撤销履行行为（Erfüllungsgeschäft）时，撤销相对人的债权会在履行行为被撤销后再次"复活"（《破产法》第 144 条第 1 款）。

---

〔1〕 这一目的可以通过《破产法》第 21 条第 2 款第 1 项，以及第 2 项第 2 种情况，即第 22 条的规定，被提前到破产申请程序中实现。

〔2〕 Vgl. Zimmermann, Grundriss des Insolvenzrechts, 11. Aufl. 2018, Rn. 392 ff.

按语：2017 年的撤销法改革。2017 年 4 月 5 日，撤销法改革生效。《破产法》第 133 条、第 142 条及第 143 条被修改。

《破产法》第 133 条：因故意侵害债权人利益的撤销被增补了第 2 款和第 3 款的规定。以前的第 2 款被移到了第 4 款。基于新的《破产法》第 133 条第 3 款第 2 句的规定，"全等"和"非全等"的履行行为（kongruente und inkongruente Deckungsgeschäfte）* 的撤销期限由（破产申请前）10 年被缩短到了 4 年。所谓"履行行为"** 指的是破产债务人所提供的担保或清偿（参见《破产法》第 130 条）。基于第 3 款第 1 句的规定，在非全等的履行行为的情况下，需要（债务人）实际出现失去支付能力的情况，而以前则只要求濒临失去支付能力即可。基于第 3 款第 2 句的规定，在债务人只是出现暂时性的流动性困难时，如果撤销相对方与债务人约定了减轻支付义务的方式***，则推定相对方并不知晓债务人已经失去了支付能力。《破产法》第 133 条第 3 款的规定，实际上是对第 1 款第 3 句的法定推定作出了一定限制。

在（新的）《破产法》第 142 条的框架内，扩大了对于现金交易行为（Bargeschäft）进行撤销的保护。第 142 条第 1 款实际上保护了可以基于第 133 条被撤销的行为，换句话说，只有当撤销相对人明知债务人实施了故意侵害全体债权人利益的行为时（如债务人明显是在挥霍财产，或者与撤销相对人通谋时），债务人所实施的现金交易行为才是可撤销的。通过新引入的第 142 条第 2 款，在联邦最高法院（Bundesgerichtshof，BGH）与联邦劳动法院（Bundesarbeitsgericht，BAG）相悖的判决中，立法者明显支持了联邦劳动法院的观点，并明确肯定了对于劳动行为和劳动报酬之间的给付交换，只要不超过 3 个

---

* 如前文所述，此处也有学者建议翻译为"一致的履行"或"不一致的履行"。所谓"一致的履行"，或者叫"全等履行"，指的是债权人合法享有请求权，债务人对其进行了履行。而所谓"不一致的履行"，或者叫"非全等履行"，指的是债权人原本不享有请求权，或者请求权尚未到期，抑或者该请求权不能以某种方式进行履行，但债务人仍然对其进行了履行。

** 原书为 Deckungsgeschäft，也有学者建议翻译为"偿付行为"。

*** 如约定分期付款等。

月,即具有(第142条第2款所要求的)所谓直接性。

《破产法》第143条则通过第3句作出了补充:在对撤销相对人主张诉讼利息时,只有在破产管理人明确主张破产撤销请求权时方才予以计算,换句话说,也就是不鼓励故意拖延主张破产撤销的行为。[1]

14. 在破产前,有限责任公司的执行董事有哪些责任风险?

《破产法》第15a条、《民法典》第823条第2款:依据《破产法》第15a条及《民法典》第823条第2款的规定,如果公司的执行董事(Geschäftsführer)迟延提出破产申请的话,需要对债权人承担损害赔偿责任。[2] 除此之外,依据《破产法》第15a条第4款和第5款的规定,他还有可能受到刑事处罚。在根据《企业稳定与重组法》(StaRUG)将重组申请提交给法院并因此发生法律效力时,破产申报义务(Insolvenzantragspflicht)相应失效(《企业稳定与重组法》第42条第1款第1句)。然而,在公司出现失去支付能力(Zahlungsunfähigkeit)和资不抵债(Überschuldung)的情况时,执行董事依然必须毫不迟延地告知法院(《企业稳定与重组法》第42条第1款第2句,第3款规定了相应的刑事责任)。

《破产法》第15b条第4款第1句:[3] 依据《破产法》第15b条第4款第1句,如果公司已经出现了失去支付能力的情况,或者已经确定资不抵债后,执行董事仍然以公司的名义对外付款,应当(以个

---

[1] 迄今为止,在破产程序开始时就已经可以存在对诉讼利息的要求了,因为债权在破产程序开启时均已到期(参见《破产法》第41条、第43条第1款第2句,《民法典》第819条第1款、第818条第4款、第291条、第288条;详见联邦法院判例,NZI, 2007年,第230页),或者因为对实际取得的利益或虽未取得但却可指责的利益的请求权(参见《破产法》第143条第1款第2句,《民法典》第819条第1款、第818条第4款、第291条第2款、第987条第1款、第2款;详见联邦法院判例,NZI, 2005年,第679页)。

[2] 参见练习案例6。

[3] 在2021年1月1日之前,相关规定见于《有限责任公司法》第64条第1句,对股份有限公司则见于《股份法》第92条第2款第1句、第93条第2款和第3款第6项。在2021年1月1日后,则统一规定在《破产法》第15b条。

人财产）**对公司**进行赔偿，除非他确实已经以一个尽职商人的标准对这些付款进行了相应的审查。在实践中，执行董事（在出现破产条件之后）不再付款的义务，有可能与其所负有的为雇员支付社保金的义务（《刑法典》第266a条）以及纳税的义务（《税收条例》第69条）出现矛盾*，为了避免这种情况，在执行董事履行缴纳社保金的义务时可以不必依据《破产法》第15b条第4款第1句承担责任。[1] 新的《破产法》第15b条所规定的法律责任替代了《有限责任公司法》第64条第1句的相关规定，该法律责任在实践中极为重要，在执行董事及董事会迟延提交破产申请后会迅速导致其有可能面临巨额赔偿。

《破产法》第15b条第5款[2]：依据《破产法》第15b条第5款，执行董事应对那些导致公司失去支付能力的付款，**对公司**进行损害赔偿。

《有限责任公司法》第43条第2款及第3款第1句：依据《有限责任公司法》第43条第2款及第3款第1句的规定，执行董事应当因其违反《有限责任公司法》第30条之规定向股东进行的付款，也就是那些对维持公司最低注册资本造成威胁的付款，对公司进行损害赔偿。[3]

其他的请求权有可能基于税收债权而产生（比较《税收条例》第34条及第69条）。

按语：破产原因

（1）失去支付能力（无力支付、支付不能）

失去支付能力在《破产法》第17条第2款作了定义："当债务人

---

* 在德国法上，当公司作为雇主不为员工支付社保金或代缴税款时，公司的法定代表人有可能承担刑事责任。

[1] 参见联邦最高法院判例BGH, ZIP 2007, 1265；BGH, ZIP 2010, 368；zu § 266a StGB siehe BGH, ZIP 2008, 1229。

[2] 在2021年1月1日之前，相关规定见于《有限责任公司法》第64条第3句，对股份有限公司则见于《股份法》第92条第2款第3句、第93条第2款和第3款第6项。在2021年1月1日后，则统一被规定在《破产法》第15b条。

[3] 对于股份有限公司的董事会参见《股份法》第93条第2款及第3款第1项。

无力履行到期的支付义务时,他就处于失去支付能力的状态。当债务人停止支付时,原则上就可以推定他失去了支付能力。"〔1〕*

该定义考虑到了关键日期和时间段。〔2〕

步骤1:考虑关键日及财务状况:对可使用的流动资金和到期债务进行比较。那些可以延期支付的债务不必考虑在内,或者当债务人与债权人在强制执行程序之外达成了还款协议时,这部分债务也不必考虑在内。股东贷款应当作为债务计算在内,除非股东与公司为缓和失去支付能力的状况就其债权达成了放弃优先顺位的协议。此时,当支付缺口小于10%时(谨慎起见应小于0%),公司仍具备支付能力。而当支付缺口大于10%时(谨慎起见大于0%),就需要做第二步审

---

〔1〕 Vgl. Zimmermann, Grundriss des Insolvenzrechts, 11. Aufl. 2018, Rn. 44 ff.

* 《破产法》第17条显然并未对失去支付能力给出明确、可计算的定义。德国联邦最高法院通过判例发展出了失去支付能力概念的计算方式。联邦最高法院首先区分了失去支付能力(Zahlungsunfähigkeit)与支付停滞(Zahlungsstockung)。后者只是暂时无法付款。按照联邦最高法院的定义,"如果债务人无法在未来三周内获得清偿到期债权所需的资金,而流动资金缺口又大于10%,则可以肯定已经失去了支付能力,而不仅仅是支付停滞了"(vgl. BGH, Urteil vom 24.05.2005 IX ZR 123/04;BGH, Urteil vom 19.12.2017 – Ⅱ ZR 88/16)。或者换句话说,失去支付能力指的是债务人在超过三周的时间内无法偿还至少90%的到期债务(BGH, Urteil vom 24.05.2005 – Ⅸ ZR 123/04;BGH, Urteil vom 12.10.2006 – Ⅸ ZR 228/03;BGH, Urteil vom 06.12.2012 – Ⅸ ZR 3/12)。德国联邦最高法院由此发展出了基于某一基准日的失去支付能力的计算方式——流动性资产负债表(Liquiditätsbilanz)。具体来说,就是:Aktiva Ⅰ(现有流动资金+已到期债权) + Aktiva Ⅱ(未来三周内可变现的资产,主要是未来三周内到期的债权)所得总额,与 Passiva Ⅰ(已经到期的债务) + Passiva Ⅱ(未来三周内到期的债务)的总额相互比较,如果在某一基准日前者对后者的比值低于90%,则可以确定债务人已经失去了支付能力。当然,实践中还需要考虑许多具体的情况。比如,如果只有股东的付款承诺则无法计入 Aktiva Ⅱ,只有已经通过协议确认的股东付款才能计入 Aktiva Ⅱ。

〔2〕 联邦最高法院通过一系列判例将失去支付能力问题的判断进行了细化:2005年4月24日判决(NZI 2005, 547)确立了"三周期限"的标准(首先借鉴了原《有限责任公司法》第64条第1句的规定,现统一规定在《破产法》第15a条第1款)。其他有代表性的判决例如:2006年10月12日判决(NZI 2007, 36, 37,在判断失去支付能力时可以放弃流动性负债表),2007年7月19日裁定(NZI 2007, 579,重新引入了"正式要求"标准)。未来需要通过 IDW ES 11 标准进行判断,该标准取代了以前的 IDW PS 800 标准。IDW 标准是具有评论性级别的指南,由德国审计协会(Institut der Wirtschaftsprüfer)重组和破产专业委员会发布。对于其他判断失去支付能力的问题,可以参阅 *Parzinger/Lappe/Meyer-Löwy*. ZIP 2019, 2143。

查了。

步骤 2：考虑时间段及财务计划：对在未来三周内可支配的流动资金与到期债务进行比较。当然，这里仍然存在争议，究竟是只考虑那些在三周期限开始时到期的债务（弓波理论），还是仍需要考虑那些在三周期间到期的债务。

例外 1：当支付缺口仍然小于 10% 时，便不存在失去支付能力的情况。此时，只存在所谓的支付停滞（Zahlungsstockung）。当然，如果支付缺口在不久之后会大于 10%，就会出现失去支付能力的情况，只是考察的期限延长了。

例外 2：如果几乎可以肯定地判断，流动性缺口将很快（完全）消除，并且债权人可以对此进行期待时，就可以认为不存在失去支付能力的情况。

例外 3：当债权并未被债权人"正式主张"过时，就不存在到期的问题，相应地也就不会出现失去支付能力的情况。

原则上，只有被债权人主张过的请求权才会被考虑在内。此时，只有存在客观上可行的抗辩时，才不会考虑被主张的债务。如果债务人只是以很拙劣的借口提出了抗辩，这部分债务仍应被考虑在内。

（2）濒临失去支付能力（即将失去支付能力，Drohende Zahlungsunfähigkeit）*

濒临失去支付能力在 2021 年 1 月 1 日新修改的《破产法》第 18 条第 2 款做了定义："如果可以预期，债务人无法在到期日履行已经产生的支付义务，就可以认为他处于濒临失去支付能力的境地。通常应以 24 个月的预测区间为准。"

（在出现濒临失去支付能力的情况时，）只有债务人有申报破产的权利，但他并没有申报破产的义务。因此，这里存在一定的操作空间

---

* 对于濒临失去支付能力的判断，实际上就是对债务人在未来 24 个月内是否会出现失去支付能力的状况做出预期。这种预期，显然只有债务人自己才有可能做出。因此相应地，也只有债务人自己可以以濒临失去支付能力为由申请破产。

（如 Suhrkamp 出版社案）。[1] 这里需要考虑的是现存还是将来的全部债务呢？通说认为，只需要考虑现存的债务。但对于预测期间的长短问题，目前并没有最高法院的判例澄清。

（3）资不抵债（过渡负债，Überschuldung）

资不抵债在 2021 年新修改的《破产法》第 19 条第 2 款第 1 句*定义如下："如果债务人的资产无法弥补现存的债务，就已经处于资不抵债的境地，除非根据当时的具体情况判断，继续运营企业在未来的 12 个月内大概率仍然是可行的。"只要对企业继续运营的预期是积极的，就可以认为公司没有出现资不抵债的情况，只不过资产已经出现了负值而已。[2]

第 1 审查级：继续运营的预期：原则上来说，对于公司继续运营

---

[1] Vgl. Westermann，NZG 2015，134.

* 按照《破产法》第 19 条第 2 款第 1 句对"资不抵债"的定义，当债务人的全部资产已经无法弥补全部债务时，他就已经资不抵债了。显然这一定义也缺乏可操作性。实践中的评估方式是出具资不抵债资产负债表（Überschuldungsbilanz）。资不抵债资产负债表与会计上的资产负债表大同小异，也是由资产（Aktiva）与负债（Passiva）进行对比，当负债大于资产时就有可能可以认定为资不抵债。当然，并不能基于债务人在账面上的资不抵债，直接得出其在破产法意义上也已经资不抵债的确切结论。根据德国联邦最高法院的判例，账面上的资不抵债可以对《破产法》第 19 条第 2 款第 1 句所规定的破产法意义上的资不抵债起到证据指示作用（BGH, Urteil vom 03.03.2022 – IX ZR 53/19）。需要注意的是，资不抵债的资产负债表资产一侧一般应当对资产以所谓清算价值（Liquidationswerten）进行计算。具体的清算价值应当结合实际情况进行考虑，但一般来说清算价值会明显小于资产的账面价值。比如面值 100 万的债权，在计算清算价值时需要考虑其实现的难易程度，如果实现债权的预期并不乐观，按账面价值的 50% 甚至 30% 计算都是有可能的。此外还有很多与会计上的资产负债表不同的计算方式，其中大部分实际上是从法律的角度对资产做出的评估。比如，如果公司的股东对公司做出了放弃债权顺位的意思表示（Rangrücktrittserklärung），那么公司对股东的债务在出具资不抵债资产负债表时可以不予考虑。这也是放弃债权顺位的意思表示可以在一定程度上屏蔽资不抵债的原因所在。同样的道理，如果债务人得到了股东或者他人出具的安慰函（Patronatserklärung），则有可能一劳永逸地切断资不抵债，当然前提是出具安慰函之人自己保有支付能力。除了资不抵债的资产负债表之外，还需要对债务人进行继续运营的预期（Fortbestehensprognose），评估期是未来的 12 个月内。该预期实际上还是对债务人支付能力的一种预期。如果该预期也是消极的，那么债务人就已经确定出现了资不抵债的情况。实际上，如果债务人已经失去了支付能力，继续运营的预期是不可能出现积极评价。因此，失去支付能力的债务人大概率会同时资不抵债。

[2] Vgl. Zimmermann, Grundriss des Insolvenzrechts, 11. Aufl. 2018, Rn. 47 f.

的预期实际上是又一次对支付能力的审查。只有当公司按照预期截至未来一个财年的年底仍然具备支付能力时，才能认为其没有出现资不抵债的情况。

第 2 审查级：资不抵债的状况：当对于继续运营的预期呈现消极状态时，就可以认为出现了资不抵债的情况。那些没有包含在商业报表中的资产价值也应当考虑进去［如返还义务，社会计划（Sozialplan）的费用］。某些债务不需要考虑进去（如基于《破产法》第 39 条第 2 款产生的劣后顺位的贷款）。通常，资产的评估应按清算价值估值，或者对于养老金负债应按转移价值估值。隐藏储备和其他负担则应当予以揭露。[1]

15. 什么时候放弃优先顺位可以排除资不抵债的风险？

按照《破产法》第 39 条第 2 款的要求完成的顺位放弃（Rangrücktritt），会导致被放弃的顺位所涉及的债务可以不必再被包含在流动性资产负债表（Liquiditätsbilanz）中作为判断资不抵债的一项依据。

《破产法》第 19 条第 2 款第 2 句规定："对于那些要求返还股东贷款的债权，或者在经济上可以做类似归类的债权，债权人与债务人之间依据《破产法》第 39 条第 2 款做了放弃顺位的约定，且该顺位甚至劣后于《破产法》第 39 条第 2 款第 1—5 项所列债权的，这些债权不必作为本条第 1 句所称的债务予以考虑。"

在本条规定之外，第三人也可以放弃自己的贷款债权顺位。如果某项付款直接导致了破产，那么在放弃这项债权的顺位的同时，公司同样应当不再对外进行付款。企业应当尽可能地保留一部分资产，以避免无法支付税收债务的情况出现。[2]

---

〔1〕 这是 IDW ES 11 所确定的标准，该标准替代了以前 IDW St/FAR 1/1996 标准。
〔2〕 德国联邦财政法院判决确认：BFH, DStR 2020, 2716。

示例：经由联邦最高法院2015年3月5日判决确认的放弃顺位的意思表示（Rangrücktrittserklärung）应做如下阐述：

"债权人在此放弃其所享有的债权及利息请求权的优先顺位，此后，他的债权将劣后于债务人所有现存的及未来的债权，只有当债务人的全部债务都得到清偿，并且债务人有流动性盈余且资产超过全部债务金额时，他才能够要求清偿其债权。但该债权仍旧优先于债务人公司股东的投资返还请求权。本顺位放弃在破产程序中仍然有效。但是，只有在顺位放弃所涉及的债权被全部或部分履行后会出现破产法意义上的资不抵债或失去支付能力的情况，或者有可能出现此情况时，本顺位放弃方才发生效力。"[1]

16. 哪些破产程序开始后发生的效力可以通过法院被转移到破产申请程序中发生效力？

《破产法》第21条第1款和第2款为法院创造了一定的可能性，可以使部分破产程序正式开始后才能发生的效力被前置到破产申请程序中起作用。

《破产法》第21条第2款第1项：设置**临时破产管理人**虽然不是必须的，但绝对是一种标准化流程。一般来说，委任的临时破产管理人可以使债务人的处分权受到限制（Verfügungsbeschränkung），或者由临时破产管理人基于《破产法》第21条第2款第1句第2项保留作出决定的权力（Zustimmungsvorbehalt）。此外，法院还可以基于《破产法》第22条第2款确定临时破产管理人的其他义务。大多数情况下，临时破产管理人会基于《破产法》第5条第1款第2句同时被委任为鉴定人（Sachverständiger），对于是否存在破产原因向法院提交鉴定结论。

《破产法》第21条第2款第1a项：设置**临时债权人委员会**可以使

---

[1] BGH, NJW 2015, 1672, Rn. 2.

得在正式破产程序中的管理方式被前置到破产申请程序中去。一般来说，破产法院在破产申请程序中对于程序的监管起着更大的作用，相对地，在正式的破产程序中则由债权人的机关，也就是债权人会议（Gläubigerversammlung）和债权人委员会（Gläubigerausschuss），依据《破产法》第 160 条以下的规定参与决策（但需要注意《破产法》第 164 条的规定，也就是说，即便未能按照《破产法》第 160 条以下的规定行事，也不影响破产管理人行为的对外效力）。只要满足了《破产法》第 22a 条的前提条件，就必须设置临时债权人委员会。临时债权人委员会可以对临时破产管理人的人选发表意见（《破产法》第 56a 条）；当然，这一规定存在一个问题，严格来说，在任命临时破产管理人之前，临时债权人委员会就必须已经成立了。

《破产法》第 21 条第 2 款第 1 句第 2 项：法院可以基于《破产法》第 21 条第 2 款第 1 句第 2 项委任"弱"或者"强"临时破产管理人，也就是说，可以剥夺债务人的财产处分权，或者由临时破产管理人保留作出决定的权力，此时，《破产法》通过其第 81 条和第 82 条对破产财产的保护就可以被前置到临时破产管理程序中起作用。上述措施是少数可以进行公示的措施，参见《破产法》第 23 条（公示网址：www.insolvenzbekanntmachungen.de 或者 www.unternehmensregister.de）。

《破产法》第 21 条第 2 款第 1 句第 3 项：此时，正式破产程序中《破产法》第 88 条以下规定的效力，被前置到了破产申请程序中，通过暂停强制执行措施对债务人进行保护。依据《破产法》第 89 条第 1 款的规定，在破产程序存续期间，由个别债权人发起的强制执行无论对于破产财产还是债务人的其他财产都不被允许。在有限的时间范围内，此种保护也涉及共益债权人（Massegläubiger）。债权人在破产程序开始前一个月之内，通过强制执行所获得的担保（并非履行）是无效的（所谓"阻止反弹"，Rückschlagsperre）。[1] 这种效力通过《破产

---

[1] 此外，破产管理人一般还可以对债权人在破产申请程序中所获得的给付进行撤销。

法》第 21 条第 2 款第 1 句第 3 项的规定被前置到了破产申请程序中起作用。

《破产法》第 21 条第 2 款第 1 句第 3 项：该规定引入了**变现禁止**（Verwertungssperre）规定，基于该规定，即便债务人的财产标的上有债权人担保权的负担，但债务人仍然能够继续运营企业。

《民事诉讼法》第 240 条第 2 句将**中断法院程序**作为一种将管理和处分权转移给临时破产管理人的过渡。《破产法》第 24 条第 2 款规定了，在临时破产管理人接手已经中断的诉讼时，适用《破产法》第 85 和 86 条的规定。

17. 资合公司与人合公司在破产中分别会发生什么？

资合公司与人合公司会在破产程序正式开始后解散。主要基于以下规定：

- 有限责任公司：《有限责任公司法》第 60 条第 1 款第 4 项。
- 股份有限公司：《股份法》第 262 条第 1 款第 3 项。
- 商事合伙：《商法典》第 131 条第 1 款第 3 项。
- 有限合伙：《商法典》第 161 条第 2 款、第 131 条第 1 款第 3 项。
- 民事合伙：《民法典》第 728 条第 1 款第 1 项。
- 团体：《民法典》第 42 条第 1 款第 1 项。

当破产申请因债务人无财产而被驳回时，同样会导致解散的后果。主要基于以下规定：

- 有限责任公司：《有限责任公司法》第 60 条第 1 款第 5 项。
- 股份有限公司：《股份法》第 262 条第 1 款第 4 项。
- 商事合伙：《商法典》第 131 条第 2 款第 1 项。
- 有限合伙：《商法典》第 161 条第 2 款、第 131 条第 2 款第 1 项。
- 团体：《民法典》第 42 条第 1 款第 1 项。

- 合作社：《合作社法》第81a条第1项。

基于《民法典》第728条第1款，民事合伙只在破产程序正式开始后才会被强制解散，而在破产申请因债务人无财产而被驳回时不会解散（《破产法》第206条）。

当然，在解散之后公司实际上仍然存在。[1] 解散之后需要对公司进行清算（Liquidation）。在破产程序中的清算之后，无一例外，公司将依据《家庭事务和自愿管辖事务程序法》第394条第1款第2句的规定，因**无财产**而被从商业登记中**删除**。

18. 什么是阻碍性债权人？

阻碍性债权人（Hold-out Gläubiger）* 往往在非法院程序的重组中起着重要的作用。他们是那些拒绝参与重组的债权人，目的往往是要求债务人或者其他债权人全部或在很大程度上实现他们对债务人的债权。

不同于股东，债权人并没有忠实的义务，也不必一定要参与重组。[2] 持不同意见的债权人的法律地位，在破产程序之外只能在《债券法》的框架内通过多数债权人的力量予以改变。英国的重组方案（Scheme of Arrangement）也承认这种可能性。

19. 2021年1月1日生效的《破产法》引入了哪些变化？

《重组与破产法发展法》第5条在2021年1月1日为《破产法》引入了下面的变化：

- 资不抵债的企业的破产申请期限由3周延长到了6周。而失去支付能力企业的申请期限则仍为3周保持不变。
- 《有限责任公司法》第64条、《股份法》第92条第2款、第93

---

[1] 只不过公司存在的目的发生了变化。
* 实际上也就是"拒绝重整的债权人"。
[2] 参见联邦最高法院判例BGH, ZIP 1992, 191（"和弦干扰者"案）。

条第 3 款第 6 项、《商业合作社法》第 99 条等规定，规定了企业在出现破产原因后，公司管理层或董事会仍然对外付款时需要予以返还。这些规定由新近引入的《破产法》第 15b 条作了重申，并补充了一些新的规定。特别是要求以后更多的付款都需要执行董事以正直和负责任的注意义务进行审查（《破产法》第 15b 条第 1 款第 1 句、第 2 款、第 3 款）。

- 依据《破产法》第 18 条第 2 款第 2 句，对濒临失去支付能力状况的审查评估期限一律设定为 24 个月。

- 依据《破产法》第 19 条第 2 款第 1 句，对资不抵债状况的审查评估期限一律设定为 12 个月。

- 依据《破产法》第 39 条第 1 款第 2 句，由国家资助银行所提供的贷款不能再按劣后顺位的债权处理。

- 破产计划可以允许子公司不再为母公司提供担保及保证（《破产法》第 217 条第 2 款、第 220 条第 3 款、223a 条、245 条第 2a 款）。

- 自主管理程序的前提条件变得更加严格，特别参见《破产法》第 270a 条第 1 款所列出的条件。

剩余债务免除程序的一些变化也在 2021 年 1 月 1 日生效，有些规定还可以回溯到 2020 年 10 月 1 日生效。这里特别重要的是，所谓良好行为（Wohlverhaltensperiode）的期限（在此期间需要将可扣押的收入让与给法院委任的信托管理人用于清偿债务）从 6 年缩短到了 3 年。

通过这些变化，以及新生效的《企业稳定与重组法》（StaRUG），使得欧盟议会和理事会在 2019 年颁布的有关预重组、债务免除、行为禁止，以及提高重组、破产与债务免除程序效率的指令，被正式引入了德国法。

关于《破产法》有关变化的对比，可以参见 https://www.buzer.de/。

《破产法施行法》第 103a 条规定了时间上的适用范围。对于在 2021 年 1 月 1 日之前提起破产申请的破产程序，仍然适用旧法的规定。

20. 2012 年的《进一步便利企业重组法》引入了哪些变化?

在 2012 年所引入的改革（《进一步便利企业重组法》）强化了债权人的共同决定。从那时开始，超过一定规模的程序就需要成立临时债权人委员会（《破产法》第 22a 条），且临时债权人委员会对于破产管理人的委任有建议权（《破产法》第 56a 条）。破产计划程序被进一步扩大。为了加速程序的推进，一些期限被缩短了（《破产法》第 231 条第 1 款第 2 句、第 232 条第 3 款第 2 句）。股东的参与被引入。以往，股东的权利往往会在违背其意愿的情况下受到侵害（《破产法》第 217 条第 2 句、第 222 条第 1 款第 4 项、第 225a 条及第 246a 条）。针对破产计划的阻碍和救济方式受到了限制。同样地，自主管理程序也引入了一些变动。新引入了破产保护程序（Schutzschirmverfahren）。[1] 破产保护程序的引入有可能推动更早地申请破产。从 2012 年开始，可以委托一位临时财产监管人，来代替（强）临时破产管理人。

---

[1] 破产保护程序可以看作一种自主管理程序和破产计划程序的结合，它最初被规定在《破产法》第 270b 条，从 2021 年 1 月 1 日起被移到了第 270d 条。

基础案件事实

（本书中大部分练习案例以下列案件事实为基础）

Pellet 有限责任公司研发并生产电动汽车。公司的执行董事是 Glas 博士。

早在 2021 年 9 月，公司就已经失去了支付能力。

2021 年 10 月 7 日，公司执行董事 Glas 博士提起了破产申请。慕尼黑破产法院委任著名重组专家 Ostler 先生为临时破产管理人。

破产程序于 2021 年 11 月 4 日正式开始，Ostler 先生被继续委任为破产管理人。

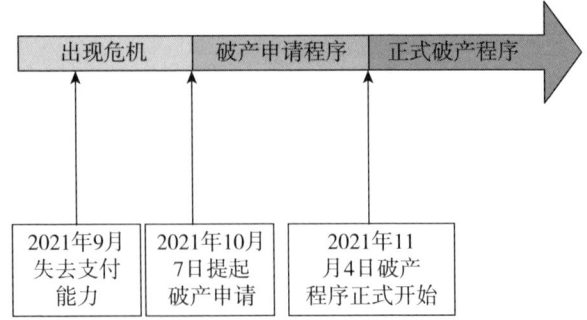

11 个简短导论案例

> **导论案例 1**
>
> 电动汽车制造商 Pellet 有限公司的破产程序于 2021 年 11 月 4 日正式开始。请问破产程序将涉及哪些债权级别？
>
> (1) 破产管理人于 2015 年 11 月 5 日与 Oily 股份公司签订合同，以 5000 欧元的价格购买取暖油。
>
> (2) Oily 股份公司还有一项因在 2009 年交付取暖油而取得的债权。
>
> (3) Südbank 银行股份公司于 2015 年 8 月 20 日向 Pellet 有限公司提供贷款，贷款金额为 50 万欧元，该贷款于 2015 年 12 月 8 日到期。

解答：

问题（1）：该债权是《破产法》第 55 条第 1 款第 1 项第 1 种情况所规定的共益债权。

问题（2）：由于该债权是破产程序开始前成立的，因此属于《破产法》第 38 条规定的破产债权。Oily 股份公司可以依据《破产法》第

174 条的规定申报债权。破产管理人可以基于《民法典》第 214 条第 1 款主张债权已过清偿时效的抗辩。

问题（3）：Südbank 银行股份公司的债权同样也是《破产法》第 38 条意义上的破产债权，因为它也是破产程序开始前成立的。债权的到期日对于债权的分类不起作用，《破产法》第 38 条也是这样明文规定的。[1]

> **导论案例 2**
>
> 　　2021 年初，Lumos 股份公司向 Pellet 有限公司交付了用于生产拖车联轴器的铝材。双方约定，在货款完全付清之前货物所有权仍然归 Lumos 股份公司所有，且该保留的所有权延伸及于最终的产品。针对 Pellet 有限公司财产的破产程序于 2015 年 11 月 4 日启动，Lumos 股份公司要求向其返还拖车联轴器。是否有理由？

解答：

Lumos 股份公司可以基于《民法典》第 985 条、第 986 条的规定请求返还拖车联轴器，只要它是拖车联轴器的所有权人，并且破产管理人处于无权占有的状态。如果 Lumos 股份公司基于其所享有的物权或个人权利可以在破产程序中主张拖车联轴器不属于破产财产时，它才可以主张上述返还请求权（《破产法》第 47 条），并且在拖车联轴器上不存在让与担保，否则银行只能依据《破产法》第 51 条第 1 项第 1 种情况享有别除权。

（1）Lumos 股份公司必须是所有权人。

Lumos 股份公司最初拥有制造牵引杆的铝材料的所有权，这一点毫

---

〔1〕 随着破产程序的启动，银行的债权会立即到期，参见《破产法》第 41 条第 1 款。此时，虽然可以立即就向破产管理人申报债权，但需要等待到期后方能计息，参见《破产法》第 41 条第 2 款。

无疑问。基于双方所约定的所有权保留，所有权的转移应当是以货款的支付作为延缓条件的（《民法典》第929条、第158条第1款）。因此，Lumos股份公司不会因将铝材料交付给Pellet有限公司而失去所有权。

然而，Pellet有限公司却有可能基于《民法典》第950条第1款第1句的规定成为所有权人。依据该条规定，加工或者将一种或多种材料转化成比原始产品更有价值的新动产之人，可以成为新动产的所有权人。第950条第1款第1项意义上的加工，指的是一种对原始材料进行更高级别的加工，如进行其他的标记或者一种外形上的改变。在本案中，由铝材料制成拖车联轴器的过程就是一种加工。根据上述标准，在本案中也存在一个法律意义上的加工，并且因此出现了依法取得所有权的前提条件。

当然，由延长的所有权保留的约定也可能会产生其他结果。

可以允许当事人对制造者的定义添加主观的考虑。在这个意义上，判例允许当事人通过以谁的名义，以及为了谁的经济利益进行制造来确定所有权的归属。[1] 因此，Lumos股份公司可以基于客观的市场视角成为制造人。[2] 通过这种方式，人们可以规避《民法典》第950条的强制性特征，以及市场交易中其他未知的当事人之间的约定对法律后果的影响。

此外，可以赞同的还有作为预期的让与担保（antizipierte Sicherungsübereignung）的解释方法（《民法典》第929条、第930条）。[3] 所谓"加工条款"已经包含了预期的物权合意，以及《民法典》第930条意义上的占有改定（Besitzkonstitut）。只要遵从这一观点，Lumos股份公司就可以通过让与担保成为所有权人。

（2）破产管理人还必须是无权占有人。在本案中，破产管理人依据《破产法》第103条第1款选择拒绝继续履行合同，所以这个前提

---

[1] 参见联邦最高法院判例BGH, NJW 1991, 1480, 1481。
[2] 银行不能依此种方式被认定为制造者，但供货商可以。
[3] 参见在第2个练习案例中对这个问题的详细讨论。

也是成立的。

（3）Lumos 股份公司因此基于《民法典》第 985 条享有拖车联轴器返还请求权。在这个前提下，还需要区别下列情况。

如果我们按照判例的观点，那么 Lumos 股份公司可以成为所有权人，并且可以在破产程序中享有取回权，它可以直接向破产管理人主张取回拖车联轴器。

如果我们遵循另外一个观点，那么 Lumos 股份公司虽然可以成为所有权人，它取得的却是受到限制的所谓担保所有权（Sicherungseigentum）。虽然同样是所有权，但此时 Lumos 股份公司却只能依据《破产法》第 51 条第 1 项第 1 种可能享有别除权，因为担保所有权在破产程序中的效果与质权相同。Lumos 股份公司不能要求破产管理人返还拖车联轴器，它只能要求就拖车联轴器变现后扣除各类费用后的剩余款项优先受偿。[1] 本案中加工条款的效果实际上与让与担保作为丧失占有的质权是一致的。

> **导论案例 3**
>
> Pellet 有限公司已将其所享有的当前和未来的全部债权转让给其开户银行作为贷款担保。一段时间之后，Get-it 股份公司向 Pellet 有限公司提供了 GPS 导航设备，双方约定以延长的所有权保留（verlängertem Eigentumsvorbehalt）方式作为担保。在交付之前，Get-it 股份公司已明确表示，如果没有延长的所有权保留的保障，它不会交付订购的货物。Pellet 有限公司在收到导航设备后立即将其转卖。最终，针对 Pellet 有限公司财产的破产程序正式启动。请问 Get-it 股份公司有哪些权利？

---

[1]《破产法》第 170 条第 1 款第 1 句。有关确认和变现担保权时在破产财产中留存的金额参见《破产法》第 171 条，依据该条规定，总共 9% 的变现金额应当扣留并留存于破产财产中。如果财产变现难以实现，当事人还经常会通过合同约定更高的变现费用。

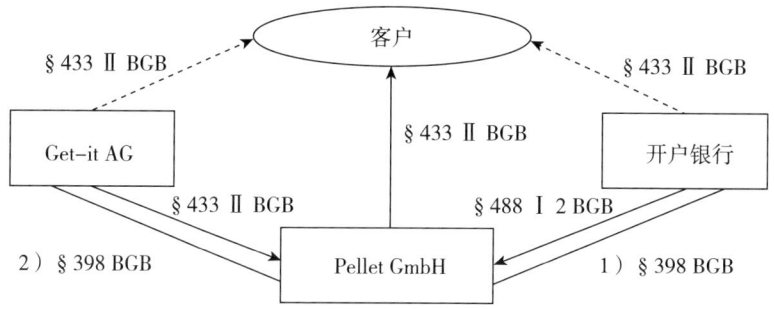

解答：

这里需要澄清的是，Get-it 股份公司是否是 Pellet 有限公司因出售货物而对其客户所享有的债权的最终所有者。

按语：延长的所有权保留（Verlängerter Eigentumsvorbehalt）

一项延长的所有权保留实际上包含下面一系列约定：（1）所有权保留（《民法典》第 929 条、第 158 条第 1 款）；（2）同意买受人继续出售货物的承诺（《民法典》第 185 条第 1 款）；（3）将继续出售货物所得的债权预先让与出卖人的约定（《民法典》第 398 条）；以及（4）同意出卖人向买受人的客户主张债权的承诺。

在本案中，买受人 Pellet 有限公司对客户的债权首先被让与给了它的开户银行，然后才在延长的所有权保留的框架内被让与给了 Get-it 股份公司。根据优先原则，显然只有银行应当是这些债权的所有者，当然前提是对银行的让与是有效的。只要让与能够有效完成，那么银行就可以取代 Pellet 有限公司的债权人地位，参见《民法典》第 398 条第 2 句。在债权让与有效完成后，Pellet 有限公司就无法再次让与这些债权了。由于不涉及《民法典》第 405 条所规定的提供证书的债权让与，因此本案也不涉及善意取得的问题（因为缺乏公示行为）。

本案中对银行的债权让与行为有可能基于《民法典》第 138 条第 1

款的规定（有悖于善良风俗的法律行为）而无效。[1]

如果一项让与行为会使人感觉到违反了所有由公平和公正的想法所产生的规则，那么它就是违背公序良俗的行为，为此还必须考虑到现行的法律和社会道德，以及法律价值体系（首先需要考虑的就是基本权利*的客观功能）。对此，存在不同的案例类型。其中一个案例类型是诱导违约（Verleitung zum Vertragsbruch）。如果担保的提供者因为概括的债权让与（Globalzession）的存在，为了完成更多的交易，不得不长期欺骗他的其他供应商，谎称不存在概括的债权让与，那么就会存在违背善良风俗的行为。此时，担保的提供人实际上已经无法履行他对于其他供货商的担保合同。这种诱导违约在客观上是违背善良风俗的。在本案中，Get-it 股份公司已经明确表示，如果 Pellet 有限公司无法以延长的所有权保留的形式提供担保，它就不会供应 GPS 设备。显然，如果 Pellet 有限公司此时仍旧承诺会转让债权给 Get-it 股份公司，那么它显然违反了合同义务。《民法典》第 138 条第 1 款的前提条件因此得到了满足。

从主观的角度来看，只要银行知道构成违背善良风俗行为的情况，就足够构成它的损害意图了。再者，同样重要的是，由于这里涉及开户银行，因此可以假设他们知道 Pellet 有限公司正在使用延长的保留所有权担保货物的买卖。

在与开户行约定的概括债权让与中，也并不存在一条物权法上的放弃条款，通过该条款，开户行作为债权让与的受让人预先放弃了那些会通过延长的所有权保留让与给他人的债权。[2] 综上所述，本案中

---

[1] 在使用一般交易条款（Allgemeinen Geschäftsbedingungen，格式合同）的情况下，还会涉及《民法典》第 307 条第 1 款和第 2 款的适用。

* 此处的所谓"基本权利"（Grundrechte）指的是德国《基本法》（宪法）第 1—18 条的基本权利。德国学说一般认为基本权利是公民对抗国家的一种防御性权利。但近年来，德国联邦宪法法院通过判例对基本权利作了扩大解释，基本权利的客观功能就是其中的一项发展。

[2] 联邦最高法院有时会通过补充的合同解释的方式承认物权法上的部分放弃条款（Teilverzichtsklausel），目的是使让与部分有效。但这里却明显缺乏相关案件事实。

的概括债权让与是无效的。[1]

Get-it 股份公司因此取得了那些基于延长的所有权保留所让与的债权，它可以依据《破产法》第 51 条第 1 项第 2 种可能在破产程序中主张别除权。[2]

> **导论案例 4**
> Pellet 有限公司在 2021 年 8 月 17 日将一辆货车卖给了 Sükat 先生，并应当在 2021 年 12 月 1 日交付。但在此之前，在 2021 年 11 月 4 日，Pellet 有限公司就进入了破产程序。但 Sükat 先生已经支付了全部的价款。请问 Sükat 先生有哪些权利。

解答：

Sükat 先生基于《民法典》第 433 条第 1 款有权要求 Pellet 有限公司转移标的物所有权并交付标的物。相对于要求返还标的物的请求权来说，要求转移所有权的请求权不是一种"个人的"，也就是说基于《破产法》第 47 条产生的债法上的请求权。[3] Sükat 先生因此不享有取回权，取回权会造成货车不属于破产财产的效果。Sükat 先生的债权可以基于《破产法》第 45 条转化成金钱，他可以申报债权。

---

[1] 当然也可以承认针对银行的返还请求权（Freigabeanspruch），而不是让债权让与完全无效，但这种情况只能适用于过度担保（Übersicherung），不能适用于概括的债权让与与延长的所有权保留之间的冲突。

[2] 此处并不涉及破产取回权。Get-it 股份公司虽然对外拥有所有债权人权利，但对内作为受托人仍然受担保协议的信托约束。从经济角度来看，所有的债权仍然归属于 Pellet 有限公司。

[3] 此处一种个人请求权的例子是，出租人可以要求返还出租物的权利，参见《民法典》第 546 条。

> **导论案例 5**
> 破产程序开始后一周,债务人在未通知破产管理人的情况下将其所有的土地卖给了 Krause 先生,Krause 先生对破产程序的开启并不知情。土地登记簿中还没有有关破产程序的记录。Krause 先生随后被登记为所有权人。请问土地让与是否有效?
>
> 变体:如果在相同的情况下,破产管理人在破产申请后,正式破产程序开始之前将这块土地让与给了他人,法律关系怎样?
> (1) 如果并未颁布处分禁止;
> (2) 如果法院赋予了破产管理人决定权;
> (3) 如果法院颁布了一般处分禁止规定。

解答:

破产债务人在破产程序开始后失去了对自己财产的处分权(《破产法》第 80 条第 1 款)。债务人在破产程序开始后仍然对自己财产进行处分的话,其行为是无效的(《破产法》第 81 条第 1 款第 1 句)。《破产法》第 81 条第 1 款第 2 句允许对于土地的善意取得,前提是可以满足《民法典》第 892 条以下所规定的前提条件。因为土地登记簿所创造的权利外观(Rechtsschein)可以支持其善意,土地可以被有效让与给善意第三人 Krause 先生(《民法典》第 892 条第 1 款)。

变体:(1) 如果法院没有颁布处分禁止规定,则债务人仍有处分权,所以他仍然可以继续有效对财产进行处分。

(2) 在这种情况下,法院依据《破产法》第 21 条第 2 款第 2 项第 2 种情况,将决定权赋予了(临时)破产管理人。依据《破产法》第 24 条第 1 款的规定,如果债务人违反了《破产法》第 21 条第 2 款第 2 项所规定的决定权保留规定,则应准用《破产法》第 81 条的规定。当然，就像在原案例中所述的情况，基于《破产法》第 81 条第 1 款第 2 句，以及《民法典》第 892 条第 1 款的规定，对于土地的善意取得仍然是允许的。

（3）在这种情况下，债务人被颁布了一般处分禁止，《破产法》第 21 条第 2 款第 1 句第 1 项和第 2 项。即便在这种情况下，《破产法》第 24 条第 1 款仍然是适用的，所以善意取得仍然是允许的。《破产法》第 24 条第 1 款并未区分"强"或"弱"临时破产管理人，均可适用。

导论案例 6

在破产程序开始后，Pellet 有限公司在破产管理人不知情的情况下，将库存产品以 7 万欧元的价格卖给了 Kronum 股份公司。Pellet 有限公司的管理层马上将所得价金支付给了破产管理人。但破产管理人并不同意这笔交易。

（1）破产管理人是否可以撤销这笔与 Kronum 股份公司的交易？

（2）Kronum 股份公司是否必须返还购得的标的物？

（3）Kronum 股份公司是否可以要求返还价金？

（4）如果 Kronum 股份公司又将购得的标的物继续转卖给了合作伙伴 FIHO 股份公司，应如何处理？我们假设 FIHO 股份公司是善意的，且破产管理人并未将相关标的物依据《破产法》第 148 条之规定置于自己的直接占有之下。

解答：

问题（1）：有关破产撤销，适用《破产法》第 129 条以下的规定。[1] 只有某项法律上行为（Rechtshandlung）* 在破产程序开始前被实施，并且该行为侵害了破产债权人**的利益时，破产管理人才享有撤销权。除此之外，还需要符合《破产法》第 130 条以下规定之一所列举的撤销原因。

销售库存产品的行为无疑就是一种法律上行为。该行为必须是在破产程序开始前实施的。但在本案中，销售行为是在破产程序开始后实施的。因此无法实施破产撤销，参见《破产法》第 129 条。况且，此处也不存在侵害债权人利益的行为，因为库存产品是以市场价被销售的，存在一个等值的对待给付，破产财产并未因此受到损失，参见《破产法》第 142 条。

问题（2）：基于《民法典》第 985 条也可能存在一项请求权。为此，必须满足"Pellet 有限公司是所有权人，且 Kronum 股份公司为无权占有"这两项条件。

Pellet 有限公司原先的确是标的物的所有权人。

那么 Pellet 有限公司是否有可能丧失所有权呢？此处确实存在一个物权合意。但问题在于 Pellet 有限公司已经丧失了处分权，处分权已经转移给了破产管理人。因此，处分行为会基于《破产法》第 81 条第 1

---

〔1〕 Vgl. Zimmermann, Grundriss des Insolvenzrechts, 11. Aufl. 2018, Rn. 392 ff.

* 也有学者建议翻译为"法律上行为"。作为破产撤销标的的所谓"法律上行为"（Rechtshandlung），指的是任何能够引起破产财产变动的行为。破产撤销法中"法律上行为"的概念与德国《民法典》中的"法律行为"（Rechtsgeschäft）概念没有什么关联，其内涵显然也要比《民法典》中的法律行为概念更广。有关 Rechtsgeschäft 中文被翻译为法律行为，译者认为源于清末德国法通过日本法对我国的影响，但在此不做法律语源上的探讨。

** 作为破产撤销的前提，要求的是对一般破产债权人利益的侵害，而不是对取回权人和别除权人利益的侵害。取回权人的财产根本就不属于破产财产，因此一般来说不会受到破产财产增加或减少的任何影响，除非该特定标的物已经不存在了。需要考虑到的只是，别除权人往往同时也是一般破产债权人，只是在他们的破产债权的全部或一部分上有担保权而已。

款第 1 句不产生效力。依据《破产法》第 81 条第 1 款第 2 句，善意取得规定在破产程序中只适用于不动产，并不适用于动产。因此，Pellet 有限公司仍然保有标的物的所有权。[1]

此外，Kronum 股份公司也是无权占有人。买卖合同无法赋予其相对于破产管理人的占有本权。《民法典》第 985 条的请求权是存在的。

问题（3）：Kronum 股份公司有可能基于《破产法》第 81 条第 1 款第 3 句的规定要求返还价金。基于该规定，如果破产财产因某项对待给付而获利，可以要求从破产财产中返还该对待给付。

虽然基于《破产法》第 81 条第 1 款第 1 句，只有处分行为无效，负担行为仍然有效，但上述请求权与本条规定也并不矛盾。因为有效的负担行为所连接的只是债务人个人，并不是破产财产本身，而不当得利请求权是针对破产财产存在的。[2]

破产财产必须因此而获得利益。但如果取得人已经向债务人付款，但债务人却并未将对待给付归入破产财产，则破产财产显然并未因此而得利。但在本案中，公司管理层已经将对待给付归还给了破产管理人。

《破产法》第 81 条第 1 款第 3 句的前提条件在这里已经得到满足。此处可以依据《破产法》第 55 条第 1 款第 3 项构成共益债务。

（如果负担行为是在破产程序开始前缔结的，且没有任何一方完全履行，则会涉及《破产法》第 103 条以下的规定。）

问题（4）：由于破产管理人并未获得占有，因此不会涉及《民法典》第 935 条第 1 款所规定的标的物丢失的情况。因此，FIHO 股份公司可以基于《民法典》第 932 条的规定善意取得标的物的所有权。

---

〔1〕 如果破产管理人可以基于《民法典》第 185 条第 2 款第 1 句追认该交易的效力，则情况会有所不同。

〔2〕 债务人可以有效地缔结负担行为，因为《破产法》第 81 条第 1 款只包含处分行为，参见联邦最高法院判例 BGH，NJW 2018，2049，Rn. 17。然而，如果没有破产管理人的支持，债务人是无法履行他所缔结的负担行为的，但合同相对方可以请求损害赔偿。只不过，该损害赔偿债权却不会在破产程序中被处理，因为其既不是基于《破产法》第 38 条的破产债权，也不是基于《破产法》第 55 条的共益债权。

> **导论案例 7**
>
> Pheul 有限合伙在 10 月将一台车床以 8 万欧元的价格卖给了 Pellet 有限公司。双方约定价金延期两个月支付。所有权的转移以支付价金为前提条件。但 Pellet 有限公司在 2021 年 11 月 4 日进入了破产程序。Pheul 有限合伙是否可以要求交付标的物或支付价款？变体：如果车床的所有权立即就被转移了呢？

解答：

这里有可能会适用《破产法》第 103 条的规定。[1] 在本案中，双方都没有完全履行合同，因为 Pheul 有限合伙并没有转移车床的所有权给对方，Pellet 有限公司也没有支付价款。Pheul 有限合伙的权利能否实现，取决于破产管理人是否会选择继续履行合同。《破产法》第 107 条第 2 款第 1 句的规定，在所有权保留的情况下对第 103 条作了一些微小的修正。[2] 依据该条规定，破产管理人只需要在报告期日（Berichtstermin）之后对是否继续履行合同做出意思表示即可。

如果破产管理人选择继续履行合同，则 Pheul 有限合伙则可以作为共益债权人要求支付价款，参见《破产法》第 55 条第 1 款第 2 项。

如果破产管理人选择拒绝继续履行合同，则买卖合同消灭，Pheul 有限合伙可以作为所有权人要求返还车床，参见《破产法》第 47 条、《民法典》第 985 条。

变体： 如果 Pheul 有限合伙立即就将所有权转移给了 Pellet 有限公司，则其已经履行了买卖合同的全部义务。此时，就已经没有了《破产法》第 103 条适用的空间，因为这一条以合同双方均未履行或未完

---

［1］ Vgl. Zimmermann, Grundriss des Insolvenzrechts, 11. Aufl. 2018, Rn. 329 ff.

［2］ Vgl. Zimmermann, Grundriss des Insolvenzrechts, 11. Aufl. 2018, Rn. 347 ff.

全履行合同为前提条件。Pheul 有限合伙也无法再行使取回权，因为它已经不再是所有权人了。

此时，Pheul 有限合伙只享有破产债权，因其债权在破产程序开始前就已经成立了，参见《破产法》第 38 条。它必须在破产列表中申报债权，以便未来可以参与破产财产的分配，参见《破产法》第 174 条以下。Pheul 有限合伙无法再要求返还车床，它只能就其在破产列表中所申报的 8 万欧元获得一个破产清偿份额，换句话说，它只能收回大约 3000—5000 欧元的债权。[1]

这个例子可以很清晰地告诉我们，所有权保留对于供货商是多么重要。我们可以清晰地看出二者的区别：在使用所有权保留时，供货商可以要求返还原物，几乎毫无损失；在未使用所有权保留时，在失去所有权的同时，只能获得极少的一部分价金。

在这里，Pheul 有限合伙要么使用所有权保留，要么可以要求对方预先支付全部价金，在实践中，显然使用所有权保留更容易被 Pellet 有限公司接受。

按语：从债务人处以所有权保留方式购买货物，《破产法》第 107 条第 1 款。《破产法》第 107 条第 1 款是对保留买受人（Vorbehaltskäufer）的保护，也就是在破产程序开始之前以所有权保留的方式从债务人处购买货物之人。如果双方均未完全履行买卖合同，就可以适用《破产法》第 103 条的规定。在这里，第 107 条为第 103 条创设了一个例外，对保留买受人的期待权（Anwartschaftsrecht）进行了保护。而第 106 条则以类似的方式对预告登记权利人（Vormerkungsberechtigter）进行了保护。

---

〔1〕 根据德国联邦统计局的数字，截至 2018 年终结的破产程序的平均清偿率只有 3.8%。参见 https：//www.destatis.de/DE/Thmen/Branchen-Unternehmen/Unternehmen/Gewerbemeldungen-Insolvenzen/insolvenzverfahren-bis–2018.html，2021 年 1 月 24 日调取访问。

> **导论案例 8**
>
> Brock 先生在 Pellet 有限公司作为 Controller 工作超过了 10 年。Pellet 有限公司的破产程序于 2021 年 11 月 4 日正式开始。Brock 先生在 9 月领到了最后一份工资。
>
> （1）最早在什么时候，破产管理人就可以解雇他，或者在 Brock 先生不同意的情况下终止合同？
>
> （2）Brock 先生有哪些请求权？
>
> （3）Brock 先生因为过于沮丧，殴打了破产管理人一位员工。他是否有可能被立即解约？

解答：

问题（1）：首先需要审查的，并不是破产管理人是否会想要通过选择不履行劳动合同而事实上解雇 Brock 先生，而是需要问破产管理人是否真的不愿再与他一起共事。

依据《破产法》第 103 条第 1 款的构成要件，当一份双务合同在破产程序开始时尚未被债务人或者债权人全部或部分履行，破产管理人便享有选择权。一项劳动关系就涉及《破产法》第 103 条第 1 款所规定的双务合同，且双方均未完全履行*合同，因此，破产管理人选择权的前提条件是存在的，他完全有理由选择不履行。

《破产法》第 104 条以下作了一些不同的规定，一些特定的情况被从履行选择权中排除了。依据《破产法》第 108 条第 1 款第 1 项第 2 种情况，债务人的劳动关系对于破产财产而言继续存在。[1] 因此，破产管理人实际上对此并没有选择是否继续履行的权利。

当然，债务人也可以通过破产程序获得一些解雇方面的有利地位。

---

* 实际上对于继续行债之关系来说，永远谈不上"完全履行"。

[1] Vgl. Zimmermann, Grundriss des Insolvenzrechts, 11. Aufl. 2018, Rn. 368 ff.

依据《破产法》第113条第1句和第2句的规定，破产程序中的解雇只适用最长为3个月的解雇期限，不管被解雇人是否依据《民法典》第622条第2款的规定，因其更长的工作时限可以获得更长的解雇期限，也不管劳动合同是否约定了更长的解雇期限。

按语：破产作为一种运营重组的工具。《破产法》第113条实际上使破产程序中的裁员变得更加容易，与此类似的还有《破产法》第109条的规定，该规定使得退出长期租赁合同成为可能。《破产法》第123条也减少了在破产程序中裁员时的社会计划金额（Solzialplan）。但破产原则上来说仍然不是运营重组的一种好的选择，因为直接或间接的费用会比较高，而且对股东也有不良的影响。

Brock先生虽然在公司工作了10年，依据《民法典》第622条第2款第4项可以获得4个月的解约期，但由于公司进入了破产程序，他只能获得3个月的解约期。他将从2022年2月28日起被辞退。

问题（2）：Brock先生基于《民法典》第611条第1款第2种可能性有要求支付工资的请求权，以及损害赔偿请求权。

他对于破产程序开始前的时间段的工资请求权属于破产债权，而对于破产程序开始后到劳动合同正式终止的阶段，[1]即2021年11月4日—2022年2月28日的请求权，则属于共益债权，参见《破产法》第55条第1款第2项第2种情况，因为员工的工作对于破产程序正式开始之后的阶段也是必需的。

除此之外，Brock先生还可以依据《破产法》第113条第3句的规定，对其基于正常的解约标准所能获得的更多的补偿，要求损害赔偿。在本案中，Brock先生可以获得一个月工资[2]的赔偿，但该赔偿只能作为破产债权处理。

---

〔1〕 当然，实践中，这个时间段的这部分破产债权通常都能够通过《社会法典之三》第165条以下所规定的破产补助金（Insolvenzgeld）被全额支付，目的是激励员工继续工作。

〔2〕 在员工无法解雇时，其请求权以最长的一般解约期为限。但雇员其他的收入也应计算在内（按照《民法典》第615条第2句的思路）。还有《民法典》第254条也应当考虑到，如果雇员可以从事其他工作却并未实际从事时。

这里还有可能存在基于社会计划（Sozialplan）的请求权，但该债权在破产程序中会通过《破产法》第 123 条的规定在金额上受到一定限制。

问题（3）：《民法典》第 626 条第 1 款所规定的立即解约在破产程序中也是适用的。由于《破产法》第 113 条只包含对解约期限的特殊规定。因此，对于一般事由和重大事由解约的区分，还有对于解约必须提出理由的要求，该条规定并未涉及。

> **导论案例 9**
>
> Guldrun 先生为了执行一项价值为 10 万欧元的金钱债权，于 2021 年 8 月 25 日申请在 Pellet 有限公司所有的一块土地上登记了一项强制抵押权（Zwangshypothek,《民事诉讼法》第 866 条第 1 款、第 867 条、《民法典》第 1184 条）。[1] 该抵押权于 2021 年 10 月 20 日完成登记。2021 年 10 月 7 日，Pellet 有限公司（被）申请破产。请问强制抵押权在破产程序中是否仍能存续。

解答：

基于《破产法》第 88 条规定的所谓防反弹效应（Rückschlagsperre），一项抵押权是有可能在破产中失去效力的。依据该条规定，破产债权人在破产申请前一个月内，或者破产申请之后通过强制执行的方式在破产财产所属的标的物上所取得的担保，在破产程序开始后失去效力。

Guldrun 先生以强制抵押权的方式取得了一项担保。这同样是通过强制执行方式取得的。依据《民事诉讼法》第 866 条第 1 款、第 867

---

〔1〕 此处涉及一项担保抵押权（Sicherungshypothek），因为这里只为债权人带来了一项担保，而并非履行。

条的规定，对于金钱债权的强制执行，可以通过在土地上登记一项强制抵押权来实现。《民事诉讼法》第866条第3款所要求的750欧元最低债权金额标准也已经符合。

这项担保的取得还必须是在破产申请前一个月内，或者破产申请之后实现的。关键的是强制抵押权登记的时间点，因为只有从登记时开始，担保取得人才真正"取得了"担保。在本案中，强制抵押权是在2021年10月20日登记的，所以是在破产申请之后完成的。

因此，该强制抵押权确定失去效力。破产管理人不必主张破产撤销，也不必提起破产撤销之诉。相对而言，主张破产撤销费时费力，却只能导致相同的结果，也是费力不讨好。

Guldrun先生也不能依据《破产法》第81条第2款、第91条第2款主张善意取得，因为该规定涉及的是破产程序开始后权利的取得。而在本案中，权利的取得却是发生在破产申请程序（Eröffnungsverfahren）中的。

导论案例10

Pellet有限公司在破产程序开始前两周，以市场价格1.2万欧元购买了一辆新叉车。Pellet有限公司立即得到了叉车，并在一周后支付了价款。破产管理人想要撤销这笔买卖。是否有理由？

解答：

对于《破产法》第143条第1款第1句所规定的基于破产撤销的返还请求权来说，必须以破产撤销的前提条件都得到满足为前提。依据《破产法》第129条第1款，必须先有一项法律上行为在破产程序开始前被实施，并且破产债权人的利益会通过该法律上行为受到侵害。

再者，还需要至少一项《破产法》第 130 条以下所规定的撤销原因得到满足。

首先必须存在一项法律上行为（Rechtshandlung）。这里的法律上行为构成要件应作扩大解释，应包括所有可以导致一定法律效力的行为。[1] 自然也应当包括在破产财产上设定负担的行为，比如支付叉车的价款。

该法律上行为必须在破产程序开始前实施。在本案中，买卖行为是在破产程序开始前两周完成的。

该法律上行为必须已经侵害了债权人的利益。只要破产债权人被清偿的可能性受到限制，就可以认为债权人的利益被侵害了。[2] 在本案中，由 Pellet 有限公司的财产向外支付了 1.2 万欧元，因此侵害债权人利益的行为已经成立。

基于《破产法》第 142 条第 1 项的规定，即便确实存在一个侵害债权人利益的法律上行为，但在交易的同时，一项等值的对待给付（Gegenleistung）也流入了 Pellet 有限公司的财产，那么该法律上行为便不具备可撤销性。在本案中，Pellet 有限公司取得了一件价值 1.2 万欧元的叉车，因此确实获得了等值的对待给付。在这里，取得对待给付的直接性也是存在的。交付与付款之间一周的时间差并不能改变这一点。此外，破产财产也并没有预先履行，因为是先交付的叉车，一周后才支付的价款。

因此，基于《破产法》第 130 条的可撤销性就这样通过《破产法》第 142 条第 1 款被排除了。基于《破产法》第 131 条撤销支付价款的行为也是不可行的，因为该付款行为是根据买卖合同完成的。

按语：《破产法》第 142 条不适用于非全等的履行（Inkongruente

---

〔1〕 即便是强制执行，也可以归类为破产撤销所指的法律上行为。
〔2〕 减损破产财产的行为不仅仅发生在直接支付一定款项或者交付财产标的物的行为中，即便是债务增加的行为也可以认为是一种对破产财产的减损。

Deckung）。* 联邦最高法院将《破产法》第 142 条现金交易行为的例外的适用限于全等的履行（Kongruente Deckung），而不适用于《破产法》第 131 条非全等的履行。[1] 对于非全等的履行来说，欠缺一项对于债务人和撤销相对人之间的约定所进行的双务履行行为，而这正是《破产法》第 142 条所要求的。

> **导论案例 11**
> Tilger 股份公司对 Pellet 有限公司有一项价值 7.5 万欧元的债权。但 Tilger 股份公司已经知晓 Pellet 有限公司处于失去支付能力的状态。在破产程序开始前不久，Tilger 股份公司以市场价格 8 万欧元购买了 Pellet 有限公司的一部电子设备。在不久之后开始的破产程序中，Tilger 股份公司要求对其债权行使抵销权，是否有理由？

解答：

抵销有可能是不允许的。

原则上来说，《破产法》不会影响抵销的可能性，参见《破产法》第 94 条。[2] 其中基本的考虑是，享有抵销权的债权人的法律地位实际上与有担保的债权人是类似的**：与有担保的债权人类似，而不同于无担保的债权人，抵销权人实际上也不必监督债务人，因为他可以通过

---

* 有关"全等履行"与"非全等履行"，或者"一致履行"与"不一致履行"的问题，参见上文。

〔1〕 参见联邦最高法院判例 BGH，NJW 2002，1722；BGH，NJW-RR 2004，1493。

〔2〕 Vgl. Zimmermann, Grundriss des Insolvenzrechts, 11. Aufl. 2018, Rn. 265 ff.

** 其实严格来说，抵销权人的法律地位是优于担保权人的。因为抵消权人的债权通过抵销实际上获得了 100% 的清偿。而依据《破产法》第 171 条，担保权人所得的优先受偿款中的 9% 会被留存于破产财产中。二者在实践中，尤其是个案中的差异是很微妙的。

抵销使债务人的债权归于消灭。

但依据《破产法》第 96 条第 1 款的规定，在某些特定的情况下抵销是不允许的。其中最重要的例外就是《破产法》第 96 条第 1 款第 3 项的规定。依据该条规定，如果破产债权人的抵销可能性是通过可撤销的法律上行为获得的，那么该债权就不能被抵销。

《破产法》第 94 条的规定的确承认了抵销的可能性，但却取决于抵销的地位是否是通过可撤销的行为取得的。当然，相反地，抵销的意思表示本身是不可撤销的。通过抵销的意思表示本身"所构建的法律地位不会导致一种单独的侵害债权人利益的类型，只要抵销的地位本身在实体法和破产法上都是有效的"[1]。

在本案中，Tilger 股份公司的抵销可能性是通过在破产程序开始之前取得一件 Pellet 有限公司的电子设备获得的。这一法律行为有可能是可撤销的。

当然，此处也必须符合破产撤销的前提条件。依据《破产法》第 129 条第 1 款的规定，一项法律上行为首先必须是在破产程序开始前实施的，并且还必须侵害了债权人的利益。其次，还必须满足其中至少一项《破产法》第 130 条以下所规定的撤销原因。

（1）破产程序开始前实施的法律上行为：由于购买电子设备的行为的确是发生在破产程序开始之前的，所以这里确实存在一项破产程序开始前实施的法律上行为。

（2）侵害债权人利益：该法律上行为还必须侵害了债权人的利益，参见《破产法》第 129 条第 1 款。只要在不增加其他因素的情况下，单单该行为本身就可以造成债务人财产的减损，就可以认为存在侵害债权人利益的行为。在本案中，破产财产因为该电子设备受到了损失。该电子设备本身，或者对应的价款，不再受 Pellet 有限公司债权人的支配。

---

[1] Lohmann/Reichelt, in: MüKo - InsO, 4. Aufl. 2019, § 96, Rn. 42.

但是，对于该电子设备来说，确实约定了一个合理的市场价格 8 万欧元。因此，破产撤销有可能因《破产法》第 142 条的规定被排除。只要一项等值的对待给付流入了 Pellet 有限公司的财产，就会发生这种情况。但是在本案中，这 8 万欧元并未实际流入 Pellet 有限公司的财产。相反地，Pellet 有限公司却减少了 8 万欧元的债务。这笔债务本身金额虽然也是 8 万欧元，但问题在于，这 8 万欧元的债务作为破产债权原则上只能获得一个特定比例的清偿，而不可能全额获得清偿。因此，破产财产确实因此遭受了损失，金额是清偿比例与 8 万欧元之间的差额[1]。《破产法》第 129 条第 1 款第 1 句所规定的侵害债权人利益的情况是存在的。

按语： 关于《破产法》第 96 条第 1 款第 3 项。即便我们换一个思路，《破产法》第 96 条第 1 款第 3 项的规定仍然是成立的：我们把破产债权人的债权作为"被"抵销的被动债权本身因成立现金交易行为而不会被撤销，但是却因为被动债权的存在而出现了可撤销的情况，依然会因此出现侵害债权人利益的情况。

（3）撤销原因：这里还必须存在一个撤销原因。

这里可以考虑的是《破产法》第 130 条的规定。对于《破产法》第 130 条（全等履行）和第 131 条（非全等履行）的区分需要考虑的是，债权人是否有请求履行的权利（参考第 131 条的措辞：一种他不能主张、不能以这种方式主张，或者不能在这个时间主张的履行或履行的可能性）。《破产法》第 130 条可以与第 131 条同时适用。第 130 条实际上既包含全等的履行，也包含非全等的履行，而第 131 条则使得对非全等的履行更容易行使撤销权。

按语： 关于履行的撤销。所谓履行的撤销，包含了对那些为撤销相对人提供了担保或者清偿（＝履行）的法律上行为的撤销。

---

[1] 假设本案的破产清偿率是 5%，那么 8 万欧元的债权最终只能获得 4000 欧元多一点儿的清偿，而不可能获得 8 万欧元全额清偿。

在本案中，抵销就是一种履行行为，参见《民法典》第398条。而《破产法》第130条和第131条在使用上可以做这样的区分，究竟是Tilger股份公司的被动债权成立在先，还是Pellet有限公司的主债权成立在先。

如果是被动债权（Tilger股份公司对Pellet有限公司的债权）成立在先，就会出现全等的履行。Tilger股份公司首先会享有要求支付被动债权的请求权。接着主债权成立，Tilger股份公司的请求权会通过抵销被履行，此处的履行就是《破产法》第130条意义上的履行。

如果相反地，主债权（Pellet有限公司对Tilger股份公司的债权）成立在先，此时的抵销就可以使得破产债权人得到履行，虽然他此时还没有相应的请求权，此处就是《破产法》第131条规定的情况。

在本案中，首先成立的是Tilger股份公司的债权，因此，《破产法》第130条所规定的前提条件得到了满足。[1]

结论：《破产法》第96条第1款第3项的前提条件是满足的，因此抵销在本案中是不允许的。

---

[1] 全等与非全等的履行相互之间并不是互相排斥的，全等的履行基于其更严格的前提条件在广义上包含了非全等履行的构成要件。

练习案例

练习案例 1　处分权的转移

Schernhorst 商事合伙几个月来一直在寻找一块土地，并准备在上面兴建代表处大楼。2021年8月，该公司偶然联系到了 Pellet 有限公司，后者正在出售一块位于慕尼黑的土地。

2021年10月16日周五，双方为签署合约共同来到了公证处。他们在那里签署了上述土地的买卖协议。Pellet 有限公司由执行董事 Glas 博士出席，而 Schernhorst 商事合伙则由股东 Reng 先生出席。交易价格为35万欧元。

双方当时尚未达成转移土地所有权的物权合意（Auflassung）。但 Pellet 有限公司已经同意先进行预告登记（Vormerkung），并已经完成公证手续。

2021年10月20日周二，Schernhorst 商事合伙向所属的土地登记局申请进行预告登记（参见《土地登记簿法》第13条、第19条）。至于土地所有权转移登记本身，当时并未考虑，因为 Schernhorst 商事合伙大约在年底的时候应该可以获得一笔大额退税，到时候才能有足够的流动资金支付价款。

Pellet 有限公司在 2021 年 10 月 7 日提出了破产申请,破产程序于 2021 年 11 月 4 日正式开始,重组专家 Ostler 先生被委任为破产管理人。尽管如此,土地登记局仍然在 2021 年 11 月 11 日完成了预告登记。当时土地登记簿上还没有依据《破产法》第 32 条所做的破产信息注释。11 月 17 日,破产管理人 Ostler 先生通知 Schernhorst 商事合伙,他将不会继续履行土地买卖协议。如果 Schernhorst 商事合伙因此受有损失,可以在破产程序中申报债权。

Schernhorst 商事合伙不愿意接受这个结果,坚持要求破产管理人继续履行合同。因为他们已经开始计划如何兴建办公大楼了。此外,他们声称,直至 11 月 17 日接到破产管理人的通知时止,他们都并不了解 Pellet 有限公司陷入流动性困难的情况,也无法了解到此情况。破产管理人则认为,预告登记与他无关,况且他可以随时涂销预告登记。

Schernhorst 商事合伙因此向慕尼黑第一中级法院提起了诉讼,要求破产管理人在其支付价款后办理土地过户登记,并交付土地。

编者注:如何评估本案的诉讼前景?

事件时间顺序概览:

10 月 16 日买卖合同公证,同意预告登记

10 月 20 日 Schernhorst 商事合伙申请预告登记

11 月 4 日破产程序开始

11 月 11 日预告登记完成

11 月 17 日破产管理人拒绝继续履行买卖合同

解答:

A. Schernhorst 商事合伙的诉讼

 Ⅰ. 请求权的成立

 Ⅱ. 请求权的消灭

 Ⅲ. 请求权的可行使性

  1.《破产法》第 103 条的前提条件

2. 《破产法》第 106 条（预告登记）对第 103 条的修改

    a）基于《破产法》第 81 条第 1 款第 2 句的善意取得

    b）基于《破产法》第 91 条第 2 款及《民法典》第 878 条的善意取得

        （1）《民法典》第 878 条的可适用性

        （2）类推适用《民法典》第 878 条的前提条件

    c）在破产程序正式开始后取得预告登记

3. 所取得的法律地位的可撤销性

    a）《破产法》第 129 条上的法律行为

    b）在破产程序开始前实施，基于《破产法》第 129 条、第 147 条及第 140 条

    c）侵害债权人利益

    d）撤销理由

        （1）《破产法》第 130 条（全等履行）

        （2）《破产法》第 131 条（非全等履行）

        （3）《破产法》第 132 条

        （4）其他撤销理由

    e）有关破产撤销的结论

4. 有关可行使性的结论

Ⅳ. 有关诉讼是否有理由的结论

B. 结论

A. Schernhorst 商事合伙的诉讼

本诉讼成功的前提主要有：原告享有《民法典》第 433 条第 1 款所规定的取得土地所有权的请求权。该请求权指向《民法典》第 873

条、第 925 条所规定的物权合意,破产管理人同意依据《土地登记簿法》* 第 19 条做出同意登记所有权的意思表示。

按语:《土地登记簿法》第 19 条。该条规定了所谓"形式一致原则"(formelles Konsensprinzip)**。依据该条规定,向土地登记局所提出的物权合意(dingliche Einigung)不必进行证明,而只需要现有登记所涉及的权利人做出一个单方的意思表示即可。但《土地登记簿法》第 20 条则对让与土地以及地上权(Erbbaurecht)作出了例外的规定,此时的物权合意必须被证明(所以这里是所谓"实体一致原则",materielles Konsensprinzip)***。因此,必须对土地的物权合意(Auflassung,《民法典》第 925 条)进行公证,当然,这里进行公证还有一个原因,只有经过公证的土地物权合意才具有拘束力,参见《民法典》第 873 条第 2 款。

Ⅰ.请求权的成立

要求转移所有权和交付的请求权是存在的:Schernhorst 商事合伙与 Pellet 有限公司共同签署了一份符合法定形式的土地买卖合同,参见《民法典》第 311b 条第 1 款、第 433 条。这两家公司都是由符合法律规定的代表人合法代表的,参见《商法典》第 125 条第 1 款、《有限责任公司法》第 35 条第 1 款第 1 句。

Ⅱ.请求权会基于《破产法》第 103 条消灭吗?

请求权有可能不会基于《破产法》第 103 条而消灭[1]。

尚未被双方实际履行的合同所产生的履行请求权,确实有可能在破产程序开始后消灭。如果破产管理人要求继续履行合同,有可能产生新的主请求权(Primäranspruch)****。相反地,如果破产管理人拒绝

---

* 《土地登记簿法》(Grundbuchordnung,GBO)是一部规定土地登记及土地登记局行为的一部程序法律。当然,其中某些条款仍然规定当事人需要做出程序法上的意思表示。

** 或称"形式合意原则"。

*** 或称"实体合意原则"。

[1] Vgl. Zimmermann, Grundriss des Insolvenzrechts, 11. Aufl. 2018, Rn. 329 ff.

**** 或称"原给付请求权"。

继续履行合同，则实际上只是宣示性地确认了请求权的消灭。

当然，更好的解释则与权利消灭理论不符。因为权利消灭理论无法解释，为什么破产程序终止后，破产债权人消灭的主请求权仍然能够不受限制地继续行使（《破产法》第 201 条）。

此外，权利消灭理论也与《破产法》第 115 条和 116 条相矛盾。这两个条文对委托和承揽合同中的主请求权的消灭直接作出了规定，但却有可能在《破产法》第 103 条已经确认权利消灭时失去作用。

当破产管理人选择继续履行合同时，实际上是将请求权的可行使性（Durchsetzbarkeit）赋予了共益债务（Masseverbindlichkeit）的效力（《破产法》第 55 条第 1 款第 2 项第 1 种可能性）；而当其拒绝继续履行合同时，实际上是使请求权失去了可行使性。只有当合同相对人因不履行而主张债权时，才会出现消灭或者效力改变的效果。〔1〕

因此，要求支付价款的请求权不会因为破产程序的开始而消灭。

Ⅲ. 请求权的可行使性，基于《破产法》第 103 条

一项请求权，有可能因为破产管理人依据《破产法》第 103 条拒绝履行，而丧失可行使性。对此，必须满足《破产法》第 103 条第 1 款的前提条件，并且 Schernhorst 商事合伙的请求权还不能出现《破产法》第 104 条以下所规定的任何一种例外情况。

1.《破产法》第 103 条的前提条件

依据《破产法》第 103 条，首先必须存在一个双务合同，并且该合同在破产程序开始时尚未被债务人及对方当事人全部或部分履行。否则，显然破产管理人无从选择是否继续履行。

该合同必须是《民法典》第 320 条第 1 款第 1 句意义上的双务合同。〔2〕

并且该合同还必须尚未被债务人"以及"对方当事人全部或部分

---

〔1〕 联邦最高法院以前曾经支持权利消灭理论，但现在也转而支持该理论。

〔2〕 因此，《破产法》第 103 条第 1 款无法适用于单务合同，比如赠与或者保证合同，也无法适用于不真正双务合同，比如出借合同、委托合同或者保管合同等。

履行。[1] 在本案中，Schernhorst 商事合伙尚未支付价款，Pellet 有限公司也没有履行转移所有权的义务。因此，该合同尚未被双方当事人完全履行。

最后，破产管理人还必须明确做出拒绝履行的意思表示。在本案中，该意思表示可以从破产管理人 11 月 15 日的通知中推断出。

2.《破产法》第 106 条第 1 款第 1 句（预告登记）对第 103 条的修正

原则上来说，《破产法》第 103 条第 1 款的适用范围有可能被第 104 条以下的诸条规定所排除。在这里需要考虑的是《破产法》第 106 条第 1 款第 1 句的例外情况。[2] 依据该条规定，只要为了担保债权人取得一项在债务人土地上的权利，在土地登记簿上做了预告登记的，该债权人就可以向破产财产请求履行。预告登记的担保功能应当也在破产程序中得到保障。[3] 这里需要考虑的是，第 106 条的前提条件是否都得到了满足。

首先，必须有一项预告登记被有效地设定，参见《民法典》第 883 条第 1 款、第 885 条。基于《民法典》第 883 条第 1 款的规定，对此需要具备以下前提条件：存在一项取得土地上权利的请求权，前手权利人依据《民法典》第 885 条第 1 款做出同意登记的意思表示，并且授权权利取得人获得预告登记。

在本案中，让与土地所有权的请求权可以基于《民法典》第 433 条第 1 款产生。

同意预告登记的意思表示已经依据《民法典》第 885 条第 1 款第 1 句第 1 种情况有效做出，并且已经依据《民法典》第 883 条第 1 款进行了有效登记。

---

[1] 只要有一方当事人已经全部履行了合同，便不再符合《破产法》第 103 条第 1 款的构成要件了。

[2] Vgl. Zimmermann, Grundriss des Insolvenzrechts, 11. Aufl. 2018, Rn. 345.

[3] 预告登记在这里的保护作用类似于所有权保留。但所有权保留只能适用于动产，因为对于不动产来说，附条件的物权合意依据《民法典》第 925 条第 2 款是无效的。

这里有疑问的是，在 Schernhorst 商事合伙取得预告登记的时点，Pellet 有限公司是否还享有财产的处分权。预告登记的取得实际上牵扯到不止一轮的构成要件。在土地登记簿的登记作为取得的最后一个动作是发生在破产程序开始之后的。原则上来说，处分权在这个时点仍然应当存在。

依据《破产法》第 80 条第 1 款的规定，债务人对财产处分和管理的权限在破产程序开始后应当转归破产管理人所有。因此，那些需要多轮构成要件方能完成的处分，如果在破产程序开始时尚未完全完成，原则上来说就已经无法再有效完成了。

如果能够存在对于预告登记取得人的保护规定，帮助他绕开处分权限制的规定，那么情况有可能会有所不同。

按语：预告登记。预告登记是一种对与土地有关的请求权的独特担保方式，例如对基于《民法典》第 433 条第 1 款的所有权转让请求权进行担保。

即便是那些未来的或者附条件的请求权也可以进行担保。当然首先权利基础必须有效存在，与此相类似的是让与未来的债权。

预告登记是从属于其所担保的债权的。因此，债权就是预告登记存在的前提。

预告登记的效果是使得所有与预告登记相悖的处分相对无效，从而对未来的处分行为进行保护，参见《民法典》第 883 条第 2 款。但预告登记并不会带来处分限制或者土地登记簿冻结的效果。

预告登记的权利人要求进行权利登记的请求权来自《民法典》第 888 条第 1 款。

预告登记的转让，也就是一种从权利取得，是随着对被担保的请求权的让与一同进行的（《民法典》第 398 条）。通过类推适用《民法典》第 401 条的规定，在被担保的请求权被让与时，预告登记也会一并被让与。这一点与期待权（Anwartschaftsrecht）的让与不同，期待权是在转让后才会变成完全的权利，参见《民法典》第 929 条以下。

只有当被担保的债权仍然存在时,从权利的善意取得才是有可能的。如果债权本身已经不存在了,那么预告登记的善意取得也就变得不可能了,因为没有债权的预告登记是不存在的。对于预告登记来说,也不存在类似于《民法典》第 1138 条的规定,该规定是专门为抵押权设计的,为了支持抵押权的善意取得可以拟制一项债权的存在。依据《民法典》第 1138 条,善意受让人只能善意取得抵押权,而不能善意取得债权。

a) 基于《破产法》第 81 条第 1 款第 2 句的善意取得

通过《破产法》第 81 条第 1 款第 2 句的规定,首先需要考虑的是是否可以准用《民法典》第 892 条和第 893 条的规定。[1] 因为该条规定完整地指向了《民法典》第 892 条和第 893 条,因此,预告登记完整的法律特征在这里都可以考虑到。[2] 土地登记簿的权利外观效力,并不会因为基于《破产法》第 32 条所做的破产批注而受到影响。

当然,《破产法》第 81 条第 1 款第 2 句对《民法典》第 892 条和第 893 条的准用,要求以债务人的处分行为在破产程序开始后实施为前提条件。对于像预告登记这种具有多轮取得构成要件的情况来说,处分行为实施的时间点就具有决定性作用。在本案中,处分行为是在破产程序开始前实施的,因此,这显然无法满足《破产法》第 81 条第 1 款第 2 句的前提条件。

b) 基于《破产法》第 91 条第 2 款及《民法典》第 878 条的善意取得

这里可以考虑的还有基于《破产法》第 91 条第 2 款及《民法典》第 878 条的善意取得。[3] 因为预告登记的取得需要多层次的构成要件,始于破产程序开始前,并在破产程序开始后完成。

---

〔1〕 Vgl. Zimmermann, Grundriss des Insolvenzrechts, 11. Aufl. 2018, Rn. 290 f.
〔2〕 根据通说,《民法典》第 893 条第 2 种情况在这里很关键。基于本条的扩张性解释,预告登记等同于为土地设定负担,因此也是《民法典》第 893 条意义上的"处分"。
〔3〕 Vgl. Zimmermann, Grundriss des Insolvenzrechts, 11. Aufl. 2018, Rn. 306 ff.

在这里,《民法典》第 878 条必须能够适用于预告登记,首先需要考察的是该条的前提条件是否得到了满足。

按语:关于《民法典》第 878 条。从原则上来说,一项处分行为生效的前提条件必须到其完成时,也就是说,直至其被登记在土地登记簿中时,都能完全得到满足。而《民法典》第 878 条建立了一种处分人已经完成所有必要行为后的例外情况。为了取得预告登记,必须首先由处分人依据《民法典》第 873 条第 2 款做出有拘束力的物权意思表示,并依据《土地登记簿法》第 13 条向土地登记局提出登记申请。《民法典》第 878 条的背景是一种特殊情况,即当处分人失去了对权利的影响力,从而不再与土地登记局的交易进程相关时。

《民法典》第 878 条适用范围的例子是,处分人因依据《强制拍卖与强制管理法》第 20 条第 1 款及第 23 条第 1 款被宣告强制拍卖而失去了处分权,或者债务人因破产程序的开始依据《破产法》第 80 条失去了处分权。相反地,依据《民法典》第 1896 条以下所颁布的赡养不会使被赡养人的处分权受到限制。只要被赡养人仍然有行为能力,他就可以与赡养人共同行使处分权。

(1)《民法典》第 878 条的可适用性

根据《民法典》第 878 条的文意,该条实际上只包含《民法典》第 873 条、第 875 条和第 877 条意义上的意思表示。

《民法典》第 873 条第 1 款包含了土地所有权的转移、在土地上设定负担,以及让与上述权利或在上述权利上设定负担。相反地,预告登记本身并不能在土地上创设物权。

《民法典》第 875 条涉及土地上权利的撤销,《民法典》第 877 条则涉及土地上权利的变更。这两条规定其实也不包含预告登记。

这里可以考虑的是类推适用《民法典》第 878 条的规定。类推适用需要以存在类似的利益状况以及意料之外的规范漏洞* 为前提。

---

* 又称"计划外的法律漏洞"。

有关类似的利益状况可以考虑的是，预告登记本身可以使得债权请求权具有物权的效力。对于预告登记来说，也应当避免要求处分人一定要参与土地登记局的交易进程，因为同意做出预告登记之人有可能在此过程中失去对标的物的影响力。因此在本案中，也存在一个类似于《民法典》第 873 条、第 875 条和第 877 条的利益状况。预告登记的担保目的也要求《民法典》第 878 条的适用。

那么这里是否存在一个计划之外的法律漏洞呢？当然，实际上将《民法典》第 878 条类推适用于预告登记的问题已经出现了数十年了，我们可以认为立法者已经知晓了这一情况，如果这样看来的话，这里应该不存在计划之外的法律漏洞。尤其是考虑到立法者很长时间都没有对此采取行动，很难不怀疑这一法律漏洞是否真的在计划之外。只不过，仅仅是立法者的不作为并不能得出该法律漏洞不在计划之外的结论。否则即便类推适用已经足以给出实际且合理的解决方案，立法者也会被强迫不断地制订新的法律，那样立法活动自然也会变得非常费时费力。此外，也可以考虑将计划之外的法律漏洞设置在法律颁布的时间点上。综上所述，一项计划之外的法律漏洞是存在的，因此，《民法典》第 878 条也就可以类推适用。

（2）类推适用《民法典》第 878 条的前提条件

首先，Pellet 有限公司作为权利人必须已经同意做出预告登记，并已表示愿意受该意思表示的拘束，且已经向土地登记局提出了相关登记申请，但相关处分权却会受到限制。

在本案中，Pellet 有限公司已经作为权利人同意进行预告登记。但由于破产程序的开始，其处分权受到了限制，参见《破产法》第 80 条第 1 款。但是，Schernhorst 商事合伙却是在此之前向土地登记局申请要求进行预告登记的。

Pellet 有限公司同意做出预告登记的意思表示还必须对其自身已经产生拘束力。这种同意进行预告登记的意思表示，是一种需受领的单方意思表示（empfangsbedürftige einseitige Willenserklärung）。[1] 从原则上来说，此类意思表示是可以撤回的（widerruflich）。[2]《民法典》第 873 条第 2 款、第 875 条第 2 款规定了物权意思表示发生拘束力的情况。预告登记在这里特别类似于《民法典》第 875 条第 2 款所规定的涂销意思表示（Löschungsbewilligung）*，因为对于设定一项预告登记来说，与涂销一项权利一样，都只需要一项单方的意思表示就足够了。依据《民法典》第 875 条第 2 款第 2 种情况，只有在表意人向受益人基于《土地登记簿法》相关规定，即第 28 条和第 29 条，做出相应的涂销权利的意思表示时，表意人才会受到自身意思表示的拘束。

依据《土地登记簿法》第 29 条的规定，只有当一项登记的意思表示能够通过公开或公开认证的文件被证明时，登记才能被实施。依据《民法典》第 129 条第 2 款的规定，这里的所谓公开认证可以通过公证证书代替，就像本案中所发生的那样。《土地登记簿法》第 28 条和第 29 条的要求也得到了满足。

依据判例，《民法典》第 875 条第 2 款所要求的直接做出意思表示，也可以通过公证的合同予以代替（《民法典》第 127a 条、第 128 条、《公证法》第 6 条以下），《民法典》第 873 条第 2 款第 1 种情况也作出了同样的规定。此后，受益人就可以不再需要让与人提供任何支持，而直接向土地登记局提交经过公证的合同。只要类推适用《民法典》第 875 条第 2 款第 2 种情况的规定，同意进行预告登记的意思表示也就具有了拘束力。

最终，《民法典》第 878 条的不成文标准也得到了满足，那么对于

---

〔1〕 严格来说，该意思表示是一项实体法上的成立前提条件，是区别于《土地登记簿法》第 19 条所规定的土地登记法上的形式上成立前提条件的，只不过实践中两种意思表示往往混合在一起做出。

〔2〕 可撤回性是与形成权相区别的，形成权是一类重要的单方意思表示的案例类型。对于单方意思表示来说，通常不存在所谓尚未生效（schwebende Unwirksamkeit）的情况，参见《民法典》第 111 条、第 180 条及第 1367 条。对于被委托人来说还需要注意《民法典》第 174 条。

* 或称"涂销同意"。

取得人来说，他已经完成了所有必需的操作，现在唯一剩下的就是在土地登记簿中进行登记了。《民法典》第 878 条的保护目的限于对登记原则的补充，因此，其他所有的取得权利的前提条件仍然必须得到满足。

随着 11 月 11 日登记的完成，Schernhorst 商事合伙便基于《破产法》第 91 条第 2 款，以及《民法典》第 878 条的规定取得了预告登记。

按语：在处分权转移后取得所有权。破产法规定了不同的构成要件，可以使得在处分权转移后无需破产管理人的支持便可以继续取得所有权：

（1）《破产法》第 81 条第 1 款第 2 句、《民法典》第 892 条、第 893 条：通过破产程序开始后的处分行为取得权利。

（2）《破产法》第 91 条第 2 款、《民法典》第 878 条：在破产程序开始后取得权利，但非基于处分行为。物权合意与登记申请在破产程序开始前完成。但登记在破产程序开始后完成。

c）在破产程序开始后取得预告登记

需要澄清的还有，预告登记是否也可以在破产程序开始后取得。《破产法》第 106 条第 1 款第 1 句要求预告登记在破产程序开始时已经进行了登记。这种解释结论是结合第 103 条第 1 款的措辞得出的，该条要求"在破产程序开始时"，但该条所要求的基础构成要件已经被第 106 条修正了。在本案中，在破产程序开始时并不存在一个登记行为。根据《破产法》第 91 条第 2 款的规定，第 106 条第 1 款的适用范围应当延伸及于在破产程序开始后完成登记的预告登记，只要这里可以适用《破产法》第 91 条及《民法典》第 878 条。否则，基于《破产法》第 91 条第 2 款的权利取得就会落空。

因此，Schernhorst 商事合伙有效取得了预告登记，并可以援引《破产法》第 106 条第 1 款的效力。

3. 已经取得的法律地位可以撤销吗？

如果 Schernhorst 商事合伙通过预告登记所取得的法律地位是可撤

销的，它显然不能行使该权利。[1]

迄今为止，还没有出现完成预告登记的意思表示被撤销的情况。但无论如何，法院肯定会考虑破产撤销的可能性。破产撤销权并不是一项形成权，依据《破产法》第143条第1款第1句的规定，它的效果是产生一项法定的债法上的返还请求权。因此，法院必须考虑任何撤销的可能性。

如果破产撤销成立，那么 Schernhorst 商事合伙就无法再主张预告登记的效力。这里需要审查破产撤销的前提条件。首先，需要知道预告登记行为作为一项破产程序开始前实施的法律行为是否会侵害债权人的利益。其次，还需要一项撤销的原因。

破产撤销的审查表格：

1. 法律上行为，基于《破产法》第129条。

2. 在破产程序开始前实施，基于《破产法》第129条、第140条及第147条。

3. 侵害债权人利益，基于《破产法》第129条；基于《破产法》第142条的现金交易是一种例外情况，因为这里只是发生了一种财产的转移。

4. 撤销原因，基于《破产法》第130—137条（分别包含客观与主观的前提条件）。

5. 法律后果，基于《破产法》第143条。

a）法律上行为，基于《破产法》第129条

首先，必须存在一个法律上行为。这里的所谓法律上行为应当作扩大解释：所有能够带来法律效果的行为都是这里所理解的法律上行为，也就是说，不仅包含处分行为与意思表示，或者《民法典》意义上的法律行为（rechtsgeschäftliche Handlung），还包含（强制）执行行为。在本案中，前手权利人同意进行预告登记，这是一种需受领的单

---

〔1〕 Vgl. Zimmermann, Grundriss des Insolvenzrechts, 11. Aufl. 2018, Rn. 392 ff.

方意思表示，原则上来说，该意思表示包含在要求登记的意思表示中，但二者显然应当予以区分。因此，《破产法》第 129 条意义上的法律上行为是存在的。

b）在破产程序开始前实施，基于《破产法》第 129 条、第 147 条及第 140 条

《破产法》第 129 条实际上只包含那些在破产程序开始前实施的权利取得行为。因此需要澄清的是，本案中的权利取得行为是否被破产撤销规定涵盖在内。依据《破产法》第 140 条第 1 款的规定，一项法律上行为发生法律效力的时点，即视为其实施时点，在本案中，需要考虑到的是在破产程序开始后完成预告登记的时点。

《破产法》第 147 条所规定的例外情况此处不能适用，因为基于该条文的措辞，该条规定只包含通过《民法典》第 892 条、第 893 条，以及《破产法》第 81 条第 1 款第 2 项取得权利的行为。而本案中的取得行为则是依据《民法典》第 878 条，以及《破产法》第 91 条第 2 款实施的。

但这里却有可能涉及《破产法》第 140 条第 2 款的规定：法律通过本条规定给出了一种拟制，对于那些需要在土地登记簿进行登记的法律上行为，将"全部生效要件全部获得满足"的时点视为其发生法律效力的时点。而预告登记恰恰是一种需要在土地登记簿进行登记的行为。实际上，除了完成登记之外，在提出登记申请的时点，对于取得预告登记而言全部生效要件早就都已经满足了。最终，Schernhorst 商事合伙也作为"另一方当事人"向土地登记局提出了权利变更的申请。[1]

因此，《破产法》第 140 条第 2 款所要求的前提条件已经得到了满足。预告登记应当被视为在 2021 年 10 月 20 日取得的。该日期是在破

---

[1]"另一方当事人"必须已经提出了申请。在债务人提出申请时，另一方当事人实际上还没有获得一个安全的法律地位，因为在登记完成前，债务人都有权撤回申请，即便他已经在债法上放弃了撤回的权利。

产程序开始之前。

c）侵害债权人利益

此外，还必须存在经济上对债权人利益的侵害。债权人必须是在客观上作为一个整体受到了侵害；也就是说，相对于存在被撤销的行为来说，在不存在被撤销的行为时，债权人显然可以更好地得到清偿。应当单纯从经济的角度来考察，是否存在侵害债权人利益的情况。原则上来说，间接地侵害债权人利益也是可以存在的，所谓"逆向推论"（arg e contrario）*，参见《破产法》第132条第1款、第133条第4款。

在本案中，Schernhorst商事合伙通过预告登记取得了一项在破产程序中得到确认的担保，并因此可以从破产财产中取得相关的土地。因此，本案中也存在《破产法》第129条第1款意义上的侵害债权人利益的情况。

d）撤销原因

此外，还必须存在一项《破产法》第130条以下所规定的撤销原因。

（1）《破产法》第130条（全等履行）

首先可以考虑的是《破产法》第130条所规定的撤销原因（全等履行）。对此，Schernhorst商事合伙必须有一项取得预告登记的请求权。双方对于登记本身已经在10月16日达成了一致。

预告登记是一项《破产法》第130条意义上的担保方式，即便它只担保了一项物权法上的法律效力也不会影响这一点。在对撤销权的效力进行归类时起决定性作用的一点是，预告登记为债法上的请求权赋予了类似物权（quasi-dinglich）的效力。

预告登记作为一种法律行为，也是在破产申请前3个月内实施的，参见《破产法》第130条第1款第1项。

最后，债务人必须在实施该行为的时点已经处于失去支付能力的

---

* 或称"反对推论"。

状态，且债权人必须积极地知悉（positive Kenntnis）该情况。[1] 无论如何，后一项要求在本案中并未得到满足。Schernhorst 商事合伙并不知晓 Pellet 有限公司的财务状况，且对此并无过错，《破产法》第 130 条的主观要求并未得到满足。而且这里也没有涉及《破产法》第 130 条第 2 款的情况。

因此，本案的情况并不符合《破产法》第 130 条所规定的撤销原因。

(2)《破产法》第 131 条（非全等履行）

对于《破产法》第 131 条（非全等履行）也有同样的情况：虽然第 1 项的措辞并未限于特定的破产原因，且并未设定主观前提条件，但无论如何 Schernhorst 商事合伙都对 Pellet 有限公司有一项取得预告登记的请求权，可以向对方主张取得预告登记。因此，《破产法》第 131 条第 1 款第 2 项和第 3 项同样无法适用。

(3)《破产法》第 132 条

《破产法》第 132 条是一项口袋条款，但该条同样无法适用，因为 Schernhorst 商事合伙显然并不了解 Pellet 有限公司的财务状况。

(4) 其他撤销理由

其他撤销理由同样无法适用。

e) 有关撤销的结论

Schernhorst 商事合伙所取得的预告登记不可撤销。

4. 可实施性的结论

Schernhorst 商事合伙所享有的要求在土地上创设所有权的请求权是可实施的。依据《破产法》第 106 条第 1 款的规定，破产管理人也无法拒绝继续履行合同。

Ⅳ. 有关诉讼是否有理由的结论

Schernhorst 商事合伙依据《民法典》第 433 条第 1 款的规定，对

---

[1] 大部分的撤销原因既要求客观前提，也要求主观前提。

破产管理人享有要求转移土地所有权并交付土地的请求权,但需同时支付价款。Schernhorst 商事合伙所提起的诉讼完全有希望胜诉。

B. 结论

Schernhorst 商事合伙所提起的诉讼在本案的事实框架下有希望胜诉。

练习案例 2　别除权与取回权

为了装饰电动汽车的座椅，Pellet 有限公司在 2021 年 8 月向 Sammet 有限合伙订购了 200 块每块面积 1 平方米的皮革。

Sammet 有限合伙在合同中加入了下面两个条款：

第三条　货物的交付使用所有权保留条款。只有当最后一期货款付清时，Pellet 有限公司才最终成为皮革的所有权人。

第四条　在对材料进行再加工的情况下，《民法典》第 946 条以下的规定不予适用。Sammet 有限合伙仍然被视为制造者。

此后，200 块皮革被交付给了 Pellet 有限公司。但货款至今未付。相反，却出现了以下情况：

第一部分

Pellet 有限公司多次加工了 200 块皮革中的一半材料。这些部件经过精心浸渍、着色并切割成一定尺寸，以便可以将它们安装到座椅的硬塑料外壳中。但最终，这些部件并未被实际安装到座椅中去。按照目前的加工进程，这些皮革部件已经明显比以前增值了很多。

在 2021 年 11 月 4 日 Pellet 有限公司的破产程序正式开始之前，这些皮革部件被存储于 Pellet 有限公司的一处仓库中。在破产程序开始前，Pellet 有限公司的执行董事把这批加工皮革出售并让与一个竞争对手——EloLux 股份公司。破产法院既未委任"强"临时破产管理人（处分禁止），也未委任"弱"临时破产管理人（保留决定权）。在让与这批加工皮革之前，Pellet 有限公司的执行董事向 EloLux 股份公司的董事会谎称，这批货物的价款已经完全付清。EloLux 股份公司取得了这批加工皮革，但也没有支付价款。

处理注意事项：Sammet 有限合伙对破产管理人的请求权。

第二部分

剩下的 100 块皮革还没有被加工，一直堆放在 Pellet 有限公司的仓库里。为了避免损失，Sammet 有限合伙联系了破产管理人，要求返还这批皮革。破产管理人原本就想要清理库存，因此他马上通知 Sammet 有限合伙，他不会继续履行买卖合同。

但后来事情发生了变化。在向 Sammet 有限合伙交付皮革的日期之前，一位自称 Nick & Sale 有限公司的代理人找到了破产管理人。他声称知晓 Sammet 有限合伙所使用的所有权保留条款，他受 Nick & Sale 有限公司执行董事的指示前来谈判。他向破产管理人 Ostler 先生提供了一份吸引人的报价，并承诺只要他得到了这批皮革就可以马上付款。破产管理人同意了他的要求。但这位代理人却在得到皮革后消失了。这笔钱被汇入了 Pellet 有限公司的账户，目前该账户余额为 100 万欧元。

处理注意事项：Sammet 有限合伙对 Nick & Sale 有限公司及破产管

理人的请求权。

解答:
A. 第一部分:Sammet 有限合伙对破产管理人的请求权
  Ⅰ. 取回权
  Ⅱ. 代偿取回权
    1. 让与
    2. 原本可以要求取回的标的物
      a) 交付
      b) 加工流程
      c)《民法典》第 950 条的前提条件
      d) 所谓加工条款的效果
      e) 过度担保不会导致让与担保的无效
      f) 中间结论
    3. 担保所有权不会导致取回权
    4. 对取回权替代的结论
  Ⅲ. 依据《破产法》第 51 条第 1 款第 1 项,以及第 165 条以下规定要求优先受偿的请求权
  Ⅳ. 类推适用《破产法》第 48 条第 1 句请求别除权的替代
    1. 类推适用《破产法》第 48 条第 1 句
    2. 类推适用《破产法》第 48 条第 1 句的前提条件
      a) 优先受偿的标的物
      b) 让与
      c) 由无权利人进行让与
      d) 未履行对待给付
    3. 法律后果
    4. 对别除权替代的结论
  Ⅴ. Sammet 有限合伙的其他请求权

1. 《民法典》第 280 条第 1 款、第 241 条第 2 款的请求权，结合担保权

2. 《民法典》第 989 条、第 990 条第 1 款的请求权

3. 《民法典》第 816 条第 1 款第 1 句的请求权

4. 《民法典》第 812 条第 1 款第 1 句第 2 种情况的请求权

5. 基于无因管理的请求权

6. 《民法典》第 823 条第 1 款的请求权

7. 《民法典》第 826 条的请求权

8. 对类推适用《破产法》第 48 条第 1 句规定以外其他请求权的结论

Ⅵ. 第一部分的结论

B. 第二部分：Sammet 有限合伙因剩余的另一半 200 件皮革而对 Nick & Sale 有限公司及破产管理人享有的请求权

Ⅰ. 对 Nick & Sale 有限公司的请求权

1. 依据《民法典》第 985 条要求返还原物的请求权

    a）Sammet 有限合伙的所有权人地位

    b）无占有权的占有人

    c）结论

2. 对 Nick & Sale 有限公司所享有的基于《民法典》第 1007 条第 1 款的返还请求权

3. 对 Nick & Sale 有限公司所享有的基于《民法典》第 1007 条第 2 款第 1 句的返还请求权

4. 对 Nick & Sale 有限公司所享有的基于《民法典》第 861 条第 1 款的返还请求权

5. 对 Nick & Sale 有限公司所享有的基于《民法典》第 823 条第 1 款的返还请求权

6. 对 Nick & Sale 有限公司所享有的基于《民法典》第 823 条第 2 款，以及第 858 条第 1 款的返还请求权

7. 对 Nick & Sale 有限公司所享有的基于《民法典》第 816 条第 2 款的返还请求权
8. 对 Nick & Sale 有限公司所享有的返还请求权的结论

Ⅱ. 对破产管理人 Ostler 先生所享有的请求权

1. 依据《破产法》第 48 条第 2 句对破产管理人所享有的请求权

    a) 《破产法》第 48 条第 1 句的前提条件
    b) 处分行为的有效性
    c) 《破产法》第 48 条第 2 句的法律后果
    d) 结论

2. 对破产管理人所享有的其他请求权

    a) 依据《民法典》第 989 条、第 990 条第 1 款所享有的请求权
    b) 依据《民法典》第 816 条第 1 款第 1 句所享有的请求权
    c) 基于无因管理的请求权
    d) 依据《民法典》第 823 条第 1 款所享有的请求权
    e) 依据《民法典》第 826 条所享有的请求权
    f) 对破产管理人所享有的其他请求权的结论

Ⅲ. 各个请求权相互之间的关系

Ⅳ. 第二部分的结论

A. 第一部分：Sammet 有限合伙对破产管理人的请求权

下面的请求权因对 100 件皮革的加工而产生。

Ⅰ. 取回权（Aussonderungsanspruch）

基于《民法典》第 985 条及第 986 条，有可能产生要求返还皮革原物的请求权。Sammet 有限合伙首先必须是所有权人，且破产管理人为无权占有人。

只有当 Sammet 有限合伙基于相应的物权或者个人权利可以主张皮革不属于破产财产（《破产法》第 47 条），并且不存在让与担保时，才能够在破产程序中主张取回权。而让与担保在破产程序中只能产生优先受偿的效果，参见《破产法》第 51 条第 1 项第 1 种情况。

但是，在本案中破产管理人还没有实际占有皮革，因此《民法典》第 985 条的请求权不能成立。

Ⅱ. 代偿取回权（Ersatzaussonderung）

但是，Sammet 有限合伙有可能基于《破产法》第 48 条第 1 句第 1 种情况，享有要求让与对 EloLux 股份公司价金请求权的权利。对此，必须首先有一个可以享有取回权的标的物，而且该标的物需要在破产程序开始前被债务人无权让与给了他人。[1]

1. 让与

债务人必须在破产程序开始前已经将皮革让与给了他人。《破产法》第 48 条第 1 句中的"让与"概念应做扩大解释。因此，比如通过破产管理人主张一项他人的债权等情况，也应当包括在内；此时，第三债务人的付款可以基于取回权要求返还。再比如，基于非法的强制执行导致某物被取走时，取回权也可以在替代的请求权上成立。此处并不一定非要存在一项处分行为，但该让与必须是有偿进行的。在本案中，Pellet 有限公司已经将皮革让与 EloLux 股份公司，因此确实存在一项让与行为。

2. 原本可以要求取回的标的物

此外，本案中的皮革还必须是原本可以要求取回的标的物。此处要求附带审查《破产法》第 47 条。Sammet 有限合伙必须能够基于一项物权或者个人权利向破产管理人主张标的物不属于破产财产。如果存在一项物权的话，就可以考虑《民法典》第 985 条的返还请求权。依据该条规定，所有权人可以向无权占有人要求返还原物。

---

[1] Vgl. Zimmermann, Grundriss des Insolvenzrechts, 11. Aufl. 2018, Rn. 230 ff.

所以在此处，Sammet 有限合伙在让与皮革给 Pellet 有限公司之前，必须是皮革的所有权人。

a) 交付（Übergabe）

在将皮革交付给 Pellet 有限公司后，Sammet 有限合伙并未丧失对皮革的所有权。在本案中，所有权的转移是以支付价款为延缓条件的，参见《民法典》第 929 条第 1 句及第 158 条第 1 款（简单的所有权保留，einfacher Eigentumsvorbehalt）。该延缓条件至今仍未达成。

基于简单的所有权保留而取得的所有权可以导致《破产法》第 47 条第 1 句所规定的取回权的效果。

b) 加工流程

现在的问题是，本案中的加工流程是否会影响所有权的状态。《民法典》第 950 条的规定有可能造成所有权状态的改变。

c)《民法典》第 950 条的前提条件

首先必须审查的是《民法典》第 950 条的前提条件是否得到了满足。该条要求通过对材料的加工或者转化材料的形态制造了一种新的动产，且加工或者转化的价值不能显著低于材料原有的价值。

在本案中，Pellet 有限公司对皮革的处理就是《民法典》第 950 条第 1 款第 2 句意义上的一种加工流程。

此外，还必须已经存在一种新的动产。是否出现了新的动产，需要从经济的角度以及市场的观点来判断。这里的标准可以包括，比如视觉上的变化，或者经济上价值的增加。这些皮革经过精心浸渍、着色及切割，并安装到座椅上去，确实发生了视觉上的变化，在观察者眼中产品的价值确实增加了。因此，这里的确出现了一种新的物。

最后，加工后的价值还不能显著低于材料的原始价值。不能基于实际的劳动时间来判断形态转化的价值，而应当去考察新的物与材料原始价值之间的差额。在本案中，皮革本身可能确实具有不菲的原始价值，但它的价值确实通过加工流程得到了很大的提升。因此，这个前提条件也已经得到了满足。

综上所述,《民法典》第 950 条的前提条件得到了满足,Pellet 有限公司可以成为皮革的所有权人。

d) 所谓加工条款（Verarbeitungsklausel）的效果

这里需要澄清的还有合同的第 4 条对所有权的状况造成了怎样的影响。第 4 条就包含了所谓的加工条款。

首先可以想象的是,法律通过《民法典》第 950 条的规定接受了一种私法自治的状态。与此相对应的是《民法典》第 946 条以下的若干规定,这些规定为了维护法律的安定状态倾向于清晰。这里涉及的是强制性的法律,所以加工条款是不能阻碍订做人通过原始取得获得物的所有权的。

其次,至少可以允许各方当事人就《民法典》第 950 条意义上的制造人特征进行特别约定,或者至少可以从主观上进一步丰富制造人的定义。从这个意义上来说,与此相关的判例会倾向于考察制造行为是以谁的名义以及为了谁的经济利益而完成的。[1] 当然,人们往往可以通过交易中通常不为人所知的特别约定,以这种方式来绕开《民法典》第 950 条的强制性、不可或缺性及其法律后果。

因此,应当将所谓的加工条款作为一种基于《民法典》第 929 条第 1 句及第 930 条的所谓预期的让与担保（antizipierte Sicherungsübereignung）来解释。加工条款可以理解为包含两项预期的约定:一项是转移所有权的物权合意;另一项是按照《民法典》第 930 条所约定的《民法典》第 868 条意义上的占有媒介关系（Besitzmittlungsverhältniss）。

有关返还所有权的合意应当按照担保目的进行解释,也就是说该合意以支付价款作为解除条件,参见《民法典》第 158 条第 2 款。此处解释为附解除条件是符合当事人利益状态的,因为 Pellet 有限公司作

---

〔1〕 参见联邦最高法院判例 BGH, NJW 1991, 1480, 1481。这种观点很常见。但为了在案例分析中处理代偿取回权的问题,本书后面不会遵循此观点。

为买受人，通过以所有权保留的方式让与的材料，获得了一项对 Sammet 有限合伙的期待权。如果返还所有权不附条件，有可能使得保留所有权的买受人在完成加工后失去一部分权利：他在加工之前至少还有一项期待权，但是按照预期的所有权保留他已经失去了期待权。为返还所有权附加解除条件，可以创设一项新的期待权，该期待权基于《民法典》第 161 条第 2 款的规定可以受到第 161 条第 1 款的保护。[1]

因此在本案中，Sammet 有限合伙可以取得加工皮革的所有权。[2]

e) 过度担保不会导致让与担保的无效

当然，如果这里明显存在一项有利于 Sammet 有限合伙的自始的过度担保（anfängliche Übersicherung），情况有可能会有不同。此时，让与担保有可能基于《民法典》第 138 条第 1 款的规定无效。在本案中，并不存在明显的过度担保的征兆。但如果担保物的价值像在本案中一样出现巨大增长，则有可能导致嗣后的过度担保（nachträgliche Übersicherung）。嗣后的过度担保并不会直接导致让与担保的无效，只是会带来一项独立于自由裁量权的返还请求权（ermessensunabhängiger Freigabeanspruch*）。一般来说，只要可实现的担保物的价值（需考虑评估折扣，参见《民法典》第 237 条第 1 句）达到了被担保债权价值的 150% 时，就会出现此种情况。[3]

f) 中间结论

因此，在完成加工后，皮革便被以让与担保的形式让与 Sammet 有

---

〔1〕《民法典》第 160 条及第 161 条的规定保护附条件的取得行为。依据《民法典》第 161 条第 1 款第 1 句的规定，与所附条件相悖的处分行为绝对无效。但是依据《民法典》第 161 条第 3 款的规定，此处仍然有可能出现善意取得的情况，例如依据《民法典》第 932 条以下的规定，所谓"从无权处分人处取得权利"。

〔2〕Sammet 有限合伙虽然是完全的所有权人，但其取得的是所谓担保所有权，仍然会受到信托协议（担保合同）的限制。

* 这是一种"不取决于某人衡量的担保释放请求权/交还请求权"，意为只要出现过度担保的客观情况便立即出现该返还请求权，不必由任何人作出任何判断。

〔3〕参见联邦最高法院判例 BGH, NJW 1998, 671（大审判庭）。

限合伙。Sammet 有限合伙成为皮革的所有权人。

3. 担保所有权（Sicherungseigentum）不会导致取回权

但此处 Sammet 有限合伙并不享有一项《破产法》第 48 条第 1 句，及第 47 条第 1 句意义上的取回权。Sammet 有限合伙虽然是（名义上的）所有权人，但却受到担保所有权目的的限制。担保所有权只能为担保取得人带来《破产法》第 51 条第 1 项及第 50 条所规定的别除权（Absonderungsrecht）*。这里明显缺少一件原本可以要求取回的标的物，因此也就无法满足《破产法》第 48 条第 1 句所规定的取回权替代所要求的前提条件。

4. 对取回权替代的结论

Sammet 有限合伙不享有《破产法》第 48 条第 1 句所规定的可以要求让与价金请求权的权利。

Ⅲ. 依据《破产法》第 51 条第 1 款第 1 项，以及第 165 条以下规定要求优先受偿的请求权

依据《破产法》第 50 条、第 51 条第 1 项可以要求优先清偿的权利（abgesonderte Befriedigung，别除权），在皮革上也无法成立，因为皮革的所有权已经不再属于 Pellet 有限公司了。

同样地，在皮革的所有权被转卖给 EloLux 股份公司后，Sammet 有限合伙也没有直接取得价金债权。[1]

---

* 破产程序中的别除权实际上是一种优先受偿的权利，其顺位优先于共益债权。取回权的顺位虽然名义上高于别除权，但取回权所做的事情只是减少破产财产的金额，而并不是从（已经确定的）破产财产中优先受偿。从这个意义上说，别除权才是破产程序中享有最高优先清偿顺位的权利。因此，译者有时也直接以"优先受偿权"来代指别除权。

〔1〕 在出现物权的替代（dingliche Surrogation）时，替代物的所有权直接发生转移，无须实施转让行为，也无须诉诸《民法典》第 929 条以下的规定。发生物权替代的例子有：《民法典》第 1048 条第 1 款第 2 项（土地附属物的用益物权）、《民法典》第 1247 条第 2 句（质权变现所得的价金代替质权本身）、《民法典》第 1287 条、第 1473 条（共同共有财产），以及继承法（《民法典》第 2019 条、第 2042 条、第 2111 条），2009 年之前的《民法典》第 1370 条。有关债法上的替代的例子：《民法典》第 285 条第 1 款、第 816 条第 1 款第 1 句，以及第 1258 条第 3 款。

Ⅳ. 类推适用《破产法》第 48 条第 1 句请求别除权的替代

这里可以考虑的是类推适用《破产法》第 48 条第 1 句请求优先受偿的替代（Ersatzabsonderung，别除权的替代），也就是说可以考虑要求代替 Pellet 有限公司行使其对 EloLox 股份公司的价金请求权。

1. 类推适用《破产法》第 48 条第 1 句

原则上来说，《破产法》第 48 条第 1 句只能直接适用于那些原本可以请求直接返还的标的物，而《破产法》则实际上并没有直接规定优先受偿权的替代，正是在这个背景下才会引出一个问题，是否可以对那些原本可以要求优先受偿的标的物类推适用《破产法》第 48 条第 1 句的规定。同样地，这里也需要存在一个类似的利益状态，以及一个计划之外的法律漏洞。

考虑到别除权的利益状态时，必须与取回权的利益状态存在可比性。首先，在面临不法侵害时，我们没有任何理由要让限制物权受到比完全所有权更少的保护。债务人的责任财产不能因为债务人或破产管理人的侵权行为而得到收益。该原则受到了《破产法》第 170 条第 1 款第 2 句的保护。在破产管理人合法地将附有别除权的标的物变现后，别除权会在变现所得的价金上继续存在，那么在标的物被非法变现时，显然不能区别对待。

同样地，一项计划外的法律漏洞也应当被肯定。[1]

因此，这里可以对原本可以被优先受偿的标的物类推适用《破产法》第 48 条第 1 句的规定。

2. 类推适用《破产法》第 48 条第 1 句的前提条件

首先需要考察《破产法》第 48 条第 1 句类推适用的前提条件是否得到了满足。

---

[1] 立法者实际上在破产条例的政府草案第 60 条明文规定了别除权的替代。但该条规定却在后续的讨论中"出于编辑精简的原因"被删除了。当然，实际上原因并非如此，立法者就是想删除这一条，参见 BT-Drucks, 12/7302, S. 160。

a）优先受偿的标的物

那些被加工的皮革作为以担保目的被让与的标的物可以适用《破产法》第 51 条第 1 项及第 50 条的规定。

b）让与

这里所谓的"让与"，指的是债务人或破产管理人所实施的将附有取回权的标的物变现的物权法上的法律行为。

Pellet 有限公司作为债务人，在破产程序开始前，依据《民法典》第 929 条第 1 句的规定，将标的物让与 EloLux 股份公司。即便此处涉及无权处分，也不会影响让与的有效性，因为 EloLux 股份公司依据《民法典》第 932 条第 1 款第 1 句，以及第 2 款的规定善意取得了标的物的所有权。因此，这里确实发生了一项有效的让与行为。

c）由无权利人进行让与

再者，该让与行为必须是由无权利人实施的。在本案的买卖合同的第 3 条和第 4 条中，并未约定延长的所有权保留（verlängerter Eigentumsvorbehalt）。延长的所有权保留包含了让与授权（Veräußerungsermächtigung，《民法典》第 185 条第 1 款），预先让与债权，以及行使债权的授权（Einziehungsermächtigung，《民法典》第 185 条第 1 款）。[1] 因此，Pellet 有限公司实际上没有权利将由 Sammet 有限合伙享有所有权的标的物继续进行让与。由于 Sammet 有限合伙既没有事先对让与行为进行授权，也没有事后进行追认，因此，此处的让与行为是由无权利人实施的。

d）未履行对待给付

最后，EloLux 股份公司也没有履行对待给付，价金一直未付。

3. 法律后果

因此，Sammet 有限合伙在本案中对 Pellet 有限公司享有要求履行

---

[1] 至于在延长的所有权保留的框架内所进行的让与授权是否会在破产程序中失效，是存在争议的。Vgl. Kindl, in BeckOK, Stand 1. 11. 2020, § 929, Rn. 45.

对待给付的权利,该权利可以要求优先受偿。

4. 对别除权替代的结论

Sammet 有限合伙可以作为别除权替代权的权利人,类推适用《破产法》第 48 条第 1 句的规定,要求优先受偿。

Ⅴ. Sammet 有限合伙的其他请求权

Sammet 有限合伙有可能对 Pellet 有限公司还享有其他请求权。[1]

1.《民法典》第 280 条第 1 款、第 241 条第 2 款的请求权,结合担保权

以预期的让与担保合同为基础,这里还存在一项基于《民法典》第 280 条第 1 款、第 241 条第 2 款的请求权,因为担保物被无权利人继续让与之后,已经无法再返还给担保提供者了。

2.《民法典》第 989 条、第 990 条第 1 款的请求权

但这里并不存在一项基于《民法典》第 989 条、第 990 条第 1 款的损害赔偿请求权,因为在标的物被继续让与的时点,Pellet 有限公司与 Sammet 有限合伙之间并不是一种所有权人—占有人关系(Eigentümer-Besitzer-Verhältnis, EBV)。Pellet 有限公司是有权占有人,参见《民法典》第 986 条第 1 款。《民法典》第 987 条以下的规定并未包含一种对占有权的超越。[2]

3.《民法典》第 816 条第 1 款第 1 句的请求权

Sammet 有限合伙有可能享有《民法典》第 816 条第 1 款第 1 句的请求权。

对此,要求 Pellet 有限公司作为无权利人实施了皮革的处分行为,且该处分行为相对于权利人来说是有效的。在本案中,Pellet 有限公司作为无权利人对由 Sammet 有限合伙享有所有权的皮革进行了处分。该处分行为基于《民法典》第 929 条第 1 句,以及第 932 条的规定是有

---

〔1〕 在破产程序中,债法上的请求权只能获得一定比例的清偿,《破产法》第 48 条对此作了规定。

〔2〕 这是一个无权占有人的案例。

效的。此时的法律后果是返还通过处分行为所取得的东西。在本案中，返还请求权是通过让与对 EloLox 股份公司的价金请求权而实现的。这里并不存在《民法典》第 816 条第 3 款的所谓不当得利已不存在的抗辩，因为债权仍然在破产财产中存在。

4.《民法典》第 812 条第 1 款第 1 句第 2 种情况的请求权

在《民法典》第 816 条第 1 款第 1 句之外，基于《民法典》第 812 条第 1 款第 1 句第 2 种情况的一般不当得利请求权是不存在的，因为第 816 条第 1 款第 1 句本身就是第 812 条第 1 款第 1 句第 2 种情况的特别法（lex specialis）。这一点是由第 816 条第 1 款第 1 句的目的决定的，该规定是为了对第 932 条以下的善意取得规定进行补充，并使善意取得人免遭不当得利请求权的侵害。因为善意取得本身就是一种可以保有取得物的法律上原因。

5. 基于无因管理的请求权

这里可以考虑的还有基于《民法典》第 687 条第 2 款、第 681 条，以及第 667 条的由无因管理产生的请求权，基于该请求权可以要求返还无因管理期间所获得的东西，也就是让与对第三人的债权。

对此，首先要求 Pellet 有限公司在明知并非自己的业务的前提下，仍然将他人的业务当作自己的业务予以实施。在本案中，Pellet 有限公司明知皮革的所有权属于 Sammet 有限合伙，因此让与行为属于他人的业务，但仍然当作自己的业务予以实施，将皮革继续让与 EloLux 股份公司。因此，Sammet 有限合伙可以主张《民法典》第 681 条的请求权。依据《民法典》第 681 条第 2 句的规定，第 667 条可以准用于本案中的情况。依据第 667 条的规定，被委托人有义务向委托人返还所有完成委托后所获得的东西。在无因管理的框架内，Pellet 有限公司有义务返还其所有获得的东西。在本案中，Pellet 有限公司基于《民法典》第 433 条第 2 款获得了一项针对 EloLux 股份公司的价金债权。Sammet 有限合伙可以依据《民法典》第 687 条第 2 款、第 681 条及第 667 条的规定，要求 Pellet 有限公司让与其对 EloLux 股份公司的价金债权。

此外,还可以依据《民法典》第 687 条第 2 款第 1 句及 678 条的规定,要求对无因管理期间所造成的损害进行赔偿。这一请求权的前提条件也是成立的。

6.《民法典》第 823 条第 1 款的请求权

由于不存在所有权人与占有人关系,因此,《民法典》第 823 条以下的规定也是可以适用的。在本案中,Pellet 有限公司故意非法侵害了 Sammet 有限合伙的所有权,因此有义务依据《民法典》第 823 条第 1 款对损害进行赔偿。

7.《民法典》第 826 条的请求权

有可能存在的还有《民法典》第 826 条的请求权。《民法典》第 826 条的客观构成要件要求违背善良风俗。在评估 Pellet 有限公司的行为时,如果能够确认其违反了最低标准,就可以认为存在对善良风俗的违反。[1] 问题在于,Pellet 有限公司除了违反了基于担保合同的义务之外,是否还可以因为违背善良风俗受到指责。对此需要判断的是,是否存在一种紧密的私人关系,或者一种长期存在的债权债务关系。但在本案中却找不到这样的说明。[2] 因此,此处不再考虑《民法典》第 826 条的请求权基础。

8. 对类推适用《破产法》第 48 条第 1 句规定以外其他请求权的结论

在基于《破产法》第 48 条第 1 句的别除权替代权之外,Sammet 有限合伙还可因其丧失皮革的所有权,而享有《民法典》第 280 条第 1 款、第 687 条第 2 款第 1 句、第 681 条、第 667 条、第 816 条第 1 款第 1 句,以及第 823 条第 1 款所规定的返还请求权。

---

[1] 这里可能需要考虑更多有关《民法典》第 826 条的案例类型。
[2] 但相反地,第 826 条的主观构成要件在本案中是可以满足的。只要侵害者能够认识到造成损害的可能性,就可以认为第 826 条的损害故意(*dolus eventualis*)或许是存在的,而不一定非要与损害相关。

Ⅵ. 第一部分的结论

Sammet 有限合伙可以类推适用《破产法》第 48 条第 1 句要求别除权的替代权，并可以主张其他债法上的请求权。

B. 第二部分：Sammet 有限合伙因剩余的另一半 200 件皮革而对 Nick & Sale 有限责任公司及破产管理人享有的请求权

Ⅰ. 对 Nick & Sale 有限公司的请求权

这里首先需要考察的是，Sammet 有限合伙对 Nick & Sale 有限公司有哪些请求权。

1. 依据《民法典》第 985 条要求返还原物的请求权

这里需要考虑的首先是《民法典》第 985 条的返还请求权。

a）Sammet 有限合伙的所有权人地位

Sammet 有限合伙最初是皮革的所有权人。

皮革被以所有权保留的方式让与 Pellet 有限公司，以完全支付价款为延缓条件。由于该条件在事实上并未成立，因此 Sammet 有限合伙仍然是所有权人。

但所有权却有可能被转移给了 Nick & Sale 有限公司。

本案中已经存在基于《民法典》第 929 条第 1 句及第 164 条的物权合意，以及基于第 929 条第 1 句和第 855 条的交付皮革的行为。

但是 Pellet 有限公司实际上并无处分权。因此，Nick & Sale 有限公司原则上只有基于善意取得的规定才能从无权利人处取得所有权，参见《民法典》第 929 条第 1 句、第 932 条。依据《民法典》第 932 条第 2 款的规定，如果取得人明知，或者因重大过失不知道标的物不属于处分人，则可以认定他不具有善意。在本案中，Nick & Sale 有限公司的代理人明知皮革是以所有权保留方式被让与的，其所有权仍然属于 Sammet 有限合伙。代理人不具有善意，依据《民法典》第 166 条第 1 款也应当归责于 Nick & Sale 有限公司，因此 Nick & Sale 有限公司同样不具有善意。所以，Nick & Sale 有限公司不能善意取得皮革的所有权。

b）无占有权的占有人

另外，Nick & Sale 有限公司还必须是皮革的占有人，但却并不享有《民法典》第 986 条第 1 款意义上的占有权。在本案中，Nick & Sale 有限公司确实是占有人。因此，剩下的问题就是，其是否享有占有本权。Nick & Sale 有限公司与破产管理人之间的买卖合同有效成立。但买卖合同本身无法赋予 Nick & Sale 有限公司相对于 Sammet 有限合伙的占有权。其原因在于，在破产管理人依据《破产法》第 103 条第 2 款选择拒绝继续履行合同后，在他与 Sammet 有限合伙之间只能成立一项次要请求权，破产管理人自己也不享有占有的权利。他当然无法再继续转让占有的权利。

就算是基于 Pellet 有限公司对皮革的期待权也无法推导出占有的权利，虽然 Nick & Sale 有限公司通过类推适用《民法典》第 929 条第 1 句及第 139 条的规定是有可能取得该期待权的。期待权本身在某些情况下虽然是有可能成为占有本权的，[1]但随着破产管理人拒绝履行合同，期待权也会随之消灭，因为依据《民法典》第 161 条第 1 款，所附的条件已经不可能再成立了。

c）结论

毫无疑问地，在本案中，Sammet 有限合伙可以依据《民法典》第 985 条向 Nick & Sale 有限公司要求返还皮革。

2. 对 Nick & Sale 有限公司所享有的基于《民法典》第 1007 条第 1 款的返还请求权

依据《民法典》第 1007 条第 1 款的规定，如果占有人在取得占有时并非出于善意，那么其动产的原始占有人就可以向现在的占有人要求返还标的物。

皮革无疑是一种动产。

---

[1]参见联邦最高法院判例 BGH, NJW 1953, 1099, 反对物权可以成为占有本权。

在 Nick & Sale 有限公司取得占有的时点，Sammet 有限合伙必须是其前手占有人。由于 Sammet 有限合伙将皮革让与了 Pellet 有限公司，因此 Sammet 有限合伙就丧失了对皮革的直接占有。但由于双方约定了所有权保留，Sammet 有限合伙仍然是所谓的间接自主占有人（mittelbarer Eigenbesitzer）。其间接自主占有的地位，也不会因为破产管理人依据《破产法》第 103 条第 1 款和第 2 款拒绝继续履行合同而发生改变。

Sammet 有限合伙的占有虽然已经因为皮革被继续让与 Nick & Sale 有限公司而丧失了。但 Nick & Sale 有限公司在取得皮革的占有时不能是善意的。在《民法典》第 1007 条第 1 款的框架内，善意与否（《民法典》第 932 条第 2 款）必须与占有权相关。[1] 依据《民法典》第 166 条第 2 款，代理人的恶意会继续归责于 Nick & Sale 有限公司，因为该代理人是根据公司执行董事的指示行事的。

因此，《民法典》第 1007 条第 1 款的前提条件是成立的。

3. 对 Nick & Sale 有限责任公司所享有的基于《民法典》第 1007 条第 2 款第 1 句的返还请求权

《民法典》第 1007 条第 2 款第 1 句的请求权要求前手占有人丢失了标的物，也就是说，对标的物的占有并不是基于其自己的意思而丧失的。在这种情况下，《民法典》第 1007 条第 2 款创设了一种针对善意占有人的返还请求权。这里的丢失，指的是直接占有人丧失占有是因丢失造成的。如果前手占有人只是间接占有人，那么依据《民法典》第 935 条第 1 款第 2 句的规定，关键在于直接占有人是否非基于其本人的意思而丧失了占有。但在本案中，Pellet 有限公司的占有丧失是基于其自身意思的。因此，《民法典》第 1007 条第 2 款的构成要件并不成立。

---

[1]《民法典》第 1007 条只与前手占有有关。这实际上是一种自愿的请求权（比较《民法典》第 854 条以下）。

4. 对 Nick & Sale 有限公司所享有的基于《民法典》第 861 条第 1 款的返还请求权

依据《民法典》第 861 条的规定，如果占有人的占有是通过被禁止之私力（verbotene Eigenmacht，最典型的就是暴力）所剥夺的，那么占有人可以向无权占有人请求恢复占有状态。《民法典》第 858 条第 1 款定义了"被禁止之私力"，即在法律不允许的前提下，违背占有人的意思所实施的排除占有或妨碍占有的行为。与《民法典》第 1007 条第 2 款第 1 句一样，第 858 条第 1 款也是针对直接占有进行的规定。在本案中，直接占有人是 Pellet 有限公司，它自愿将皮革的占有让与 Nick & Sale 有限公司。因此，本案中并未出现所谓被禁止之私力，那么第 861 条第 1 款也就无法适用。[1]

5. 对 Nick & Sale 有限公司所享有的基于《民法典》第 823 条第 1 款的返还请求权

基于《民法典》第 823 条第 1 款也有可能推导出针对 Nick & Sale 有限公司的返还请求权。为此，Nick & Sale 有限公司必须侵害了 Sammet 有限合伙的法益。但在本案中，Sammet 有限合伙的所有权并未被侵害，因为它仍然是皮革的所有权人。在《民法典》第 823 条第 1 款的受保护的法益的分类中，占有可以被归类为其他权利。对此，占有需要表现出一种排他性特征，也就是说，占有需要与第 823 条第 1 款所规定的其他绝对的、可以针对任何人受保护的法益相类似。有权占有可以受到《民法典》第 861 条以下及第 1007 条的保护，因此，至少有权占有可以作为第 823 条第 1 款所规定的其他权利表现为可以受到保护的法益。在本案中，Sammet 有限合伙是有权间接占有人。从 Nick & Sale 有限公司在让与行为中的作用可以看出，它是基于故意实施了与侵害后果具有因果关系的行为。

---

〔1〕 在这里，《民法典》第 869 条也帮不上忙，因为第 869 条仍然以存在所谓被禁止之私力为前提。这一点基于对第 869 条的系统性解释，因为该条一方面说了"占有人"，另一方面又说了"间接占有人"（类似的还有《民法典》第 935 条第 1 款）。

法律后果应当参照《民法典》第 249 条以下的规定。依据第 249 条第 1 款的规定，所谓损害赔偿，即需要创造出那种如果被要求赔偿的情况没有发生的情况下会存在的状态（回复原状）。因此，Sammet 有限合伙可以要求 Pellet 有限公司返还皮革。

6. 对 Nick & Sale 有限公司所享有的基于《民法典》第 823 条第 2 款，以及第 858 条第 1 款的返还请求权

《民法典》第 858 条第 1 款是第 823 条第 2 款所指的保护他人的法律。在本案中，欠缺所谓的被禁止之私力，因此也就相应欠缺保护他人的法律。

7. 对 Nick & Sale 有限公司所享有的基于《民法典》第 816 条第 2 款的返还请求权

在本案中，Sammet 有限合伙有可能基于《民法典》第 816 条第 2 款的规定享有要求返还皮革的请求权。依据该条规定，如果对无权利人所进行的给付对权利人有效时，无权利人应负有向权利人返还所受给付的义务。但在本案中，对 Nick & Sale 有限公司的给付行为并没有发生效力，这里欠缺一种有效履行的效果。在《民法典》第 816 条第 2 款的框架内，这种有效性主要源于以下规范：尽管给付是向无权利人进行的，但做出给付的人仍然可以从其给付义务中免责，参见《民法典》第 407 条、第 408 条及第 413 条的规定。当然，如果权利人基于《民法典》第 185 条第 1 款的规定进行了追认，也可以造成给付行为有效的效果。[1] 因此，在本案中，如果 Sammet 有限合伙对 Pellet 有限公司的无权处分行为做出了追认，那么它便可以依据《民法典》第 816 条第 2 款对 Nick & Sale 有限公司享有请求权，但在本案中并未发生这样的情况。

8. 对 Nick & Sale 有限公司所享有的返还请求权的结论

Sammet 有限合伙可以基于《民法典》第 985 条、第 1007 条第 1

---

〔1〕 参见联邦最高法院判例 BGH, NJW-RR 2012, 1129。

款,以及第 823 条第 1 款的规定要求 Nick & Sale 有限公司返还剩余的 100 件皮革。

如果 Sammet 有限合伙对 Pellet 有限公司的无权处分行为做出了追认,那么它便可以依据《民法典》第 816 条第 2 款的规定要求返还,但上面的请求权也就随之无法成立了。

Ⅱ. 对破产管理人 Ostler 先生所享有的请求权

下面的问题是,Sammet 有限合伙是否可以考虑对破产管理人 Ostler 先生行使某些请求权。

1. 依据《破产法》第 48 条第 2 句对破产管理人所享有的请求权

可以考虑的是《破产法》第 48 条第 2 句的请求权。依据该条规定,只要符合《破产法》第 48 条所规定的前提条件,就可以以取回权替代的方式,从破产财产中要求偿还对待给付。

a)《破产法》第 48 条第 1 句的前提条件

首先当然必须符合《破产法》第 48 条第 1 句所规定的前提条件。

相关的标的物必须在被让与时可以被取回。在本案中,那 100 件未加工的皮革是以所有权保留的方式被让与的,让与人仍然保有所有权,是一种物权,基于物权可以在破产程序中行使取回权。

《破产法》第 48 条第 1 句所指的有偿让与行为在本案中也是存在的。但该让与行为却因为缺乏同意或追认而无效。

b)处分行为的有效性

鉴于本案中让与是无效的,因此还需要考虑的是,让与过程中的处分行为是否必须有效。

如果我们考虑到,当处分行为无效时,债权人的取回权实际上并未受到影响,因此也并未触及第 48 条的保护目的,的确应当将一个有效的处分行为视为取回权替代的前提条件之一。

但是,如果我们考虑到,《破产法》第 48 条的目的是防止破产财产因为非法的处分行为而得利,并进而危害取回权时,却又不必将有效的处分行为视为该条的前提条件之一。然而,如果允许破产管理人在让与无效的情况下继续保留对待给付，并可以将取回权人继续推诿到取得人那里，那么取回权实际上也会受到影响。这种观点是值得赞同的。因此，让与行为在物权法上的有效性不必作为本条规定的前提条件之一，所以在本案中，虽然 Nick & Sale 有限公司的让与行为是无效的，也不会影响《破产法》第 48 条在本案中的适用。

c)《破产法》第 48 条第 2 句的法律后果

在本案中，《破产法》第 48 条第 1 句所规定的对待给付已经通过汇款被履行了。针对 Nick & Sale 有限公司的价金请求权因此也已经消灭了，参见《民法典》第 362 条第 1 款。因此，这里的法律后果需要适用第 48 条第 2 句的规定。依据该条规定，只要对待给付仍然在破产财产中存在，且可以被分离出来，就可以从破产财产中要求偿还对待给付。

一般来说，如果相关的标的物已经和其他财产发生了混合，就会缺乏可区分性。在将相关款项汇入债务人的往来账户时，只要所汇款项基于相关的会计单据是可以与其他银行存款相互区分的，就可以认为该对待给付还是可分的。此外，债务人银行存款应至少不少于所请求的对待给付金额。因为如果债务人的账户处于借方状态*，那么实际上债权人的履行就已经被债务人用于清偿债务了，也就不再属于债务人的财产了；债务人的账户嗣后恢复正值的情况不在考虑范围之内。如果有多个债权人同时主张代偿取回权，他们相互之间应当按比例受偿。有时，并不存在一个独立的债权，取而代之的是可以带来《民法典》第 780 条抽象的债务承认（abstraktes Schuldanerkenntnis）效果的所谓余额承认（Saldoanerkenntnis）[1]，但余额承认对于整体性的评估并不重要。

在本案中，Nick & Sale 有限公司将相关款项汇入了 Pellet 有限公司

---

* 即全部处于负值状态，或在扣除对待给付后处于负债状态。

[1] 银行提出依据《民法典》第 781 条签署合同的要约，客户通过确认余额默示地完成承诺。

的业务账户内。该账户当时尚有余额 100 万欧元。因此可以认为,账户余额并未少于被请求的款项。该笔款项也就可以从破产财产中被区分出来。[1]

d）结论

Sammet 有限合伙可以依据《破产法》第 48 条第 2 句的规定,向破产管理人要求从破产财产中偿还对待给付。

2. 对破产管理人所享有的其他请求权

此外,还可以考虑 Sammet 有限合伙下面的其他请求权。

a）依据《民法典》第 989 条、第 990 条第 1 款所享有的请求权

本案中,有可能存在基于《民法典》第 989 条、第 990 条第 1 款的损害赔偿请求权。

该请求权的前提是存在《民法典》第 985 条及第 986 条第 1 款所规定可以要求返还的状态。为此,Sammet 有限合伙必须是皮革的所有权人,而破产管理人 Ostler 先生则必须是皮革的无权占有人。[2] Sammet 有限合伙毫无疑问是皮革的所有权人。破产管理人 Ostler 先生在让与的时点是皮革的占有人。在这个时间点,应当对是否存在可以要求返还的状态进行评估,至于其间所发生的占有被转移给了 Nick & Sale 有限公司的情况则无关紧要。[3] 随着破产管理人依据《破产法》第 103 条第 1 款拒绝继续履行合同,其源自买卖合同的占有本权也将随之消失,因此,破产管理人就不能再主张其占有本权了。

---

[1] 如果对待给付虽然仍然存在于破产财产中,但却已经无法从破产财产被区分出来了,此时,债权人可以依据《破产法》第 55 条第 1 款第 3 项,以及《民法典》第 812 条以下的规定,主张破产财产的不当得利请求权,就破产管理人变现后的价金优先受偿。债权人还可能基于《破产法》第 55 条第 1 款第 1 项,以及《民法典》第 989 条的规定,享有共益债权。但是,如果债务人在破产程序开始前就已经自己将标的物变现了,那么债权人便只能要求损害赔偿,该损害赔偿债权依据《破产法》第 38 条只是一般破产债权。

[2] 随着破产程序的开始,债务人成为间接自主占有人,而破产管理人则成为直接他主占有人。

[3] 在无权利人随意放弃资产时,也会发生占有的变动,如果不像文中所述审查是否存在可以要求返还的状态,那么《民法典》第 990 条及第 989 条所规定的补偿效果将会落空。

破产管理人还必须对此怀有恶意。显然，破产管理人明知其在做出拒绝履行合同的意思表示后会失去占有权。从这个时点开始，破产管理人便依据《民法典》第990条第1款第2句，以及第989条的规定，对因不返还皮革造成的损失承担赔偿责任。

因此，基于《民法典》第989条及第990条第1款的损害赔偿请求权是存在的。

b）依据《民法典》第816条第1款第1句所享有的请求权

如果本案存在一个所有权人与占有人的关系，那么《民法典》第816条第1款第1句也是可以适用的。《民法典》第987条以下的规定所涉及的不是返还所取得的东西，而是返还依据《民法典》第100条所取得的收益，以及损害赔偿。因此，《民法典》第987条以下规定在本案中不能适用。

《民法典》第816条第1款第1句的请求权，以Sammet有限合伙对破产管理人的处分行为进行追认，且处分行为因此而生效为前提。只有这样，处分行为才会相对于Sammet有限合伙作为权利人而发生效力，参见《民法典》第185条第2款第1句第1种情况。[1] 第816条第1款第1句的其他前提条件也是成立的，因为破产管理人在这里作为无权利人对皮革实施了处分行为。

c）基于无因管理的请求权

《民法典》第687条第2款第1句、第681条、第667条，以及第687条第2款第1句、第678条的规定，可以平行于第987条以下的规定适用，因为无因管理并没有优先效力。[2] 相较于已经审查过的涉及被加工过的皮革的请求权，这里的不同之处在于，破产管理人并不享有基于《民法典》第433条第2款的价金债权，由于他已经获得了对待给付，Sammet有限合伙可以要求其返还对待给付。

---

〔1〕 此时，处分行为视为自始有效，因为基于《民法典》第184条第1款的追认可以溯及法律行为实施的时点发生作用。

〔2〕 基于同样的理由，《民法典》第826条可以在第989条和第990条之外适用。

d）依据《民法典》第 823 条第 1 款所享有的请求权

依据《民法典》第 993 条第 1 款第 2 个半句的规定，在《民法典》第 990 条第 1 款第 2 句，以及第 989 条的请求权之外，第 823 条的请求权被排除在外。[1] 对第 992 条的反向结论也可以得出同样的结论。否则，《民法典》第 987 条以下条文所规定的未被起诉的善意占有人的特殊地位，也会被破坏。

e）依据《民法典》第 826 条所享有的请求权

与第一部分一样，本案中并不存在多少线索，可以指向一种《民法典》第 826 条意义上的故意以违背善良风俗的方式侵害他人权益的情况。

f）对破产管理人所享有的其他请求权的结论

Sammet 有限合伙首先可以依据《破产法》第 48 条第 2 句的规定，向破产管理人 Ostler 先生主张代偿取回权，要求从破产财产中返还对待给付。此外，Sammet 有限合伙还可以依据《民法典》第 989 条及第 990 条第 1 款、第 687 条第 2 款第 1 句及第 678 条的规定要求损害赔偿；他还可以依据《民法典》第 816 条、第 687 条第 2 款第 1 句、第 681 条、第 667 条要求返还皮革。损害赔偿请求权只能作为一般破产债权在破产程序中申报债权，参见《破产法》第 87 条及第 174 条以下。

Ⅲ. 各个请求权相互之间的关系

最后需要澄清的是，Sammet 有限合伙对 Nick & Sale 有限公司的请求权，与 Sammet 有限合伙对破产管理人的请求权之间的关系。

其中一项请求权的清偿会导致其他请求权的消灭，因为 Sammet 有限合伙作为取回权人不可能请求双重清偿。在让与行为无效时，作为取回权人，可以要求取得人返还被让与的标的物，或者也可以要求债务人让与其对取得人的付款请求权。

---

[1] 侵权法不适用的一个例外情况是对那些未被起诉的善意他主占有人，此时，他实际上只是逾越了一种表面上存在的占有权（他主占有人越界），因此，不能让他的地位比逾越实际存在的占有权时更为优越。

Ⅳ. 第二部分的结论

Sammet 有限合伙可以依据《民法典》第 985 条、1007 条第 1 款，以及第 823 条第 1 款，要求 Nick & Sale 有限公司返还皮革。

针对破产管理人 Ostler 先生，Sammet 有限合伙首先可以依据《破产法》第 48 条第 2 句主张代偿取回权，要求破产管理人让与其对 Nick & Sale 有限公司所享有的债权。此外，请求权还可以基于下列条款而成立：《民法典》第 989 条、第 990 条第 1 款；第 816 条第 1 款第 1 句；第 687 条第 2 款第 1 句、第 681 条、第 667 条；以及第 687 条第 2 款第 1 句、第 678 条。

练习案例 3　履行选择权、抵销

2021 年 9 月，Pellet 有限公司与 Automobil 股份公司约定，以每件 50 欧元的价格将 2000 件拖车联轴器出售给该公司。直至 2021 年 11 月 4 日破产程序正式开始时，Pellet 有限公司已经交付了 2000 件中的 800 件。

在 2021 年 11 月 4 日破产程序开始后，破产管理人选择继续履行合同。破产管理人成功地继续运营了公司，并向 Automobil 股份公司交付了剩余的 1200 件拖车联轴器。

破产管理人要求支付价金共计 10 万欧元。但 Automobil 股份公司仅支付了 2 万欧元。该公司声称，它曾在 2021 年 8 月以 8 万欧元的价格向 Pellet 有限公司出售了两辆货车，约定 60 天后交付。但 Pellet 有限公司尚未付款，因此，Automobil 股份公司要求对两项债权进行抵销。

破产管理人 Ostler 先生认为该要求没有道理，并起诉 Automobil 股份公司要求支付剩余的 8 万欧元。

处理注意事项：破产管理人是否有要求支付 8 万欧元的请求权？

解答：
A. 请求权的存在
B. 请求权是否会消灭
　Ⅰ. 请求权是否会因破产程序开始而消灭
　Ⅱ. 请求权是否会因履行而消灭，基于《民法典》第 362 条第 1 款
　Ⅲ. 请求权是否会因抵销而消灭，基于《民法典》第 389 条
　　1. 依据《破产法》第 95 条第 1 款第 3 句排除抵销
　　2. 依据《破产法》第 96 条第 1 款第 1 项排除抵销
　　3. 结论的修正
　　4. 对抵销的结论
　Ⅳ. 对债权是否消灭的结论
C. 请求权的可实施性
D. 结论

A. 请求权的存在

随着 2021 年 9 月买卖协议的签署，对生产和交付拖车联轴器要求支付 10 万欧元的请求权可以依据《民法典》第 651 条第 1 句、第 433 条第 2 款而有效成立。

B. 请求权是否会消灭

已经有效成立的请求权是有可能消灭的。

　Ⅰ. 请求权是否会因破产程序开始而消灭

履行请求权有可能随着破产程序的开始而消灭。联邦最高法院以前曾持这种观点。但联邦最高法院新的判例却认为，当事人的请求权不会因为破产程序的开启而消灭。只要不涉及已经履行的给付所对应的对待给付，那么请求权只会暂时丧失其可实施性，参见《民法典》

第 320 条。[1]

Ⅱ. 请求权是否会因履行而消灭，基于《民法典》第 362 条第 1 款

在 2 万欧元的金额限度内，Pellet 有限公司的请求权会随着 Automobil 股份公司的履行而消灭，参见《民法典》第 326 条第 1 款。

Ⅲ. 请求权是否会因抵销而消灭，基于《民法典》第 389 条

在 8 万欧元的金额限度内，请求权有可能因为《民法典》第 389 条的抵销而消灭。依据《民法典》第 387 条的规定，在满足下面的条件时，Automobil 股份公司可以以其出卖两辆货车的债权与 Pellet 有限公司的债权实施抵销：双方互负债务，债务的标的为相同种类，Automobil 股份公司可以主张自己的债权，且可以履行对方的债权（抵销适状）。依据《民法典》第 388 条的规定抵销必须通过意思表示实施，且该意思表示应当不能基于破产程序的规定被排除，参见《破产法》第 94 条以下的规定。

在本案中，Pellet 有限公司基于买卖合同的约定，依据《民法典》第 651 条第 1 句、第 433 条第 2 款的规定，因向 Automobil 股份公司交付 2000 件拖车联轴器而对其享有 8 万欧元的债权，该债权是主债权，也是被抵销的债权。相对地，Automobil 股份公司则因向 Pellet 有限公司销售两辆货车，依据《民法典》第 433 条第 2 款对其享有 8 万欧元的价金请求权，是用来进行抵销的债权。这两项请求权具有《民法典》第 387 条意义上的相互关系。

这两项请求权都指向了支付一定金额的金钱，因此也是《民法典》第 387 条意义上的同类债权。

无论是 Pellet 有限公司的债权，还是 Autimobil 股份公司的债权，它们均已到期，且都是可实施的。

因此，Automobil 股份公司依据《民法典》第 388 条第 1 句所做出的抵销的意思表示明显是可以成功的。

---

[1] 参见练习案例 1。

但下一步需要考虑的是，抵销是否可能通过《破产法》第 95 条和第 96 条的规定被排除。

按语：破产中的抵销。《破产法》第 94 条以下规定了抵销的问题。[1] 抵销在破产中在很大程度上仍然是被允许的。其中存在的价值考量在于，抵销从很多角度来说，其实与担保权具有同等价值。抵销实际上与别除权具有同等的效果，且相对于别除权的优势在于，抵销时不必从金额中扣除确定和变现的费用（《破产法》第 171 条，共计为变现金额的 9%）。在抵销后，抵销人可以使自己所负的债务通过履行替代而消灭。在债务消灭的同时，抵销也可以使抵销人完成其债务的履行，因为此时抵销人自己的债权也同时未经诉讼就获得了实现。与无担保的债权人相比，其法律状况更加清晰。对于可以实施抵销的债权人来说，由于他们可以省去监督债权人的时间和精力，因此从"比例"上来说他们实际上获得了更有利的清偿。相反地，如果一位抵销债权人在破产之前就通过一项假设性的约定获得按比例的清偿，实际上是很不明智的。他无法从中获得任何益处，因为他其实不必监督债务人，而只需要依靠自己的抵销权就可以了。这也是抵销权人与无担保的债权人的最大区别之处，《破产法》第 95 条也就因此变得可以理解了。如果债权人的债权比属于破产财产的破产债务人的债权晚到期，就不能进行抵销。由于这里不适用《破产法》第 41 条的规定，因此债权不同时到期是有可能发生的情况。如果破产债权人的债权（相对债权）很早就已经存在了，但直至破产程序正式开始后才到期，就需要考察在时间上究竟是主债权先到期，还是相对债权先到期。

如果债权人的相对债权先到期，那么他的情况就与无担保的债权人不同。即便他在破产程序开始时只享有一项无担保的债权，他也可以认为，他可以及时地（将自己的债权）与破产债务人的主债权进行抵销，并且无须在其债务到期时实际履行。否则，他将因破产程序的启动而处

---

[1] Vgl. Zimmermann, Grundriss des Insolvenzrechts, 11. Aufl. 2018, Rn. 265 ff.

于不利的地位，虽然他本可以认为破产程序的启动对他的债权没有影响，并且仅仅因为破产程序在其债权到期日之前开始就失去了抵销的可能性。

相反地，如果债务人的主债权在先到期，依据《破产法》第 95 条第 1 款第 3 项的规定，抵销是不允许的，这一点与《民法典》第 392 条的规定是一致的。其原因在于，在主债权到期日与相对债权到期日之间的区间，主债权是可以不受限制地实现的。在这段时间内，即将有权进行抵销的破产债权人将被视为无担保的债权人。

1. 依据《破产法》第 95 条第 1 款第 3 句排除抵销

抵销有可能依据《破产法》第 95 条第 1 款第 3 句被排除。依据该条规定，如果可抵销的情况在破产程序开始后方才出现，并且被抵销的主债权未附条件，且早于抵销前即可实施，此时，抵销是不被允许的。

在本案中，Automobil 股份公司想要抵销的债权，是 Pellet 有限公司依据《民法典》第 651 条第 1 句及 433 条第 2 款所享有的对 2000 件拖车联轴器的价金请求权。依据《民法典》第 271 条第 1 款的规定，该债权在 9 月缔结合同时就已经到期了，因为该债权是金钱的给付，当时既未确定时间，也无法从其他情况推断出相关的约定。因此，本案中的主债权在破产程序开始前就已经无条件地到期了，因此并不涉及《破产法》第 95 条第 1 款第 3 句的情况。[1]

---

[1] 顺便说一句无关紧要的话，其实 Automobil 股份公司的债权同样也在破产程序开始之前就已经到期且可实施了；但被抵销的债权也必须是可以实施的。这一前提条件应当以同样的方式在《破产法》第 95 条第 1 款第 3 句中作出补充，就像《民法典》第 286 条第 1 款第 1 句所规定的履行迟延一样。如果一项债权对于债权人来说是无法实施的，那么债务人既不会陷于履行迟延，也不会依据《破产法》第 95 条第 1 款第 3 句的规定失去抵销的权利。Pellet 有限公司的债权是在拖车联轴器被交付之后才可以实施的，因此，实际上从 Pellet 公司的角度来说，合同已经得到了履行。因为就像在《民法典》第 286 条第 1 款第 1 句中规定的一样，我们在《破产法》第 95 条第 1 款第 3 句的框架内也可以这样说，《民法典》第 320 条同时履行抗辩权的存在本身就是一种对可实施性的阻碍，而并不一定要实际提出主张。或者我们也可以说，在缺乏可实施性时，债权本身根本并未到期，债权人也无法主张该债权。由于《民法典》第 273 条第 1 款（留置权）是一项必须由债务人自己提出的抗辩，这一点也支持了可以将到期和可执行性视为各自独立的前提条件来考虑。如果债务人未提出此项抗辩，则债权人可以要求履行给付。在债务人依据《民法典》第 273 条第 1 款主张留置权时，债权人依据《民法典》第 273 条第 3 款可以选择以提供担保的方式来反击债务人的留置权。

2. 依据《破产法》第 96 条第 1 款第 1 项排除抵销

《破产法》第 96 条第 1 款第 1 项也可以导致抵销被禁止。

依据该条规定，如果破产债权人是在破产程序开始之后方才向破产财产负有债务的，那么抵销就不能被允许。*

按照《破产法》第 96 条第 1 款第 1 项的规定，Automobil 股份公司首先必须是破产债权人。依据《破产法》第 38 条的规定，所谓破产债权人就是那些在破产程序开始时对破产债务人享有财产请求权的债权人。两辆货车的买卖合同是在 2021 年 8 月缔结的，由此，基于《民法典》第 433 条第 2 款便产生了可以要求支付货车价款的请求权。破产程序是于 2021 年 11 月 4 日正式开始的，因此，Automobil 股份公司基于《民法典》第 433 条第 2 款的请求权是先于破产程序成立的，Automobil 股份公司应当属于破产债权人。

Automobil 股份公司还必须是在破产程序开始后才对破产财产负有债务的。在本案中，Pellet 有限公司要求支付拖车联轴器价款的请求权在 2021 年 9 月合同达成时便已经成立了，这一时间点显然早于破产程序的开始。由此，Automobil 股份公司便不是在破产程序开始后才对破产财产负有债务的。《破产法》第 96 条第 1 款第 1 项的前提条件在本案中不成立，所以，本案中的抵销原则上也没有受到影响。

3. 结论的修正

但如果考虑到在破产程序开始时，双方均未完全履行合同的情况，结论也许会有所不同。

在本案中，在破产程序开始时，总共 2000 件拖车联轴器实际上只交付了 800 件。这 800 件拖车联轴器实际上对应了 4 万欧元的价金。在破产程序开始后方才交付的剩余的拖车联轴器，则对应了 6 万欧元的价金。这里需要考虑的是，在破产程序开始后才交付的拖车联轴器所对应的 6 万欧元债权是否有可能受到《破产法》第 96 条第 1 款第 1 项

---

* 如果此时还允许抵销，等同于优先（全额）清偿了某一项破产债权。

抵销限制的影响。

与此相反,《破产法》第 94 条以下规定的立法目的则可以支持全部 8 万欧元债权的抵销。因为法律实际上对抵销权人赋予了与有担保的债权人同等的法律地位。这两类债权人都不必为了保护自身利益采取特别的预防措施,他们都不属于按比例受偿的债权人,对这些债权人的保护也正是破产程序的目的。这种状态在可抵销的情况出现时就已经存在了。实际上,Automobil 股份公司本来可以在买卖合同在 9 月达成之后就主张抵销,并以这种方式使 Pellet 有限公司的 8 万欧元债权归于消灭,但它当时却并没有这样做。

而《破产法》第 103 条背后的价值考量则可以支持排除对 6 万欧元的抵销,该条款是为了最大限度地维护破产财产的利益,在破产财产做出给付后,也应使得全部的对待给付都归于破产财产,以实现所有债权人的平等受偿。如果使用破产财产做出了给付,作为补偿,也应当使得对待给付流入破产财产。

如果 Automobil 股份公司也在破产程序开始后主张抵销 6 万欧元债权,那么 Pellet 有限公司亦应对于其因购买货车而对 Automobil 股份公司所负有的债务在同等金额上得到免除。但其实 Automobil 股份公司无法完全抵销它的债务,而只能对自己的债权以大约 10% 的破产清偿率获得清偿,[1] 而剩余的 5.4 万欧元则会完全流入破产财产。在 Automobil 股份公司主张抵销时,这笔钱实际上会损失在破产财产中。

这一结论可以得到《破产法》第 105 条立法思路的支持。因此,只要在破产程序启动后为履行合同必须从破产财产中支出费用,破产财产就是值得保护的。当然,本案并不会直接涉及《破产法》第 105 条第 1 款的规定,因为 Automobil 股份公司作为"相对方"并未做出预先给付,而只有破产债权人 Pellet 有限公司先交付了 800 件拖车联轴器,做出了部分履行。

---

[1] 在大部分破产程序中,破产债权人的平均破产清偿率会远低于 10%。

Pellet 有限公司在 6 万欧元范围内的价金请求权有可能不会通过抵销而消灭，因为根据《破产法》第 96 条第 1 款第 1 项的规定，抵销在这里被排除了。

可以抵销的具体金额则取决于，Automobil 股份公司已经支付的 2 万欧元应当抵销 Pellet 有限公司总额为 10 万欧元价金债权的哪一部分。

对于 Automibil 股份公司来说，如果它所支付的那 2 万欧元能够在破产程序开始后对那 6 万欧元进行抵销，对它来说是比较有利的，因为这部分付款依据《破产法》第 91 条第 1 款第 1 项是不能抵销的。这样一来，那 6 万欧元会相应地减少 2 万欧元，变成 4 万欧元，而在破产程序启动之前产生的 4 万欧元的债务会通过抵销方式完全消灭。

但 Automobil 股份公司却并未通过适用《民法典》第 366 条第 1 款在付款时即作出决定。《民法典》第 366 条第 2 款的规定在这里也起不到什么作用，因为本案并不涉及多重债务，而只是涉及一项金额为 10 万欧元的债务。通过适用《民法典》第 366 条第 2 款我们可以认为，此处，应当是使得债权人，即 Pellet 有限公司获得更少的担保的债务被清偿了，也就是破产程序开始前产生的 4 万欧元债务。

而破产程序开始后的 6 万欧元债权，其金额并未改变。破产程序开始前的 4 万欧元债务，其中 2 万欧元的金额依据《民法典》第 389 条规定因抵销而消灭，而另外 2 万欧元的金额则依据《民法典》第 362 条第 1 款因履行而消灭。

4. 对抵销的结论

债权在 2 万欧元的限额内因抵销而消灭，参见《民法典》第 389 条。[1]

Ⅳ. 对债权是否消灭的结论

Pellet 有限公司基于《民法典》第 651 条第 1 句以及第 433 条第 2

---

[1] 我们其实在这里也可以考虑，是否债权也会在 2 万欧元的限额内被禁止抵销，因为可抵销的状况也是有可能被撤销的，参见《破产法》第 96 条第 1 款第 3 项。参见第 11 个导论案例。

款所享有的债权，其中 2 万欧元的金额因履行而消灭，另外 2 万欧元的金额则因抵销而消灭。

C. 请求权的可实施性

剩余的金额为 6 万欧元的请求权还必须是可以实施的。

破产程序的正式开始对于双方尚未完全履行的合同来说，会导致请求权可实施性的丧失。但当破产管理人选择继续履行合同时，会重新赋予破产债务人的债权以可实施性。[1] 因此，要求支付 6 万欧元的债权是可以实施的。

D. 结论

破产管理人对 Automobil 股份公司所享有的 6 万欧元请求权是成立的。

---

[1] 当破产管理人选择继续履行合同时，合同相对人的债权会被赋予一种共益债务的地位，参见《破产法》第 55 条第 1 款第 2 项第 1 种情况。此处获得共益债权地位的是 Automobil 股份公司所享有的要求交付 1200 件拖车联轴器的请求权。

练习案例 4　破产撤销的细节问题

Pellet 有限公司的股份全额归属于其执行董事 Glas 博士。

2020 年初，公司的订单越来越少，已经出现了破产的迹象。因此，Glas 博士决定降低自己的风险，并为未来的其他业务保存资本。2020 年 7 月，他通过一份形式上有效的合同，将 Pellet 有限公司所有的一块市场价值为 40 万欧元的土地以 20 万欧元的价格卖给了他自己。在公司章程中，他并不受自我缔约禁止的约束（《有限责任公司法》第 35 条第 3 款、《民法典》第 181 条）。土地让与于 2020 年 8 月 16 日完成登记，价款延迟至 2020 年 7 月 1 日支付。

税务师于 2020 年 6 月出具的中期资产负债表显示，虽然公司的最低注册资本有 50 万欧元，但当时的净资产已经只剩下 30 万欧元了。Glas 博士被迫于 2021 年 10 月 7 日以 Pellet 有限公司的名义提出了破产申请。

在破产程序于 2021 年 11 月 4 日正式开始后，破产管理人 Ostler 先生想知道，若起诉撤销上述土地交易行为是否有成功的可能。

时间线：

2020 年 6 月中期资产负债表显示，公司的资产已经少于最低注册资本。

2020 年 7 月将土地让与 Glas 博士/2020 年 8 月 16 日完成变更登记。

2021 年 11 月 4 日破产程序正式开始。

变体：2013 年 11 月，Glas 博士为公司提供了一笔价值为 10 万欧元的贷款，年利息为 5%。还款时间约定为 2020 年 11 月。考虑到公司经济上的窘境，Glas 博士在 2020 年 11 月暂时放弃要求还款，允许公司在 2021 年 11 月还款。当 Pellet 有限公司在 2021 年夏天失去支付能力后，他还想要尽快降低风险，并在 9 月向自己偿还了 7 万欧元。余下的 3 万欧元已经无法从 Pellet 有限公司的流动资金进行偿还了。Glas 博士被迫于 2021 年 10 月 7 日提出了破产申请，破产程序于 2021 年 11 月 4 日正式开始。

问题：对于本案中的情况，破产管理人可以采取哪些措施。如果提起诉讼，是否可以成立？Glas 博士可以做些什么？

解答：

A. 诉讼的合法性
  Ⅰ. 法律适用性与法律保护的目标
  Ⅱ. 管辖权
    1. 实体管辖权
    2. 地域管辖权
  Ⅲ. 与当事人有关的前提条件
  Ⅳ. 中期结论

B. 诉讼的合理性
  Ⅰ.《破产法》第 143 条第 1 款第 1 句的请求权

1. 《破产法》第 129 条的一般前提条件
   a）法律上行为
   b）破产程序开始前的法律上行为
   c）侵害债权人利益
2. 撤销理由
   a）依据《破产法》第 133 条第 1 款故意侵害债权人利益
   b）依据《破产法》第 133 条第 4 款故意侵害债权人利益
   c）依据《破产法》第 134 条的无偿给付行为
   d）中期结论
3. 法律后果

Ⅱ.《有限责任公司法》第 31 条第 1 款的请求权
  1. 对外付款
  2. 维持最低注册资本所需的资本
  3. 法律后果

Ⅲ.《有限责任公司法》第 43 条第 3 款第 1 句，以及第 30 条的请求权

Ⅳ. 依据《民法典》第 894 条要求更正土地登记簿的请求权

Ⅴ. 对诉讼合理性的结论

C. 总体结论

D. 变体

Ⅰ.《破产法》第 143 条第 1 款的请求权
  1. 破产程序开始前的法律上行为
  2. 侵害债权人利益
  3. 撤销理由
  4. 结论

Ⅱ.《破产法》第 15b 条第 4 款第 1 句的请求权

问题：只要诉讼合法且合理，就有成功的可能性。

A. 诉讼的合法性

Ⅰ. 法律适用性与法律保护的目标

《有限责任公司法》第 31 条的请求权可以通过给付之诉的形式进行主张。依据《破产法》第 143 条，这同样适用于对基于破产撤销所提起的诉讼理由的阐释。

Ⅱ. 管辖权

1. 实体管辖权

依据《法院组织法》第 23 条第 1 项、第 71 条，以及《民事诉讼法》第 1 条，应当由中级法院管辖。[1]

2. 地域管辖权

这里并不涉及排他的地域管辖。依据《民事诉讼法》第 12 条和 13 条的规定，本案在地域上应由被告，即 Glas 博士的住所地法院管辖，也就是慕尼黑中级法院。

Ⅲ. 与当事人有关的前提条件

此外，这里还必须满足与当事人有关的前提条件，即当事人能力（Parteifähigkeit）、诉讼权利能力（Prozessfähigkeit）、诉讼行为能力（Prozessführungsbefugnis），以及辩论权限（Postulationsbefugnis）。

依据《民事诉讼法》第 50 条和第 51 条，公司的执行董事 Glas 博士具有当事人能力，且具有诉讼权利能力。依据《民事诉讼法》第 78 条第 1 款第 1 句的规定，他在中级法院必须由一位律师代理，目的是免遭缺席判决的危险，参见《民事诉讼法》第 331 条。

---

[1] 这里并不涉及《破产法》第 2 条第 1 款的破产法院实体管辖权问题，因为这里与破产法院无关，而是涉及一个实体法问题，应当向诉讼法院提出。

破产管理人 Ostler 先生也同样具有当事人能力，且具有诉讼权利能力，他在中级法院也同样必须通过一位律师进行代理。破产管理人自己就是案件当事人，[1] 而不是破产债务人，换句话说，由他所管理的 Pellet 有限公司并不是案件当事人。[2] 在民事诉讼法意义上，破产管理人是债务人的权利继承人。[3] 依据作为通说的职权理论（Amtstheorie），破产管理人在案件中以自己的名义作为职务信托代理人出现。[4]

破产管理人还必须具有诉讼行为能力。也就是以自己的名义主张权利的权限。[5] 依据《破产法》第 80 条第 1 款的规定，破产管理人管理着所有属于破产财产的财产标的，因此当然可以对其进行处分。所以，他当然可以以自己的名义主张他人的权利。这里是一种法定的诉讼代位（Prozessstandschaft）。[6] 破产管理人因此具有诉讼行为能力。与当事人有关的前提条件在本案中可以得到满足。

Ⅳ. 中期结论

该诉讼具有合法性，可以被受理。

按语：关于《民事诉讼法》第 240 条，《破产法》第 85 条和第 86 条。依据《民事诉讼法》第 240 条第 1 句的规定，如果参与诉讼的一方当事人进入破产程序，则该诉讼应立即中断，直至诉讼程序依据相关的法律规定（《破产法》第 85 条、第 86 条）恢复，或者破产程序终止。依据《民事诉讼法》第 240 条第 2 句的规定，如果对债务人财产

---

[1] 判决会以破产管理人本人为当事人，并对他本人作出判决。
[2] 但破产债务人可以作为案件的证人出现。
[3] 参见联邦最高法院判例 BGH，NJW 1997，1445。
[4] 参见联邦最高法院判例 BGH，NJW 1997，1445。依据《民事诉讼法》第 116 条第 1 句第 1 项，"基于职权的当事人"可以支持职权理论。Zimmermann, Grundriss des Insolvenzrechts, 11. Aufl. 2018, Rn. 116 ff.
[5] 这里的情况与代理有所不同：代理是以他人名义行事。
[6] 其他法定诉讼代位的例子有：配偶基于《民法典》第 1368 条及第 1422 条，遗产管理人基于《民法典》第 1984 条和第 1985 条，遗嘱执行人基于《民法典》第 2212 条及第 2213 条。还有《民事诉讼法》第 265 条第 2 款也创设了法定的诉讼代位。

的管理和处分权限移转给了临时破产管理人，诉讼同样会中断。这里说的临时破产管理人指的是所谓"强"临时破产管理人，参见《破产法》第21条第2款第1句第2项第1种情况、第22条第1款，以及第24条第1款和第2款。

依据《破产法》第85条，如果某项法律纠纷中含有有利于未来破产财产分配的权利，破产管理人可以重新恢复诉讼，或者从破产财产中放弃某件争议标的。[1] 对于决定是否重启诉讼来说起决定性作用的不是债务人是否作为原告的法律地位，而是是否可以确定该诉讼涉及与破产财产有关的法律地位。原则上来说，破产债务人应当作为原告，但起决定性作用的仍然是，是否某项请求权可以对破产财产行使。[2] 对方当事人（在获得批准后）只能针对债务人，而不能针对破产管理人重启诉讼（费用风险）。[3]

有关消极诉讼的规定，即《破产法》第86条，涉及针对破产财产的诉讼。重启此类诉讼只能通过破产管理人，或者享有取回权、别除权及共益债权的债权人实施。从原则上来说，一般破产债权只能依据《破产法》的规定进行主张（《破产法》第87条），因此，破产债权人对于一项在破产程序开始前开始的诉讼，只能在《破产法》第180条第2款、

---

〔1〕 只要破产管理人参与诉讼，就应由破产财产支付费用。依据通说，应由破产财产支付全部费用，当然也包括破产程序开始之前产生的费用，参见 Schumacher, in MüKo - InsO, 4. Aufl., § 85 InsO, Rn. 19。其他观点认为，破产财产应当只承担在破产程序开始之前产生的各种费用。联邦最高法院认为上一审级的费用应当作为一般破产债权处理，参见联邦最高法院判例 BGH, NZI 2016, 829，边码10。

〔2〕 可参见 Reischl 在 InsO, Rn. 349 中的案例：债权人在第一审法院对债务人提起了支付之诉，这对债务人来说是一种消极诉讼。债权人胜诉后，债务人提出了上诉，但为了避免强制执行，先对债权人进行了履行。但在上诉进行过程中，诉讼程序因破产程序开始而中断。在此情况下，基于《民事诉讼法》第717条第3款产生的返还请求权会产生一项积极的诉讼。

〔3〕 是否允许随意进行诉讼代位，即破产管理人将诉讼行为能力转移给债务人自己，对此存在争议：债务人的法定权益很容易根据其法律实体地位确定。然而，这样做可以将诉讼费用的风险转嫁给对方当事人（在败诉的情况下，债务人并没有"自有"资金，因为他从破产程序一开始就丧失了对自身财产的处分权，而在胜诉的情况下，破产财产限制将延伸到新获得的资产上，参见《破产法》第35条第1款；因此，有些人认为不应当允许任意的代诉讼代位，参见 Schumacher, in MüKo - InsO, 4. Aufl., § 85 InsO, Rn. 18。

第 184 条第 1 款第 2 句所规定的确认程序（Feststellungsverfahren）的框架内继续推进，也就是说，该诉讼所争议的债权必须先在破产登记表进行登记。破产债权人可以将诉讼标的由给付之诉变更为确认之诉。

B. 诉讼的合理性

当 Pellet 有限公司主张返还土地时，诉讼可以认为是有理由的。对此，Pellet 有限公司必须具有相应的请求权。这里的请求权指的是预告登记（《民法典》第 925 条、第 873 条），以及同意 Pellet 有限公司作为所有权人在土地登记簿进行登记的请求权（《土地登记簿法》第 19 条、第 29 条）。[1]

Ⅰ.《破产法》第 143 条第 1 款第 1 句的请求权

基于《破产法》第 143 条第 1 款第 1 句，可能产生一项请求权。依据该条规定，那些通过可撤销的行为从债务人的财产中被让与、取走或者放弃的东西，必须返还给破产财产。这里需要澄清的是，让与土地的行为是否是一种可撤销的行为。

按语：关于撤销。与《民法典》中有关撤销的规定不同，《破产法》第 129 条以下所保护的并不是所谓私法自治，而是财产的复归原位。对于个别强制执行（Einzelzwangsvollstreckung）来说，在《撤销法》（Anfechtungsgesetz）中有类似的构成要件。

这里撤销的是法律上行为（Rechtshandlung）*。撤销的后果不是法

---

[1] 比较《民事诉讼法》第 894 条：只要判决生效，就视为已经做出了意思表示。

* 如前文所述，作为破产撤销标的的所谓"法律上行为"（Rechtshandlung）与《民法典》意义上的"法律行为"（Rechtsgeschäft）在概念上完全不同。前者更为广泛，可以包含所有可以引起法律后果的行为，甚至是事实行为，而且明显涵盖了民法上的"法律行为"。

律上行为的无效，而是依据《破产法》第 143 条产生一项返还请求权（Rückgewähranspruch）*。

撤销成功后，会导致一项债法上的返还请求权，返还相对人必须返还所取得的东西。此时，需要适用一般债法的规定。依据《破产法》第 143 条第 1 款第 1 句的规定，作为撤销的法律后果，首先需要对所取得的东西做原物返还。只有当原物返还已不可能时，才需要依据《破产法》第 143 条第 1 款第 2 句的规定考虑做价值返还。撤销相对人的法律责任比较重，他的法律地位类似于《民法典》第 819 条所指的不当得利债务人。因此，他不能主张不当得利，还必须依据《民法典》第 292 条、第 990 条、第 989 条的规定承担损害赔偿责任，并需要依据《民法典》第 292 条、第 990 条、第 987 条的规定返还使用价值。

1.《破产法》第 129 条的一般前提条件

如果土地的转让是通过一项在破产程序开始前的法律上行为完成的，并且债权人利益受到了侵害，就有可能存在一项可撤销的行为。此外，还需要满足主观和客观上撤销原因的构成要件。

a）法律上行为

这里必须存在一项法律上行为（Rechtshandlung）。在本案中，有可能存在两项可撤销的法律行为（Rechtsgeschäft**）：一项为负担行为，也就是土地的买卖合同；另一项为处分行为，也就是对土地的让与行为。

---

* 有关破产撤销的法律效果，德国法上至今仍然存在争议。对此主要有三种观点：物权性理论（Dinglichkeitstheorie）、债权性理论（Schuldrechtliche Theorie），以及责任分配（haftungsrechtliche Zuordnung）理论。物权性理论认为破产撤销的后果可以直接改变被撤销行为所指向标的物的物权归属；相对地，债权性理论则认为破产撤销只能产生一项债法上的返还请求权。责任分配理论则认为，破产撤销不会改变标的物的实体法归属，只会使责任法上的分配发生变动。目前，责任分配理论相对处于优势地位。不过，三种理论的争议只维持在理论层面，一般不会对实际的法律后果产生任何影响。另外，确实如作者所言，如果单看《破产法》第 143 条第 1 款的措辞，只是产生了一项返还请求权，该请求权显然只具有债权性质。

** 此处的"法律行为"才是我国民法学上对德语 Rechtsgeschäft 的意译，需要遵循分离原则，区分为负担行为和处分行为。

按语：关于撤销。 由于抽象原则（Abstraktionsprinzip）的存在，履行行为与负担行为需要分别做出撤销。履行行为实际触及了标的物本身，而负担行为则只会产生一项请求权。[1]

在大多数情况下，会撤销两项合同，或者只撤销履行行为。那些主观前提条件，比如《破产法》第 133 条所规定的侵害债权人利益的故意，往往只涉及履行行为，因此也没有理由只撤销负担行为。

单独撤销履行行为：

特别是如果负担行为（基础行为）在时间上明显早于履行行为时，往往会只撤销履行行为。但是，如果负担行为可以保持有效，并与履行行为构成一种全等履行（kongruente Deckung）行为时，撤销往往会失败。

单独撤销履行行为会涉及《破产法》第 144 条第 1 款。由于负担行为本身没有被撤销，在履行行为被撤销后，撤销相对人的债权会再次复活。否则会在破产财产上成立不当得利。此时，撤销相对人可以向破产管理人申报债权。即便他已经做出了履行，他也只能被作为一般破产债权人对待。如果债权涉及交付一块土地，那么依据《破产法》第 45 条的规定，该债权会转化为金钱债权。

对负担行为的撤销：

如果负担行为（基础行为）被单独撤销，依据《民法典》第 812 条以下的规定，只会导致不当得利的返还。所以对于破产管理人来说，同时撤销履行行为是更好的选择，因为那样他就可以享受到《破产法》第 143 条的好处。

如果在撤销履行行为的同时撤销负担行为，或者只撤销负担行为，会涉及《破产法》第 144 条第 2 款的规定。

《破产法》第 144 条第 2 款规定："只要对待给付本身仍然能够从破产财产中区分出来，且破产财产会因为对待给付的存在而出现不当

---

[1] Borries/Hirte, in: Uhlenbruck – InsO, 15. Aufl. 2019, § 129, Rn. 103.

得利，便应当从破产财产中返还该对待给付。此外，撤销相对人所享有的要求返还对待给付的债权，只能在破产程序中申报债权，并按一般破产债权对待。"

这里存在两项请求权。《破产法》第144条第2款第1句创设了一项共益债权，参见《破产法》第55条第1款第3项。而《破产法》第144条第2款第2句则创设了一项一般破产债权。

b）破产程序开始前的法律上行为

本案中的两项法律上行为都是在破产程序开始前实施的。

c）侵害债权人利益

法律上行为还必须导致了对债权人利益的侵害。只要全体破产债权人得到清偿的机会受到了损害，就可以认为存在侵害债权人利益的行为。比如，破产财产的减少（积极财产），或者债务的增加（消极财产），都有可能造成这种结果。当然，还有其他对解除债务人责任财产造成困难或迟延的行为，都有可能侵害债权人利益。[1] 只要一项可撤销的法律上行为本身为债权人带来了消极的后果，并且该消极后果不是在后续的发展中自然出现的，就可以认为存在对债权人利益的直接侵害。[2]

按语：直接侵害债权人利益。 在没有其他情况影响的情况下，一项法律上行为直接导致了债务人财产的减少。只有《破产法》第132条第1款、第133条第2款所规定的撤销原因要求直接侵害债权人利益的存在。

在本案中，一块价值40万欧元的土地被以20万欧元的价格卖掉

---

〔1〕比如，一项占有的让与行为，或者土地登记簿的错误登记行为等，参见 Kayser, inMüKo – InsO, 4. Aufl. 2019，§ 129, Rn. 101。其他例子还有，向债权人出售一件在签署买卖合同时已经不可能取得的标的物，比如该标的物位于国外，或者属于债务人不可扣押的财产。

〔2〕只有《破产法》第133条第4款、第132条第1款要求对债权人利益的直接侵害。对于其他情况，则只需要存在间接侵害即可，对于间接侵害来说，只要存在一种远期的、有因果关系的结果就足够了。

了。对于低于市价的让与来说，在负担行为中便已经存在直接侵害债权人利益的行为。此时，产生了 40 万欧元的债务，但相对的价金债权却只有 20 万欧元。因此，债务人的财产也就相应地减少了 20 万欧元。

只要没有直接存在一项等值的对待给付流入债务人的财产，那么将标的物直接移出破产财产的履行行为，显然也侵害了债权人的利益，参见《破产法》第 142 条第 1 款。这里显然缺少一项等值的对待给付，因此履行行为也毫无疑问侵害了债权人利益。[1]

2. 撤销理由

此外，还必须满足一项撤销原因的构成要件。撤销原因在《破产法》第 130—136 条作了规定。这里需要考虑的撤销原因是《破产法》第 133 条第 1 款、第 2 款，以及第 134 条。

a）依据《破产法》第 133 条第 1 款故意侵害债权人利益

依据《破产法》第 133 条第 1 款的规定，只要撤销相对人明知债务人具有故意，那么债务人在破产申请之前 10 年内或者破产申请之后所实施的，故意侵害债权人利益的法律行为就是可撤销的。[2]

作为客观构成要件来说，该法律上行为必须是在破产申请之前 10 年内，或者在破产申请提出之后实施的。[3] 本案中让与土地的行为是在 2020 年 7 月实施的，因此处于 10 年的期限之内。

从主观上来说，《破产法》第 133 条第 1 款要求 Pellet 有限公司所实施的法律行为具有侵害债权人利益故意，并且 Glas 博士作为撤销"相对人"必须明知债务人的故意。

首先，由 Pellet 有限公司所实施的转让土地的行为必须具有侵害债权人利益的故意。这里只要存在一种默认侵害债权人利益的状态就足

---

[1] 通过履行行为，标的物本身直接被给转让给了相对人。与此不同的是，通过一项负担行为，或者说基础行为，只是赋予了相对人一项请求权，vgl. Borries/Hirte, in: Uhlenbruck – InsO, 15. Aufl. 2019, § 129 Rn. 103。

[2] 《破产法》第 133 条在 2017 年作了修改，增加了第 2 款和第 3 款。原先的第 2 款被挪到了第 4 款。Vgl. Zimmermann, Grundriss des Insolvenzrechts, 11. Aufl. 2018, Rn. 426 ff.

[3] Vgl. Zimmermann, Grundriss des Insolvenzrechts, 11. Aufl. 2018, Rn. 423 ff.

够了（dolus eventualis，或有意图）。但是，如果债务人虽然知道有可能侵害债权人利益，但却自信能够避免破产，则不能认为存在侵害债权人利益的故意。法院在评估证据时，会依据《民事诉讼法》第286条对各种不同的旁证进行相互考量。依据相关判例，《破产法》第131条意义上的所谓"非全等履行"（inkongruente Deckung*）可以作为侵害债权人利益的故意的一种重要的证据看待。[1] 同样地，失去支付能力（Zahlungsunfähigkeit）也可以作为一种相应的证据。[2] 法人所具有的侵害债权人利益的故意，可以通过类推适用《民法典》第31条的规定来判断。

一方面，Pellet 有限公司作为破产债务人，当时负有义务，将一块价值为40万欧元的土地以一半的价格，即20万欧元进行让与。让与发生在2020年夏天，当时债务人的经济状况已经趋于恶化。但另一方面，Pellet 有限公司在出售土地后仍然继续经营业务有超过一年的时间，这实际上对于确认它默许侵害债权人利益的故意是一种弱化。然而，这一论据也不应过分重视，因为《破产法》第133条第1款所规定的10年追诉期允许对比本案更早的行为进行追诉。

从结论上来说，Pellet 有限公司无论如何都具有一种或许的故意（dolus eventualis）。一般来说，负担行为所体现出的侵害债权人利益的故意也会影响到履行行为。[3]

此外，Glas 博士还必须明知债务人具有侵害债权人利益的故意。《破产法》第133条第1款第2句的推定，使得破产管理人的举证更加容易。当然，由于 Glas 博士在本案中同时也代表破产债务人行事，因

---

* 所谓非全等的履行是德国破产撤销法上的概念，与所谓全等的履行相对应，前者指的是虽然不存在相关的请求权，或者不能在特定的时间或以特定的方式主张该请求权，但债务人仍然做出了相应的清偿行为或者提供了担保。

[1] 参见联邦最高法院判例 BGH，NZI 2004，201，203。

[2] 参见联邦最高法院判例 BGH，NZI 2003，533，535。

[3] 根据每个人都必须让法庭确信有利于自己的事实的一般原则，破产管理人必须对债务人具有故意进行证明。

此他显然无法反驳这个推定。

2017 年 5 月 4 日引入的《破产法》第 133 条第 2 款对于履行行为（担保或清偿）的追溯期由 10 年缩短至 4 年，由于这一变动是在本案中的破产申请前不久发生的，所以对于第 133 条第 1 款所规定的撤销理由的存在不会产生影响。

同样地，依据《破产法》第 133 条第 3 款第 1 句，在出现全等履行行为（kongruente Deckung）的情况下（也就是说，对于担保或者清偿行为来说，无论从类型还是从时间上来说都确实存在一项请求权作为其基础，可比较《破产法》第 131 条第 1 款），对于认知的要求由原来的濒临失去支付能力提高到了实际失去支付能力，但这在本案中也不会造成什么影响。破产管理人可以对负担行为进行撤销，因此这里无论如何都会缺少一项全等履行行为。

由于缺少一项支付约定（如分期付款约定），或者其他的支付简化约定，因此《破产法》第 133 条第 3 款第 2 句所规定的推定效果的前提条件也无法满足。

因此，在本案中可以推导出《破产法》第 133 条第 1 款所规定的前提条件。

b）依据《破产法》第 133 条第 4 款故意侵害债权人利益

本案中还有可能存在《破产法》第 133 条第 4 款所规定的撤销原因。[1] 该规定明显简化了举证上的要求。依据该条规定，债务人与近亲属或关联人士（nahestehenden Personen*）所缔结的有偿合同也可以撤销，只要该合同直接侵害了债权人利益。

（1）为此，公司的执行董事 Glas 博士也必须属于所谓的关联人士。《破产法》第 138 条对关联人士做出了定义。如果破产债务人是法

---

〔1〕 在实践中，破产管理人应当尽可能找出更多的破产原因，因为法院并不一定支持每条破产原因。

* 对于自然人来说就是他的近亲属，对于法人来说则是它的关联公司、股东、高管等相关人士或公司。

人，应当适用《破产法》第 138 条第 2 款的规定。依据《破产法》第 138 条第 2 款第 1 项的规定，公司代表机关的成员属于关联人士。在本案中，Pellet 有限公司的代表机关是它的管理层。Glas 博士是公司的执行董事，显然属于 Pellet 有限公司的关联人士。

（2）此外，还必须存在一个合同。《破产法》第 133 条第 4 款第 1 句中的合同概念应做扩大解释。这种解释来自该条规定的目的，即在经济上陷于困境的债务人所实施的侵害债权人利益的法律行为应当受到谴责，债权人利益应当受到保护。知晓债务人具有侵害债权人利益的故意的撤销相对人，则不值得被保护。单方行为当然不是《破产法》第 133 条第 4 款意义上的合同。考虑到此处合同概念解释的广义性，履行行为也可以被纳入本条的合同概念中，就像本案中的情况一样。[1]

（3）合同还必须是有偿的。

（a）负担行为：有偿性问题在这里具有决定性意义。根据合同是否有偿，本条的撤销理由可以与《破产法》第 134 条的撤销理由作出区分，第 134 条规定了对无偿行为的撤销。

当然，这个问题在本案中应当作出进一步的区分，因为在本案中土地被以市值一半的价格进行了让与，因此，此处存在一种混合的给付行为：本案中的让与，既是有偿的，也是无偿的。在这种情况下，需要判断的是，其中究竟是有偿或是无偿的部分占据了优势。[2]

以一半的市值出让土地涉及的不仅仅是一种优惠的让与，而是已经严重混淆了给付和对待给付，因此可以认为无偿的部分占了优势。[3]

---

〔1〕参见联邦最高法院判例 BGH，NJW 1990，2687，2688。旧的法律规定可以参考原《破产法》第 31 条第 2 项（Konkursordnung）。

〔2〕对此也有不同意见，比如德累斯顿中院就将两种情况混合处理了，参见 DZWiR 2002，170。对此的批评可以参见 Flöther 的意见。

〔3〕相反的观点其实也有充分的理由。这种观点认为可以依据《破产法》第 133 条第 4 款进行撤销，而第 134 条则可以不再审查。此外还有一种折中的意见，认为两种撤销原因都可以成立。

因此，负担行为不能依据《破产法》第133条第4款进行撤销。

（b）履行行为：这里的履行行为可以与负担行为同命运。只要负担行为被认定为无偿行为，那么处分行为也同样可以被认定是无偿的。[1]

（c）结论：《破产法》第133条第4款在本案中不适用。

c）依据《破产法》第134条的无偿给付行为

依据《破产法》第134条第1款的规定，债务人实施的一项无偿的给付行为是可以撤销的，[2] 除非该行为是破产申请4年之前实施的。[3] 第134条并未规定主观的前提条件。

问题在于，本案中土地的转让行为是否可以认为是无偿的。

（a）负担行为：虽然对待给付是以价金的形式支付的，但正如上文所言，此处无偿的部分占了优势。

（b）履行行为：履行行为仍然与负担行为同命运。

对于部分无偿给付的实施来说，需要区分可分的给付和不可分的给付。对于可分的给付来说，只有无偿给付的部分需要被返还。如果给付是不可分的，则需要在逐步返还对待给付的同时，对整个给付行为进行返还。

在本案中，对土地的让与是不可分的。因此，这里原则上来说需要返还整个给付行为。Glas博士可以通过价值赔偿防止出现返还土地

---

[1] 对此可参见联邦最高法院判例BGH, NJW 1990, 2687, 2688（该判决涉及旧法第31条第2项）。对于负担行为来说，其对履行行为的有偿性可以体现在对债务的豁免。对此可参见Kayser, in MüKo – InsO, 4. Aufl. 2019, § 129, Rn. 61："对于依据第134条实施的无偿给付的撤销来说，如果一项义务是基于无偿行为产生，也可以例外地认为对该义务的履行并无'有偿性'。……负担行为的不可撤销性并不会使其自身变得'有偿'。因为依据第39条第1款第4项，对于债务人无偿给付的债权在破产中总是劣后顺位的，且与它的可撤销性无关。"

[2] Vgl. Zimmermann, Grundriss des Insolvenzrechts, 11. Aufl. 2018, Rn. 426 ff.

[3] 该条的措辞"除非"说明，此处撤销相对人负有举证责任，证明债务人的给付是4年期限之外实施的。

的结果，也就是说，他可以向破产财产支付 20 万欧元。[1]

d）中期结论

让与土地的行为可以依据《破产法》第 134 条进行撤销。

3. 法律后果

依据《破产法》第 143 条第 1 款第 1 句的规定，Glas 博士必须返还土地。[2] 但他可以通过向破产财产支付 20 万欧元差价的方式避免这个结果。

按语：关于《破产法》第 143 条。第 143 条第 1 款规定："所有通过可撤销的行为从债务人的财产被让与、取走或放弃的东西，必须返还给破产财产。有关不当得利法律后果的规定，只要涉及受让人知晓缺乏法律上原因的情况，在此处也可以准用。"

第 143 条第 1 款第 1 句规定了原始返还。

第 143 条第 1 款第 2 句则通过援引《民法典》第 819 条第 1 款、第 818 条第 4 款、第 291 条、第 292 条以及第 987 条以下的规定，规定了价值返还，前提是原始返还已经不可能了。

Ⅱ.《有限责任公司法》第 31 条第 1 款的请求权

除此之外还可以考虑的是《有限责任公司法》第 31 条第 1 款所规定的请求权。依据该条规定，所有违反《有限责任公司法》第 30 条的支付，必须向公司返还。依据《有限责任公司法》第 30 条的规定，那些对维持公司最低注册资本来说必要的资产不能被支付给股东。以下例外情况可以被允许：对股东的支付是在一项控股或利润转移协议（Beherrschungs-oder Gewinnabführungsvertrag）的框架内实施的；支付通过了一项股东对公司的对待给付，或者公司对股东的返还请求权得到了保障；或者支付是为了返还股东贷款发生的。

---

[1] Kayser, in: Münchener Kommentar InsO, 4. Aufl. 2019, § 134, Rn. 42. 这里可以援引《破产法》第 143 条第 2 款作为支持。第 143 条第 1 款原则上只规定了原始返还，而第 143 条第 2 款则做了例外的规定，前提是如果撤销只是单纯基于第 134 条完成的。

[2] 在此之后，Glas 博士可以依据《破产法》第 144 条第 2 款的规定，要求返还他的对待给付 20 万欧元。

按语:关于资本维持原则。对于资本维持原则的维护,其原因并不在于公司注册时需要提供原始注册资本。资本维持原则的意义在于,在公司出现危机时禁止向股东进行付款。因此,资本维持原则有着"看门人"的功能,也就是说,不能逾越该原则向股东付款。该原则可以防止公司的流动资金流向股东,并可以要求返还公司的流动资金。

1. 对外付款

在 Pellet 有限公司与 Glas 博士之间存在一项交换协议。由 Pellet 有限公司向 Glas 博士让与的土地的价格,明显低于市场价格。此种类型的协议,实际上包含了由公司实施的过高的对待给付,属于一种隐藏的对外付款。而隐藏的对外付款也在《有限责任公司法》第 30 条第 1 款的保护范围以内。

2. 对于维持原始注册资本必要的资本?

对 Glas 博士的付款还必须对于维持原始注册资本来说是必要的。根据本案的案情,在达成合同时,Pellet 有限公司已经出现了赤字,换句话说,当时公司的净资产已经略低于公司章程所确定的原始注册资本了。净资产是由资产减去负债得到的。在本案中,资产减去负债得到的净资产是 30 万欧元,而公司章程规定的原始注册资本则是 50 万欧元。从资产负债表上来看,原始注册资本(股本)需要在资产负债表的资产方面列出,金额为 20 万欧元。而且,这种隐藏分红也并非依据《有限责任公司法》第 30 条第 1 款第 2 句第 1 种情况,在一项控股或利润转移协议的框架内实施的。[1] 再者,该行为是以市价的一半让与一项土地的负担行为,股东也并未依据《有限责任公司法》第 30 条第 1 款第 2 句第 2 种情况提供一项足额的对待给付请求权。该让与行为也并不涉及《有限责任公司法》第 30 条第 1 款第 3 句所规定的股东贷款。综上所述,该对外付款行为应当是不允许的。

---

[1] 此时也可能需要考察,损失补偿请求权是否仍然具有价值。

按语： 关于亏损。资产负债表的例子：

资产（欧元）		负债（欧元）	
固定资产	60万	a）原始资本 50 万	
流动资产	30万	b）年度亏损/亏损结转 20 万	30 万
		债务	60 万
	90 万		90 万

a）90 万欧元资产相对的是 60 万欧元债务。

b）因此净资产为 30 万欧元。

c）原始注册资本 50 万欧元在这里只是一个数字。它总是按原始价值显示，不管原始注册资本是否实际仍有这么多。

d）公司原则上来说还没有出现《破产法》第 19 条所规定的资不抵债的情况。只有当债务人的资产无法清偿现存债务时，才会出现这种情况。评估通常不按照一般原则进行，而是按照拆分价值进行评估。而且，如果企业大概率仍然能够继续运营时，便不能认为存在资不抵债的情况（《破产法》第 19 条第 2 款第 1 句）。

e）当亏损超过整个自有资本（股本）时，就将被记录在"未被自有资本覆盖的亏损"项目中。

资产（欧元）		负债（欧元）	
1. 固定资产	60 万	1. 自有资本：	
2. 流动资产	30 万	a）原始资本 50 万	
3. 无法通过自有资本覆盖的亏损	10 万	b）年度亏损/亏损结转 50 万	0
		2. 债务	100 万
	100 万		100 万

3. 法律后果

从法律后果上来说，需要返还的既有全额的价金（标的返还），也有补齐原始注册资本额所需要的金额。

对于返还土地的请求权，即标的返还来说，只有当该标的物对于达到章程约定的原始注册资本（股本）是必要的时（如机器、专利），[1] 才需要返还。此外，支持标的返还的另外一个理由是，公司对各个项目的价值评估具有不确定性，并可能损害资本维持原则。

因此，Glas 博士需要返还土地。

Ⅲ.《有限责任公司法》第 43 条第 3 款第 1 句，以及第 30 条的请求权

可以要求返还的请求权，还有可能依据《有限责任公司法》第 43 条第 3 款第 1 句，以及第 30 条的规定，因 Glas 博士作为公司的执行董事的身份而产生。

Ⅳ. 依据《民法典》第 894 条要求更正土地登记簿的请求权

只有当土地登记簿存在错误时，才能产生《民法典》第 894 条的更正土地登记簿的请求权。这种情况只有土地让与无效时才会发生。这里唯一可能出现的情况是，《有限责任公司法》第 30 条第 1 款设定了《民法典》第 134 条意义上的法定禁止，则转让行为相应地会依据《民法典》第 134 条而无效。然而，《有限责任公司法》第 30 条以下的规定只是一种特别法，不会构成《民法典》第 134 条上的法定禁止。[2] 这与《股份法》第 57 条是不同的。

Ⅴ. 对诉讼是否有理由的结论

基于《破产法》第 143 条，以及《有限责任公司法》第 31 条的请求权，由破产管理人提出的诉讼是有理由的。

C. 总体结论

该诉讼可以被受理，并且是有理由的，因此有胜诉的希望。

---

[1] 参见联邦最高法院判例 BGH，NJW 2008，2119。

[2] 参见联邦最高法院判例 BGH，NJW 1997，2599。Vgl. Armbrüster, in MüKo, BGB, 8. Aufl. 2018，§ 134，Rn. 75。

D. 变体

破产管理人尝试通过破产撤销向 Glas 博士索要支付的款项。只有当破产管理人享有要求返还 70 万欧元的请求权时，诉讼才是有理由的。

Ⅰ.《破产法》第 143 条第 1 款的请求权

《破产法》第 143 条第 1 款的请求权成立的前提条件是，70 万欧元是通过一项可撤销的行为被从债务人的财产中拿走的。只要 70 万欧元的付款是通过一项在破产申请之前实施的法律上行为完成的，且该法律上行为侵害了债权人的利益，再满足其他撤销原因上的主观和客观构成要件，就可以成立一项可撤销的行为。

1. 破产程序开始前的法律行为

这里涉及的是返还 70 万欧元的法律上行为。该法律上行为是在 2021 年 9 月实施的，而本案中破产程序是在 2021 年 11 月 4 日开始的，因此该法律上行为确定是在破产程序开始前实施的。

2. 侵害债权人利益

这里的法律上行为必须导致了对债权人利益的侵害，换句话说，债权人获得清偿的机会出现了恶化的情况。如果 Glas 博士不是通过可撤销的行为获得了还款，他的债权依据《破产法》第 39 条第 1 款第 5 项的规定只能作为劣后债权处理，只有在所有的债权人均得到完全清偿后才能获得清偿。如果不出现此项可撤销的行为，全体债权人都可以额外获得 70 万欧元用于满足自己的债权。[1]

3. 撤销理由

另外，撤销理由当然也是必需的。

---

[1] 有讨论指出，在破产财产不足（Masseunzulänglichkeit）的情况下，是否也会对债权人利益造成损害？因为在这种情况下，返还财产只会惠及共益债权人，因此实际上并未造成一般破产债权人利益受损。但这样做会使得撤销成为一种随机事件。Vgl. de Bra, in: Braun – InsO, 8. Aufl. 2020，§ 129, Rn. 29.

a)《破产法》第 130 条第 1 款第 1 句第 1 项

破产理由有可能基于《破产法》第 130 条第 1 款第 1 句第 1 项规定得出。

首先，Glas 博士必须属于破产债权人。依据《破产法》第 38 条，在破产程序开始时对债务人享有财产请求权之人，为破产债权人。即便是第 39 条所规定的劣后顺位的债权人，也是该条意义上的破产债权人。而第 130 条第 1 款意义上的破产债权人则应当作目的性解释，意即这里的重点不在于某人在破产程序开启时是否确实享有请求权，而在于如果没有给他提供清偿或担保，他是否会成为破产债权人。[1]

Glas 博士还必须已经得到了担保或者清偿。清偿意味着对其债权的履行，而担保则可以理解为为其提供了一种法律地位，使他能够更容易地实现他的权利，并与其他债权人有着显著的区别。在本案中，Glas 博士的债权得到了履行，他得到了实际的清偿。

从时间角度来说，《破产法》第 130 条第 1 款第 1 句第 1 项所要求的清偿需要在破产申请前 3 个月内实施。Glas 博士在 2021 年 9 月对他自己进行了还款。Pellet 有限公司的破产申请是在 10 月 7 日提出的。因此，清偿是在第 130 条第 1 款第 1 句第 1 项所规定的 3 个月期限内实施的。

除此之外，Pellet 有限公司还必须已经失去了支付能力，且 Glas 博士也已经知晓该情况。按照本案所述的情况，Pellet 有限公司当时确实已经失去了支付能力。对于有关是否知晓的问题，由于第 130 条第 3 款所规定的可反驳的推定（《民事诉讼法》第 292 条）的存在，导致举证责任倒置。[2] 需要由 Glas 博士证明其并不知晓该情况，因为他应当属于债务人的关联人士。依据《破产法》第 138 条第 2 款第 1 项的法律定义，法人代表机关的成员，即有限责任公司的管理层属于所谓的

---

[1] 参见联邦最高法院判例 BGH, NJW-RR 2006, 1718。
[2] 在《民事诉讼法》第 292 条第 1 句所规定的法定推定中，"只要法律没有其他规定，相对方的证据就是允许的"。

关联人士。因此，Glas 博士必须证明他并不知晓债务人已经失去支付能力的情况。显然他并未做到。

《破产法》第 130 条是与第 131 条并行适用的。当我们整体考虑第 130 条和第 131 条时可以发现，第 131 条规定了非全等的履行，也就是那些债权人"当时不能要求的履行"，而相反地，第 130 条则规定了全等的履行。Glas 博士虽然没有可以要求清偿的请求权，但即便清偿当时不能被履行，第 130 条的措辞也并未排除对于履行或担保的撤销。总的来说，第 130 条既包含全等的履行，也包含非全等的履行，而第 131 条则仅仅是降低了非全等履行的撤销难度。就像在本案中一样，Glas 博士确实享有要求履行的请求权，但两条规定都可以作为撤销理由适用。

因此，《破产法》第 130 条第 1 款第 1 句第 1 项的撤销理由是成立的。

b）《破产法》第 131 条第 1 款第 2 项和第 3 项

依据《破产法》第 131 条第 1 款第 2 项和第 3 项的规定，因非全等履行的撤销原因在主观和客观上也同样都是成立的。

c）《破产法》第 132 条第 1 款第 1 项

《破产法》第 132 条第 1 款第 1 项所规定的直接侵害债权人利益的撤销理由也是成立的。

d）《破产法》第 133 条第 1 款

《破产法》第 133 条第 1 款所规定的故意侵害债权人利益的撤销原因，在客观上以对债权人利益的侵害为前提。如上文所述，该前提条件是成立的。

从主观角度来说，第 133 条第 1 款要求 Pellet 有限公司具有侵害债权人利益的故意，并且 Glas 博士作为"撤销相对人"也需要知晓该故意。

在考察 Pellet 有限公司的故意时，依然需要从所谓或许存在的侵害债权人利益的故意（*dolus eventualis*）出发。上述第 131 条意义上的非全等履行的撤销原因，以及失去支付能力等，都可以支持对债务人故意的论证。

在本案中，Pellet 有限公司作为破产债务人，在失去支付能力之后，仍然支付了上述 70 万欧元。这一付款是第 131 条第 1 款第 2 项和第 3 项所规定的非全等的履行。因此，至少应该能够证明，Pellet 有限公司或许具有侵害债权人利益的故意。

而 Glas 博士对该故意的知晓，则可以通过《破产法》第 133 条第 1 款第 2 句的规定进行推定。

因此，通过第 133 条第 1 款第 1 句也可以得出一项撤销理由。

e)《破产法》第 133 条第 4 款

基于《破产法》第 133 条第 4 款也有可能得出一项撤销理由。

对债权人利益的直接侵害在本案中是存在的。

并且，破产债务人 Pellet 有限公司还必须在破产程序开始前两年内，与关联人士达成了一项有偿合同。《破产法》第 133 条第 4 款第 1 句中的合同概念应做扩大解释，因此，一项履行行为也可以被归类为此处的合同。因为存在利息，因此可以认为此处存在一项有偿合同。由于债权是在两个月之内被清偿的，确实是在破产程序开始前两年内完成的，因此第 133 条第 4 款第 1 句在时间上的要求也可以得到满足。

从主观角度来说，《破产法》第 133 条第 4 款本身就包含了从根本上简化破产管理人举证的因素。因此，债务人的故意，以及撤销相对人的知晓都可以被推定，除非存在相反的证据。[1]

f)《破产法》第 135 条第 1 款第 2 项

从《破产法》第 135 条第 1 款第 2 项也有可能推导出一项撤销理由。依据该条规定，在破产申请前一年内清偿《破产法》第 39 条第 1 款第 5 项意义上的股东贷款债权的行为，是可撤销的。

---

〔1〕《破产法》第 133 条第 4 款第 2 句实际上暗示了，第 133 条第 4 款也要求存在侵害债权人利益的故意。

Glas 博士是 Pellet 有限公司的唯一股东，因此，他对公司的债权显然是一项《破产法》第 39 条第 1 款第 5 项意义上的股东贷款。[1]

这里显然既不满足《破产法》第 39 条第 4 款第 2 句有关重组的有利规定，也不满足第 39 条第 5 款有关小股东的有利规定，二者的前提条件都不成立。Glas 博士既不是以重组为目的在公司处于失去支付能力或者濒临失去支付能力状态下取得公司的股份，也不是只占公司 10% 或更少股份的小股东，并且还担任执行董事。因此并不符合上述规定的前提条件。

在本案中，股东 Glas 博士获得了 70 万欧元的清偿，符合《破产法》第 135 条第 1 款第 2 项的规定。且在本案中，该清偿是在破产申请前 1 年内实施的，因此也处于第 135 条第 1 款第 2 项所规定的时间限度内。

因此，可以由《破产法》第 135 条第 1 款第 2 项得出一项新的撤销理由。

g）对撤销原因的结论

本案可以基于《破产法》第 130 条第 1 款第 1 句第 1 项、第 131 条第 1 款第 2 项和第 3 项、第 132 条第 1 款第 1 项、第 133 条第 1 款和第 4 款，以及第 135 条第 1 款第 2 项得出撤销原因。

4. 结论

所有有关破产撤销的前提条件都是符合的。要求返还 70 万欧元的诉讼是有理由的。

---

[1] 自 2008 年《有限责任公司现代化法》（MoMiG）生效以来，债权的劣后性便不再依据原《有限责任公司法》第 32a 条第 1 款所规定的以贷款陷入危机为标准，而是股东贷款从一开始就无条件、独立于法律形式地具有劣后性。原《有限责任公司法》第 32a 条第 2 款的规定也已被转移到了《破产法》（第 44a 条）。这项规定旨在防止一种规避行为，即股东利用代理人提供贷款。贷款提供者必须首先向股东求偿，只有在股东无法偿还的情况下才能向公司追索。

Ⅱ. 基于《破产法》第 15b 条第 4 款第 1 句的请求权[1]

依据《破产法》第 15b 条第 4 款第 1 句的规定，如果在公司失去支付能力后执行董事仍然以公司名义对外付款，应以自己的财产偿还所支付的金额，除非他已经基于《破产法》第 15b 条第 1 款第 2 句、第 2 款和第 3 款善意地尽了一个正直商人的注意义务。

按语：关于《破产法》第 15b 条。《破产法》第 15b 条第 4 款第 1 句规定了所谓执行董事或者管理层的责任，而第 15b 条第 5 款则规定了所谓导致破产的责任，二者有所不同。导致破产的责任指的是，公司的管理层向股东进行付款，且该付款明显导致公司失去了支付能力。在实践中，《破产法》第 15b 条第 4 款第 1 句的责任更为重要，而所谓导致破产的责任则较少涉及。[2]

在本案中，Glas 博士作为 Pellet 有限公司的执行董事，在公司失去支付能力之后向自己支付了 70 万欧元，这一行为显然不符合一个正直商人的注意义务。因此，基于《破产法》第 15b 条第 4 款第 1 句可以产生一项要求返还 70 万欧元的请求权。

按语：关于《破产法》第 144 条第 1 款在本案中的适用。如果 Glas 博士可以返还他所取得的 70 万欧元，那么这 70 万欧元的债权会重新成立（复活）。这是基于《破产法》第 144 条第 1 款的结论，该条的目的是避免破产财产出现不当得利。[3] 此时，该债权会以实施可撤销的行为之前的状态重新出现，也就是成为《破产法》第 39 条第 1 款第 5

---

[1]《破产法》第 15b 条第 4 款是一条中性的规定，它从 2021 年 1 月 1 日起代替了原《有限责任公司法》第 64 条第 1 句及其他平行的规定（例如《股份法》第 93 条第 3 款第 6 项、第 92 条第 2 款第 1 句）。《有限责任公司法》第 64 条第 3 句（《股份法》第 93 条第 3 款第 6 项、第 92 条第 2 款第 3 句）的规定则被转移到了《破产法》第 15b 条第 5 款。

[2] 其背景是：付款往往涉及一项到期债务的履行。通过付款虽然降低了可支配的流动资金，但相应的到期债务也减少了，因此，只是在个别的案例中才会出现由于一项付款导致公司失去了支付能力的情况（在实践中有可能会出现的情况是，通过该付款使得流动资金与债务的比例发生了变化，由赤字小于 10% 增加到了大于 10%）。

[3]《破产法》第 144 条第 1 款涉及履行行为的撤销，而第 144 条第 2 款则涉及负担行为。因此，在成功撤销之后，破产财产也相应地失去了继续保有撤销相对人所实施的对待给付的原因。

项意义上的劣后顺位的债权。

  Glas 博士可以以其 10 万欧元的债权向破产管理人申报债权,但依据《破产法》第 174 条第 3 款的规定,只有在法院要求时才能进行申报。

练习案例 5　破产中的企业买卖（不良资产并购）

由于 Pellet 有限公司的财务状况一直不稳定，作为 Glas 博士的长期法律顾问，Stephanie Simon 律师准备通过一项可能的破产程序出售企业。她委托实习生 Xerox 先生来做一些研究工作。第二天一早，下面的问题出现在了 Xerox 先生的办公桌上：

Xerox 先生，请您研究以下在破产程序中出售企业涉及的问题。

非常感谢！S. Simon

1. 如何区分重组（Reorganisation）与转让重组（übertragende Sanierung）？
2. 在哪些情况下保留旧的企业实体是有意义的？
3. 原则上，企业的出售可以通过哪些方式进行？
4. 在出售时，最低购买价格应该是多少？
5. 对于在危机中出售企业来说，哪些主题特别重要？
6. 对于瑕疵担保责任应如何处理？

7. 在考虑买方的责任连续性时，有哪些情况？这些风险在破产程序中是否会减少？

8. 对于劳动关系的继受应如何处理？

9. 怎样可以使劳动关系的继受受到限制？

10. 什么是债转股（Debt-Equity-Swap）？

11. 债转股会带来哪些困难？

12. 出售企业是否需要得到股东的支持？

13. 如何区分在破产申请前、在破产申请程序中，以及在破产程序开始后出售企业？

解答

1. 如何区分重组（Reorganisation）与转让重组（übertragende Sanierung）*？

在重组（Reorganisation）中，原先的法律实体（比如 XY 有限公司）保留不变。例如，可以通过破产计划（Insolvenzplan）的方式实施重组，破产计划可以规定将 XY 有限公司的股份转让给债权人或者第三人。债权人可以以他的债权提供实物出资，或者在企业的持续运营中逐步清偿他的债权。

此外，在实践中还有一种最具意义的方式，转让重组（übertragende Sanierung，又称转让型重整，参见问题3）。此种方式涉及的其实就是《破产法》第 1 条第 1 句所规定的对债务人财产变现（清算）的一种方式。与单个资产的清算不同，这里保留了企业的实质，因为原企业的所有资产将在一个新的法律主体下，比如 Z 有限公司，继续存在。而原法律主体，即 XY 有限公司，在多数情况下将立即被清算。全体债权人将通过出售原企业资产所得的价金受偿。转让重组是实践

---

* 在"有关《破产法》导论的几个问题——第 1 部分"中，曾对 Reorganisation、Restrukturierung 以及 Sanierung 在用词上做了简要的区分。这部分将从公司转让的角度更为详尽地介绍在危机中转让公司的方式。

中最被广为采用的重组方式。

总体而言，无论是重组还是转让重组，这些重组措施实际上只占全部（破产）程序大约10%的份额。在其他的破产程序中，企业将最终被清算、解散。很多企业实际上在提起破产申请的时候就已经处于无法再继续经营的恶劣情况了。此时的破产清偿率通常不到原债权额的4%。[1]

2. 在哪些情况下保留旧的企业实体是有意义的？

如果陷入困境的法人实体已经获得了有利的合同地位、许可证、公共许可证，或具有税收相关的亏损结转，而这些权利又不容易转移给其他法律主体时，重组（Reorganisation），也就是对企业实体进行整顿，就成为首选的手段。现有的供应合同或重要的持续债务关系也是很重要的，因为合同的转让需要合同相对方同意。[2]

如果在债务人的实体合同中存在控制权变更（Change of Control）的解约条款，例如在直接或间接股东更换超过50%的情况下，还必须与合同相对方就放弃解约权进行协商。对于通过破产计划实施的控制权变更，《破产法》第225a条第4款排除了解约权。

3. 原则上，企业的出售可以通过哪些方式进行？

a）股权交易（Share Deal）

如果企业虽然进行了重组（Reorganisation），但原法律主体仍然保留，只是应由新的所有权人取得法律主体时，可以将公司的股份（Gesellschaftsanteile）进行转让。这就是所谓的股权交易（Share Deal），股权交易会通过一份股权买卖协议（Share Purchase Agreement，SPA）完成。当我们需要在重组（Reorganisation）的框架内完成公司的让与时，股权交易是合适的方式。此时可以考虑的还有债转股（Debt-Equity-Swap，参见问题9）。

---

[1] 根据德国中小企业研究所（IfM）的材料第186项："在一般以及破产计划程序中破产债权人的清偿率"。

[2] Vgl. Eidenmüller, ZHR 2011, 11 ff.

新的所有者可以在受让公司股权时设定一个承担债务的最高上限，也就是说，可以要求现有股东必须进行最低程度的偿债。

相较于资产交易（Asset Deal），股权交易更吸引人的地方在于其转让企业的简便性，因为在股权交易中，只有公司的股份，而不是全部财产标的（Asset）分别被转让。此时需要做的尽职调查（Due Diligence）范围比较广，因为原公司全部的债务也将由新股东接手。

b）资产交易（Asset Deal）

在资产交易中，资产会被转移给一个新的法律主体，即买受人。为了满足物权法上的一物一权原则（Bestimmtheitsgrundsatz），需要在买卖合同后附加详细的资产清单作为附录，买卖合同中应包含所有权转移的物权合意。每一项财产标的均应在附录中列出。在进行转让重组（übertragende Sanierung）时，资产交易是合适的选择。*

（在转让重组中，）原公司的债务不会一并被移转给新的接收公司。在原公司的资产中，取得人可以挑选合适的财产标的。因此，除非收购方同时承担了原公司的债务，它一般不对公司所有者的债务负责。《民法典》第 613a 条是例外的规定，受让人原则上来说需要承继原公司的劳动关系，即接收员工。

资产交易最吸引人的地方是，它可以使得资产和债务发生分离。当然，不接收债务原则上会相应地导致资产价格的提高。

c）接收公司（Übernahmegesellschaft）

最后还有一种方式，就是新建立一个接收公司（Übernahmegesellschaft，NewCo），分别接收原公司的财产标的。同时，原公司的股份也会相应地被让与接收公司。这种方式实际上是资产交易（Asset-Deal）和股权交易（Share-Deal）的一种结合体。

4. 在出售时，最低购买价格应该是多少？

在破产程序中，破产管理人的任务就是将属于破产财产的资产进

---

* 因此在实践中，在不良资产并购的语境下，转让重组与资产交易基本上是同义词。

行变现（参见《破产法》第159条）。在破产程序结束时，全部的财产标的都必须被转化为金钱，因为只有金钱才能被分配给债权人。相应地，债权人也只能将金钱债权在破产登记表中进行申报（参见《破产法》第174条第2款，有关债权的转化参见《破产法》第45条）。

一般来说，出售企业的价格必须高于对企业进行清算分别变卖每件财产标的的价格，因为只有这样债权人才有可能接受这种方式。

《破产法》第160条第1款第1句和第2款第1项，要求出售企业必须征得债权人委员会的同意。依据《破产法》第160条第1款第2句和第2款第1项，如果不存在债权人委员会，应由债权人大会作出批准。

依据《破产法》第164条的规定，企业的出售行为虽然并不因违反《破产法》第160条（在外部关系上）而无效。但在内部关系上，如果可以证明破产管理人确实以过低的价格出售了企业，则应依据《破产法》第60条第1款第1句条承担损害赔偿责任。[1]

在特定的前提下，债务人或者债权人可以依据《破产法》第163条申请破产法院颁布命令，使得企业的让与只有经过债权人大会同意才能生效。第163条实际上限制了第160条第1款第2句的作用。

尤其是在向债务人的关联人士出售资产时，可能会存在价格过低的风险。《破产法》第162条考虑到了这个问题，因此规定了在一定条件下出售企业需要取得债权人大会的同意。

5. 对于在危机中出售企业来说，哪些主题特别重要？

这里比较重要的主题是：（1）破产管理人对尚未完全履行的双务合同所享有的履行选择权；（2）破产管理人是否可能撤销买卖合同；（3）缺乏瑕疵担保及损害赔偿请求权。

其中第（1）个和第（2）个主题只对破产程序开始前的出售比较

---

〔1〕 对于破产管理人的责任可参见 Zimmermann, Grundriss des Insolvenzrechts, 11. Aufl. 2018, Rn. 129 ff.

重要，也就是破产申请前或者在破产申请程序中进行的出售。在破产申请程序中，这些风险虽然会减少，但在实践中，一般还是会在破产申请程序中只进行谈判和准备工作，在破产程序正式开始后再完成出售。

a）履行选择权

依据《破产法》第 103 条的规定，对于尚未由双方完全履行完毕的双务合同，破产管理人有选择继续履行或者拒绝履行的权利。当破产管理人选择拒绝履行合同时，合同相对方可以主张损害赔偿，但该债权从顺位上来说只是一般破产债权，只能按照一定的清偿率受偿，参见《破产法》第 103 条第 2 款第 1 句。依据《破产法》第 119 条的规定，对此不同的约定没有法律效力。如果破产管理人认为，企业最好以其他方式出售，他就会拒绝履行买卖合同。

对于已经完全履行完毕的买卖合同来说，完全履行其他的附随义务也是必要的。只要有一方当事人已经完全履行了合同，破产管理人便不再享有选择权。

因此，买方迅速履行相应的义务是很重要的，以免受到破产管理人拒绝履行的影响。当需要进行反垄断审批，或为了履行合同，在出卖人一方需要完成多重让与行为时，情况就会变得复杂起来。

对此，下面的预防措施是很有帮助的：

——避免采用价格调整条款（可变价格，业绩挂钩）。

——避免扣缴。相反，应由买方全额付款，举例来说，可以由买方预先支付全部价金到信托账户，并约定该行为有履行效力（虽然依据《民法典》第 378 条以下的规定会有不同的法律效果，但基于私法自治原则仍然是可能的）。

向出卖人的账户支付全部价款（＝履行），但同时将出卖人的账户质押（Verpfändung）给买受人。这样，既完全支付了价款，又给买受人提供了足够的担保，该担保又不会影响履行的效果（例如自我保证的银行担保，由集团总公司提供的保证）。

避免约定有利于出卖人的条件。

——避免约定持续的附随义务，或者出卖人的支持义务（例如编制财务报表）。

——在土地买卖中，应当在土地所有权移转的物权合意（Auflassung）之外，由双方实际提出登记申请。这样一来，《破产法》第 103 条就会因期待权的存在而无法适用。《破产法》第 106 条规定了对预告登记的保护。

b）破产撤销

破产撤销可以使得破产管理人能够将在破产程序开始前出现的财产转移回复原状，其目的是确保全体债权人平等受偿。这样可以阻止债权人的无情追索和对某些债权人的偏袒。在破产程序之外的撤销是通过《撤销法》（Anfechtungsgesetz）实施的。依据《撤销法》第 2 条的规定，撤销权人是那些有执行名义的债权人。

基于大部分撤销原因都含有的主观前提（例如撤销相对人需要知晓债务人失去支付能力的事实），有支付能力的合同一方往往会面临某种困境，因为他们可能会发现，恰恰在他们忽视对债务人的经济状况进行广泛的尽职调查时，相应地会缺乏对债务人（即将发生的）失去支付能力状况的认识，而刚好是这种情况可以使他们受到破产撤销法的保护，当然，这种忽视很难与对公司执行董事的谨慎要求相提并论。因此，最好还是能够对债务人的支付能力进行更细节的审查。因此，定期制作公正意见（Fairness Opinion）* 是有意义的，以应对直接侵害债权人利益的指控。如果在准备公正意见时遇到困难（例如存在时间压力），只要拍卖程序得到认真对待，且竞标者群体足够大，那么拍卖程序的实施本身就可以抵消对购买价格适当性存在的保留意见。

如果时间上以及交易的规模上都允许，德国注册会计师协会（Institut der Wirtschaftsprüfer in Deutschland e. V.，IDW）的 IDW S11

---

* 所谓"公正意见"，是一种由独立的金融顾问或投资银行提供的意见，通常在并购交易或重大公司交易中使用。

或者甚至 IDW S6 鉴定都可以帮助确认，是否不存在（即将）失去支付能力的状况。作为对《破产法》第 133 条所规定的故意侵害债权人利益的撤销的保护，可以考虑制作一份 IDW S6 鉴定，该鉴定可以对在早期阶段已经开始实施的认真的重组尝试进行记录。

其他可以防止被撤销的措施有：

——约定价金债权在签约后 3 个月才到期（对撤销来说的"关键时期"）。约定在失去支付能力或资产价值下降时可以解除合同。但是：如果出卖人也没有完全履行合同，有可能出现与《破产法》第 103 条的冲突。还有可能出现与《破产法》第 142 条规定的现金交易的例外情况相冲突，该情况以存在直接的对待给付作为前提。此外，卖方还经常会存在紧急的资金需求。

——在签约后尽可能早地创设期待权（Anwartschaftsrecht），例如通过一项附延缓条件的股份或资产的让与。意思表示必须对债务人发生拘束力，也就是说只约定有利于买受人的条件，或者法定的履行条件。只要意思表示对债务人发生的拘束力，撤销的期限就会开始起算，而不必等到条件成就，参见《破产法》第 140 条第 2 款。

——约定向信托账户支付，但同时具有履行的效力，所以，即便在债务人破产时价金仍然可以进行区分（参见《破产法》第 144 条第 2 款第 1 句）。

——做出与德国法不同的约定（《欧盟破产条例》第 16 条的抗辩权；《破产法》第 339 条：在可适用的法律（lex causae）* 下没有撤销、无效等情况）。

——为了避免因侵害债权人利益被撤销，不继受出卖人的个别无担保的债务。

——通过尽速支付价金，充分利用《破产法》第 142 条所规定的

---

* 准据法，"lex causae"（拉丁文大意是"适用于个案的法律"）在国际私法中指的是根据事务本身的冲突规则适用的法律。相对地，"lex fori"（拉丁文大意是"法院所在地的法律"）是指在诉讼地点适用的法律。

现金交易的好处。

c) 瑕疵担保（Garantie）无法实施

在破产程序开始前出售企业时，后续出现的请求权在相对方破产时会作为一般破产债权处理，其价金几乎会丧失殆尽。

相反，在破产情况下出售企业时，破产管理人只会提供必要的保证。实际上，破产管理人对出售的企业通常并没有足够的了解。有时，如果会计记录也不完整，数据也可能很不可靠。最重要的是，破产管理人有可能对此承担个人责任。所以通常情况下，他宁可对购买价格提供一些折扣，也不会提供全面的瑕疵担保。

通常的担保是指对出售的固定资产和原辅材料、经营材料是否实际存在提供担保。如果购买的项目还包含未破产子公司的股份，通常也会对股份的所有权提供担保。

常见的最高责任限额为购买价格的10%—15%。该上限与购买价格有关，但与流入破产财产的金额无关。因为实际流入破产财产的金额，通常还需要减去有担保的债权人所获得的金额。

想要为瑕疵担保请求权寻求保障是很困难的，因为破产管理人通常会立即将收到的购买价款分配给债权人，特别是，如果有享有别除权的债权人（absonderungsberechtigte Gläubiger）存在时，他们在所出售的资产上拥有担保权利。因此，一般只有当约定保留一部分价金，或者约定信托账户时，瑕疵担保请求权才是可实现。尽管破产管理人最初几乎总是对保留价金持否定态度，但通常情况下，只要涉及可预见的金额（不超过购买价的10%—15%）和较短的期间（6—12个月），瑕疵担保请求权应该还是可以实施的。

6. 对于瑕疵担保责任应如何处理？

a) 资产交易中的瑕疵担保（Gewährleistung）？

实际上，所出售的企业的瑕疵并不仅仅因为企业本身存在瑕疵，更有可能是因为个别的物和权利的瑕疵引起的。

还需要考虑到的是，该单个标的物是作为一项企业并购的一部分出售的，这意味着个别标的物的较小缺陷可能会被忽视。

原则上来说全部涉及瑕疵的法律都可以被考虑到，这主要是指《民法典》第 453 条第 1 款第 2 种可能性（"其他标的物"），以及《民法典》第 434 条以下的所有规定。当然，这些规定其实并不太可行。鉴于法律法规对企业并购的规定不足，建议通过个别合同约定的方式制定瑕疵保证条款，并排除可自由约定的法律规定。

b）股权交易中的瑕疵担保

这里的问题是，在实施转让重组时，如何通过合同对瑕疵担保进行约定。

瑕疵担保的问题实际上在转让重组中并没有太大的意义。破产管理人作为出让人原则上会排除所有的瑕疵担保责任，因为依据《破产法》第 55 条第 1 款第 1 项的规定，瑕疵担保责任在破产程序中属于共益债务请求权，对此破产管理人有可能需要以个人财产承担责任（参见《破产法》第 61 条）。[1]

当然只要破产管理人能够证明自己并无过错，依据《破产法》第 61 条第 2 句，他还是可以免责的。一般来说，只要破产管理人在作出预测性决策时可以合理地假设，在债务到期时能够支付，或者偿还的可能性很高，他就可以免责。当然，破产管理人还是经常会通过合同约定的方式（一劳永逸地）排除自己的个人责任。

此外，还可以在合同中加入一个条款，说明买受人已经对全部重要的材料以及全部标的物进行了审查。此时，依据《民法典》第 442 条第 1 款第 1 句的规定，瑕疵担保责任就可以被排除。当然另外，购买价格将因此大打折扣。

破产管理人实际上可以通过从破产财产中提取准备金的方式来提供一定的瑕疵担保，而无须承担个人责任的风险。只要买受人没有在预定的期间内主张瑕疵担保的请求权，这部分款项就可以以《破产法》

---

〔1〕 Vgl. Zimmermann, Grundriss des Insolvenzrechts, 11. Aufl. 2018, Rn. 134.

第 203 条第 1 项所规定的嗣后分配的方式支付给债权人。前提是破产财产足够提取这部分准备金（参见第 6 个问题的解答）。

7. 在买方责任的连续性方面，有哪些情况需要考虑？这些风险在破产程序中会被减少吗？

买受人的责任连续性在资产交易中也有所体现。这主要是基于《商法典》第 25 条第 1 款第 1 句、《税收条例》第 75 条第 1 款，以及《民法典》第 613a 条第 2 款的构成要件产生的。[1] 在通过破产程序中的资产交易实施的企业买卖中，风险会显著降低。

a）基于《商法典》第 25 条所产生的企业继续经营的风险

依据《商法典》第 25 条第 1 款第 1 句的规定，一项商事行为（Handelsgeschäft*）的继受者，当他继续运营该商事行为时，需要对全部原有债务承担责任。依据《商法典》第 25 条第 2 款的规定，可以通过在商业登记簿中登记免责条款，或根据《商法典》第 25 条第 3 款的规定，通过更改公司名称来避免承担责任。

当一项商事行为在破产程序中被让与时**，《商法典》第 25 条第 1 款第 1 句的构成要件就已经不再适用了。买受人往往在交易中对责任的连续性有一定的期待，而第 25 条的目的就是在交易中对这种典型的期待进行保护，这种情况在通过破产管理人所进行的企业出售中显然就已经不存在了。同样受到《商法典》第 25 条第 1 款保护的债权人也能从企业的最佳出售选择中受益。然而，同时保持对所有债务的责任连续性并实现企业的出售也是不切实际的。一般来说，没有买受人会对资不抵债或者失去支付能力的企业感兴趣，并且这家企业已经因为这些债务沦落到了需要申请破产的境地。此时对破产管理人来说，唯

---

[1] 在少数案例中，《欧盟运作条约》（AEUV）第 107 条的规定也会起作用。

* 所谓"商事行为"即德国商法上的法律行为，基本上等同于《民法典》中的法律行为（Rechtsgeschäft）概念，只不过实施的主体是商人。

** 这里所谓的"商事行为被让与"，实际上就等同于公司或企业被让与，因为公司或企业被让与后，未履行或未完全履行的商事行为立即就会面临如何处理的问题，德语措辞称"商事行为被让与"实际上是着眼于商事行为其后的命运问题。

一的选择就是分拆清算企业，但对债权人来说，可以想象到，这是最差的结果。即使企业没有被分拆，《商法典》第25条第1款的适用实际上也会给债权人带来负担，因为如果需要估计到该条所规定的法律责任，企业转让的价格就会有所降低，最后用于分配给债权人的金额显然也会相应减少。

因此，《商法典》第25条第1款的适用范围显然过宽，对于在破产程序中进行的企业买卖来说，应对其做目的性限缩。

b）基于《税收条例》第75条第1款第1句对业务税收所产生的责任

根据《税收条例》第75条第1款第1句的规定，企业的收购者对其取得的财产范围内的税务负责，其纳税义务基于企业的运营产生，始于上一个财年，终于转让之前的最后一个财年。

对于从破产财产中取得资产的情况，《税收条例》第75条第2款规定了一项责任的例外。在《税收条例》第75条第2款的情况下，与《商法典》第25条第1款第1句不同，由于有明确规定，因此不需要对构成要件做目的性限缩解释。

按语：关于《税收条例》第75条——业务继受人的责任。（1）如果企业或企业组织中单独管理的业务被整体转让，则收购方应承担基于企业经营而产生的纳税责任以及减税责任，范围是自转让前的最后一个财年开始，直到收购者申报业务后的一年内确定或申报的税款。但责任以实际取得的财产为限。税款与退税请求权具有同等地位。

（2）但本条第1款不适用于从破产财产或者在强制执行程序中取得的财产。

c）基于《民法典》第613a条第2款第1句的责任

考虑到企业转让在破产程序中的特殊性，《民法典》第613a条第2款第1句需要在重要方面进行目的性限缩解释。[1] 在已启动的破产程

---

〔1〕 参见联邦劳动法院判例 BAG, NJW 1980, 1124, 1125; BAG, BB 2004, 1570。

序中收购企业时，《民法典》第 613a 条第 2 款的适用是不受限制的：受让人对于劳动者在破产程序开始时已经存在的请求权不必承担责任。对于这一点可以从债权人的平等受偿原则来考虑，因为如果不这样处理的话，劳动者债权人就会从受让人处获得全额的清偿，而其他债权人却只能继续接受一定比例的受偿。例如，通过这种方式可以使一部分养老金债务留在破产程序中，即那些在破产程序开启之前已经获得的所有养老金请求权。[1]

8. 对于劳动关系的继受应如何处理？

依据《民法典》第 613a 条第 1 款第 1 句的规定，企业的新所有者可以承担现有雇佣关系中的权利和义务。

《民法典》第 613a 条第 1 款第 1 项既可适用于破产申请程序（Eröffnungsverfahren），也可以适用于正式的破产程序（eröffnetes Verfahren）。第 613a 条第 1 款第 1 项的前提条件是，企业的业务全部或部分通过法律行为转移给新的受让人。

所谓"企业"（Betrieb）* 被理解为一个组织单位，在这个单位内，企业家单独或与员工一起，借助有形和无形资源，继续追求与工作相关的目标。

《民法典》第 613a 条是基于一项欧盟指令产生的,[2] 该条规范的解释应当符合欧盟法的立法意图。因此，对于企业的转让，应该着重考虑是否转移了相同的经济实体，并且在转移过程中是否保持了这种同一性。在这种情况下，"经济实体"指的是一个有组织的人和物的整体，可以进行具有自己目标的经济活动。这种解释是符合欧盟法院

---

〔1〕 此外，《民法典》第 613a 条涉及的只有在职员工的养老金请求权。退休人员不是该条意义上的劳动者。

* 这里的 Betrieb 中文也可以翻译为"企业",但通常指的是一个具体的生产或工作场所，强调实际的运营活动或业务运行，例如，一家工厂、商店或一个办公室都可以被称为 Betrieb。相对地，Unternehmen 则指的是一个更为抽象的经济体，一个 Unternehmen 可以由多个 Betrieb 组成。

〔2〕 参见欧盟指令 Richtlinie 77/187 EWG vom 14.02.1977。

（Europäischer Gerichtshof，EuGH）和联邦劳动法（Bundesarbeitsgericht，BAG）的判例的。[1]

最后，企业的转让还必须是通过法律行为（Rechtsgeschäft*）完成的。这有助于区分概括的继承和因行使公权力而发生的转让，无论是在资产交易还是股权交易中都是如此。

《民法典》第 613a 条的法律责任，在破产程序中受到了判例的目的性限制。

在破产程序中重要的情况还有：在破产程序中辞退员工更为简单，依据《破产法》第 113 条第 1 款的规定，最长的解约期限只有 3 个月。再者，在破产程序中社会计划的金额也会有所减少。

9. 怎样可以使劳动关系的继受受到限制？

如果买受人只愿意接收那些对他的继续经营计划来说必要的劳动关系，他完全可以直接解雇其他的员工，当然他还有其他选择。

a）在企业转让前解雇员工

一项解雇行为有可能因为《民法典》第 613a 条第 4 款、第 134 条的规定而失败；无论如何，不能直接以企业转让为由解雇员工。但可以考虑的是现有雇主根据一项具有约束力的收购人大纲或重组计划实施裁员，从而导致工作岗位消失。这里可以适用《破产法》第 113 条所规定的最长 3 个月的解约期。

另外一个障碍来自《解雇保护法》（Kündigungsschutzgesetz，KSchG）所规定的特殊的解雇保护。此处可以考虑的是《解雇保护法》第 1 条第 2 款第 1 句所规定的因业务需要的解雇（betriebsbedingte Kündigung）。这种情况发生在至少有一个工作岗位是因企业决策而消失的情况下。依据《解雇保护法》第 1 条第 3 款的规定，此时必须作

---

[1] 参见欧盟法院判例 EuGH，NZA 1994，545（Christel Schmidt）。

* 这里的"法律行为"指的就是《民法典》中以意思表示为基础的法律行为。

出一个有利于社会的选择（Sozialauswahl）*。依据《解雇保护法》第1款第5款的规定，只要符合了企业业务变更的要求（《企业组织法》第111条），且要被解雇的员工在雇主和劳资协议会之间的利益调整协议（Interessenausgleich，《企业组织法》第112条）中被点名，则解雇可以有一定程度的简化。那么，此时就可以推定解雇是由迫切的业务需要所引起的。哪些变化可以被视为业务变更，在《企业组织法》第111条第3句中做了最终定义。

在这种情况下，劳动法院只能对是否符合社会选择的审查进行粗略的错误评估，参见《解雇保护法》第1条第5款第2句。此外，关于解雇是否是由业务原因造成的，该证明责任将被转移到员工身上，参见《解雇保护法》第1条第5款第1句。

《企业组织法》第111条——业务变更

在通常拥有超过20名有选举权的员工的企业中，如果计划实施的业务变更可能会对全体员工或大部分员工造成重大不利影响，企业主必须及时、全面地将有关计划中的业务变更通知劳资委员会**，并与劳资委员会对此进行讨论。在拥有超过300名员工的企业中，劳资委员会可以聘请顾问提供支持；相应地适用《企业组织法》第80条第4款；此外，第80条第3款不受影响。第1句所述的企业变更包括：

（1）对整个企业或重要的企业部门进行限制或停止运营；

（2）对整个企业或重要的企业部门进行搬迁；

（3）与其他企业合并或进行企业拆分；

（4）对企业组织、企业目标或企业设施进行重大变更；

---

* 这里所谓的"社会选择"，或者叫"有利于社会的选择"，指的是企业在因业务原因解雇员工时，雇主必须将社会因素作为决策标准，用于选择被解雇的员工。这个过程就被称为"Sozialauswahl"。简单来说就是，在因业务原因解雇员工时，谁走谁留，必须做出对整个社会更好的选择。

** 德国的 Betriebsrat 或可翻译为劳资委员会，其成员由员工选举产生，代表公司员工的利益，可以代表员工就工作条件、薪资、福利等事项与雇主进行谈判，并在一些情况下参与决策。为此，劳资委员会享有《企业组织法》（BetrVerfG）规定的权利，雇主不得忽视这些权利。

(5) 引入新的基本工作方法和生产工艺。

根据《破产法》第 120 条，关于简化企业协议及其解雇期限也会提供一定的便利。[1]

基于《破产法》第 123 条的规定，社会计划的金额在破产中也会受到限制。这里涉及的是员工除了离职补偿之外额外可以获得的款项。当运营重组（operative Restrukturierung）中有大量劳动合同需要终止时，破产程序就会变得更加有趣，因为在破产程序中可以获得较低的社会计划额度和较短的解雇通知期。依据《破产法》第 109 条规定，对租赁合同的终止也可以获得一定程度的简化，由于破产程序通常还伴随着店铺、办公室或其他经营场所的关闭，因此这一点也经常被使用到。

b）其他的构建选项

还有一种可能性是，通过向员工施加压力，促使他们辞职或同意解除劳动合同，从而使他们与新雇主以更差的条件重新签订劳动合同。然而，联邦劳动法院（BAG）认为，这种做法被视为规避《民法典》第 613a 条第 4 款规定的行为，因此是不能允许的。[2]

相反地，常见的做法是成立一家就业与培训公司（Beschäftigungs- und Qualifizierungsgesellschaft，BQG）。[3] 从结论上来说，这种做法其实也是在规避《民法典》第 613a 条的规定，但却得到了联邦劳动法院的允许。这种做法的好处在于，国家会承担一部分费用。因为根据《社会法典第Ⅲ卷》第 216b 条的规定，受不可避免的失业影响的员工有权获得最长为 12 个月的转移短时工资（Transferkurzarbeitergeld）。这旨在避免裁员，并增强再就业机会。

或者也可以在企业转让之前，就通过与破产公司签署解约协议的

---

［1］ 也可以参见《破产法》第 125 条。

［2］ 参见联邦劳动法院判例 BAG，ZIP 1988，120，122/123。在劳动合同中约定放弃《民法典》第 613a 条第 1 款第 1 句的规定是不可行的，因为该条款是强制性的员工保护法律。此外，在破产情况下放弃这一条款也为时过晚。

［3］ 也被称为转移公司（Transfergesellschaft）。

方式，协议终止劳动关系。同时，与就业与培训公司签订有期限的劳动合同。这种合同通常以三方协议的方式呈现，解约协议与新的劳动合同同时在一份文件中完成。零工时被约定为短时工作时间。就业与培训公司的目标是对员工进行职业培训，并在企业转让后通过临时工合同将他们提供给收购方。其中一部分员工最终可以继续在收购方供职。为了防止工作关系的连续性，不应从一开始就记录哪些员工后来会收到收购方的工作要约。

当然，对此应当获得员工的同意。一般来说，如果企业出售的唯一替代方案是关闭企业和失去工作岗位，员工通常会愿意接受这样的安排，因为在企业关闭的情况下，其实可以更轻松地进行基于业务原因的解雇。

10. 什么是债转股（Debt-Equity-Swap）？

债转股实际上是以发行新股的方式进行实物增资。愿意参与的债权人将其债权作为实物出资转让给公司，这会导致债权因主体混同而消灭，从而使公司摆脱了这部分未清偿的债务。而此时，原债权人则变成了公司的股东。

债转股是一种很有益的重组工具，因为通过取得股权，可以促使债权人不放弃企业，而是通常选择积极参与并提供资金支持企业。但更重要的是，债转股伴随着企业（财务上的）债务的大幅减少，可以确保可持续的资本结构。因此，债转股是全面财务重组的一种最有效的措施。当然，债转股可以实现的前提是债务人的公司具有一定的吸引力，使得债权人有参与的意愿（所谓"好公司，多负债"）。

债转股通常以资本削减为前提，资本削减*是一种依据《股份法》第229条以下，以及《有限责任公司法》第58a条以下所实施的对公司注册资本或股本的削减。通常情况下，名义上的资本会减少到零。只要同时进行的现金增资能够恢复到注册资本或股本的最低金额，这

---

* 即公司减资。

种操作就是可能的。这实际上反映了之前资本份额的经济价值缺失。而对于新股东来说，债转股的吸引力增加了。因为他们不必与老股东分享影响力。此外，只要考虑到分红限制，更早地分配未来的利润也是可能的。这里所说的分红限制是以股本的百分比来定义的（参见《股份法》第233条第1款、《有限责任公司法》第58d条第1款）。

自2012年起，已经可以通过破产计划来实施债转股，甚至违背股东的意愿也是可能的。这可以使得重组变得更加容易。这是因为，虽然依据公司法个人股东负有忠诚的义务，但也只能在有限的范围内要求他们同意重组措施。[1] 也正是为了这个目的，《破产法》第217条第2句、第222条第1款第4项、第225a条，以及第246a条的规定被纳入了《破产法》的规定。依据《破产法》第217条第2句的规定，"参股债务人企业的相关人员的股权或成员权利可以纳入破产计划中。"依据《破产法》第222条第1款第4项的规定，在这种情况下，股东自己单独构成一个组别。依据《破产法》第225a条第2款第1句的规定，在破产计划的设计部分（gestaltender Teil）* "可以规定，债权人的债权转化为参股债务人的股权或成员权力"。

11. 债转股会带来哪些困难？

对于债权人来说，这样的举措也会涉及一些不利之处，因为他们不能再获得与收入无关的固定利息。另外的困难在于，只有在参与的债权人数量达到一定数量时，债转股才能成为有效的重组手段。

对于债权的评估是困难的。可以适用那些入股时的评估规则。这里应适用所谓全面性原则（Vollwertigkeitsprinzip）**。立法者倾向于基于清算价值进行评估。因此，债权的评估价值其实一般并不高。而债权

---

〔1〕参见联邦最高法院判例BGH，BB 2010, 10（重组或者退出；参见BGH NJW 1995, 1739, Girmes案）。

* 所谓"设计部分"，或者说"构建部分"，是破产计划的核心，有关破产计划程序参见练习案例7。

** 所谓"全面性原则"主要指的是对公司的资产和负债进行全面和准确的评估和记录，以确保财务报表反映出公司真实的财务状况和业绩。

估值的减少，相应地会导致债务人的资本认购额和股权数量偏低。此外，由于提供的债权价值不足，还存在着差额责任（Differenzhaftung）* 的风险。最后，在破产程序中，这些债权人成为股东后，他们的其他债权现在会被视为股东贷款，而股东贷款在破产程序中是一种劣后顺位的债权。一般只有在新股东可以享受《破产法》第 39 条第 5 款所规定的小股东特权（Kleinbeteiligtenprivileg），或《破产法》第 39 条第 4 款第 2 句所规定的重组特权（Sanierungsprivileg）时，才不会发生这种情况。对于《破产法》第 39 条第 4 款第 2 句的重组特权，股东也是可以援用的，旧法将其规定在第 39 条第 5 款。

12. 出售企业是否需要得到股东的支持？

直到破产程序正式开始前，出售企业必然需要股东的同意（从 2021 年 1 月 1 日起存在例外情况，参见《破产法》第 276a 条第 3 款）。

与此不同的是，在破产程序中，出售企业需要经过债权人的同意。如果存在债权人委员会，需要债权人委员会的同意（《破产法》第 160 条第 1 款第 1 句、第 2 款第 1 项）。在不存在债权人委员会时（《破产法》第 160 条第 1 款第 2 句、第 2 款第 1 项），或者企业要出售给"特别感兴趣的人"时，又或者以低价出售时（《破产法》第 162 条），都需要债权人大会的同意。后两种情况一般只在债务人提出申请时才需要。

从对外关系上来说，企业的出售和让与虽然并不需要他人的同意就可以发生效力，参见《破产法》第 164 条。但实际上对于破产管理

---

* 所谓"差额责任"指的是股东需要对入股公司的实际财产的价值与最低注册资本之间的差额承担个人责任。差额责任最常见于以实物出资注册有限公司的情况。比如，股东以另外一家 A 公司的股份对新公司实施实物出资，但评估的结果发现 A 公司的股份价值只有 1 万欧元，而有限责任公司的最低注册资本是 2.5 万欧元。此时，股东需要以个人财产补足其中的差额 1.5 万欧元。由于债转股实质上也是一种实物出资，因此在债权估值过低的情况下，债权人确实面临着差额责任的风险。

人来说，如果他只是自己径自作出决定，会存在一定承担责任的风险*。

在破产程序中让与股权（通过破产计划），也是可以违背股东意愿完成的（所谓"阻碍禁止原则"，Obstruktionsverbot，参见《破产法》第245条）。同样地，这也适用于依据《企业稳定与重组法》（StaRUG）所开启的重组程序，此时股东对于程序的开始具有更大的影响力，因为这里不存在申请义务。

13. 如何区分在破产申请前、在破产申请程序中，以及在破产程序开始后出售企业？

如果在破产申请前出售企业，会面临来自破产撤销和破产管理人不履行选择权的巨大风险。

即便在破产申请程序（Insolvenzeröffnungsverfahren）中，这种情况原则上也无法得到改变。但由于破产法院有权赋予破产管理人创设共益债务的权力，因此在正式的破产程序中出售企业所需的法律确定性，其实可以在诸多重要方面被提前到破产申请程序中。

基于《破产法》的结构，企业出售原则上应当在正式的破产程序中的报告期日（Berichtstermin）之后完成，因为财产的变现阶段那时候才刚开始，参见《破产法》第159条。当然，对于是否可以在破产申请程序中完成企业买卖，还是存在一定争议的。从否定性的角度来说，因为债务人财产的变现已经被规定在了正式的破产程序中。而在破产程序正式开始的决定作出之前，临时破产管理员应继续经营该企业，参见《破产法》第22条第1款第2句第2项（以及《破产法》第158条第1款）。依据该条规定，在破产申请程序中，只有为了避免债务人资产的大幅减少才能停止债务人的业务。在《破产法》第22条

---

* 德国《破产法》第60条原则上规定，如果破产管理人违反《破产法》所规定的义务，并给破产财产造成损失时，应当承担个人责任。这一规定导致在实践中，破产管理人往往会趋向于做出更为保守的决定，比如在出售破产公司的资产时通过合同约定完全排除自身的瑕疵担保责任，或者在作出关键决定之前由债权人大会或债权人委员会作出最终决定。

中，其实并未将企业出售与停业并列提及，这一点与第 158 条不同。因此，在对《破产法》进行系统性解释时，企业出售并不是被视为停业的一个退而求其次的选择。

在破产申请程序中出售企业的另一个问题是，这将对债务人的权利进行不可逆转的干预，尽管在那时还并不确定是否真的会开启破产程序。在债权人保护方面也可以提出类似的论点。通过债权人委员会的参与权对债权人进行保护，在破产程序正式开始后才是可能的。但在破产申请程序中，法院肩负起了保护债权人利益的职责，并且自从《进一步便利企业重组法》（ESUG，2012 年）颁布以来，已经可以委任临时债权委员会了。

判例虽然对此表现出一定的保留态度，但仍然认为在破产申请程序中出售企业是可能的。[1]

其他可能存在的困难：

——"弱"临时破产管理人实际上无权进行企业让与行为。他只能创设一般的破产债权，而一个理性的企业购买者不会轻易接受这种情况。

——原则上来说，临时破产管理人所实施的法律行为是有可能被破产管理人撤销的，即便二者是同一个人。当然如果临时管理人特别受到信任，则情况就会有所不同。

——虽然判例将《税收条例》第 75 条第 2 款的适用延伸到了破产申请程序中。但至少依据联邦劳动法院的判例，《民法典》第 613a 条在破产申请程序中也是完全适用的。[2] 还有《商法典》第 25 条第 1 款第 1 句也是适用的，因为其适用范围直到破产程序正式开始后才会进行目的性限缩。

支持在破产申请程序中进行企业出售的论据在于，由于潜在的债

---

[1] 参见联邦最高法院判例 BGH，NZI 2006，235，237。
[2] 参见 Classen，BB，2010，2898，2901。

务人资产快速贬值的可能性的存在，人们会希望尽快完成债务人企业的变现。这里可能存在的风险是，债务人的重要客户或者供应商会中断业务合作，并且债务人的形象会出现重大的损害。这就是所谓的间接破产费用（indirekte Insolvenzkosten）。

对此会有一定帮助的方式是，可以对企业的出售附加一个延缓条件，条件是破产程序的正式开始，并在符合《民法典》第158条和第160条的条件时实现。[1]

在实践中，破产债务人企业的出售一般会在破产申请程序中进行准备，并直接在破产程序正式开始之日，往往在同一天，正式签署买卖协议。通过这种方式，既顾及了让与的及时性，又兼顾了让与的安全性。

在正式的破产程序中进行的企业买卖是无法被撤销的，并且也不会受到破产管理人履行选择权的影响。在让与那些附有债权人担保权的财产标的时，也会更加容易（参见《破产法》第165条以下）。为了企业能尽可能地继续运营，并为了减少破产财产的费用，企业的让与往往会在报告期日（Berichtstermin）之前由债权人委员会进行批准，并进而最终完成出售，参见《破产法》第158条。

---

[1] 参见 Arends, Hofert-von Weiss, BB 2009, 1538, 1540。

练习案例 6　拖延申请破产的法律责任

Pellet 有限公司的总部位于慕尼黑，这家公司至迟在 2021 年 9 月就已经失去了支付能力，参见《破产法》第 17 条第 1 款、第 2 款。公司的执行董事 Glas 博士也住在慕尼黑，他也已经知晓公司失去支付能力的事实。他在 2021 年 9 月 6 日手写了一条笔记："我们已经失去了支付能力，破产已经无可避免。"

尽管如此，他仍在 2021 年 9 月 30 日，向一家位于雷根斯堡的公司——巴伐利亚铝业股份公司（Alu-Bayern-AG），订购了价值 3 万欧元的大批量铝材料，这批材料立即被交付并被加工成了滚管。但 Pellet 有限公司尚未支付价金。铝材料的价值是 2.5 万欧元。

巴伐利亚铝业股份公司在签署买卖合同之前，没有对买受人的经济状况做任何调查。在与 Glas 博士进行的购买谈判中也没有进一步谈论这一点。我们可以很快预见到，Pellet 有限公司的破产程序在 2021 年 10 月 7 日提出申请，并在 2021 年 11 月 4 日正式开始，而巴伐利亚铝业股份公司对自己的债权只能获得一个极低的清偿率，大约 2000 欧元。巴伐利亚铝业股份公司希望由执行董事作出赔偿。

该公司通过律师在慕尼黑中院对 Glas 博士提起了诉讼，要求赔偿损失。巴伐利亚铝业股份公司的诉讼请求是要求支付 2.5 万欧元，它会同时向 Glas 博士让与对破产财产的请求权。

处理注意事项：慕尼黑中院应如何判决？

解答：
A. 诉讼的合法性
 Ⅰ. 正确地提起诉讼，《民事诉讼法》第 253 条第 1 款、第 2 款
 Ⅱ. 与法院相关的事实判断要求
  1. 实体管辖
  2. 地域管辖
   a）履行地作为法院地，基于《民事诉讼法》第 29 条第 1 款
   b）侵权行为地作为法院地，基于《民事诉讼法》第 32 条
   c）破产管理人的一般法院地，基于《民事诉讼法》第 19a 条
   d）一般法院地，基于《民事诉讼法》第 12 条、第 13 条
   e）对地域管辖的结论
 Ⅲ. 与当事人有关的事实判断要求
  1. 诉讼行为能力
  2.《破产法》第 92 条第 1 句意义上的总体损害
  3. 归纳
  4. 对《破产法》第 92 条第 1 句的结论
 Ⅳ. 对诉讼合法性的中间结论

B. 诉讼的合理性

 Ⅰ.《民法典》第 280 条第 1 款、第 241 条第 2 款,以及第 311 条第 3 款的请求权

  1. 先合同债务关系

  2. 基于特殊信赖的请求权

  3. 特殊经济利益

  4. 对第Ⅰ项的结论

 Ⅱ.《民法典》第 823 条第 1 款的请求权

 Ⅲ.《民法典》第 823 条第 2 款第 1 句,以及《破产法》第 15a 条的请求权

  1.《破产法》第 15a 条第 1 款作为保护他人的法律,以及保护的范围

   a)《破产法》第 15a 条作为保护他人的法律

   b)《破产法》第 15a 条的个人保护范围

   c) 满足保护他人法律的要件

   d) 构成责任的因果关系及损害基于《民法典》第 249 条以下规定

    1)"破产清偿率损害"

    2) 赔偿全部损失

    3) 依据《民法典》第 254 条对请求权进行限制

  2. 对《民法典》第 823 条第 2 款第 1 句,以及《破产法》第 15a 条的请求权的结论

 Ⅳ.《民法典》第 823 条第 2 款第 1 句,以及《刑法典》第 263 条第 1 款的请求权

 Ⅴ.《民法典》第 823 条第 2 款,以及《破产法》第 15a 条第 4 款、第 5 款的请求权

  1. 保护他人法律的构成要件前提

 Ⅵ. 因毁灭性侵害而引发的直接追索责任

Ⅶ.《民法典》第 826 条的请求权

Ⅷ.《破产法》第 15b 条第 4 款第 1 句的请求权 *

Ⅸ. 对诉讼合理性的结论

C. 结论

只要巴伐利亚铝业股份公司的诉讼合法且合理,就有胜诉的希望。

A. 诉讼的合法性

Ⅰ. 正确地提起诉讼,《民事诉讼法》第 253 条第 1 款、第 2 款

由于案例中缺乏相反的陈述,我们可以认为诉讼是被正确提起的。

Ⅱ. 与法院相关的事实判断要求

1. 实体管辖

依据《法院组织法》第 23 条、第 71 条的规定,本案实体管辖应归属于中级法院,因为本案的争议标的金额是 2.5 万欧元。

按语: 关于破产法院的管辖权。《破产法》第 2 条第 1 款规定了初级法院(Amtsgericht)作为破产法院具有专属实体管辖权,但该规定只适用于"破产程序",只对破产程序的开启和运行有效力,因此对本案没有参考价值。对实体法问题的法律争议应当由普通法院管辖,例如有关取回权的争议,虽然该争议是基于破产程序产生的。这项诉讼也是一样,它是针对 Glas 博士个人的控诉,因此不应由破产法院处理。

---

* 实际上对于拖延申报破产的法律责任来说,最为重要的请求权基础就是《破产法》第 15b 条第 4 款第 1 句。但正如作者所言,该请求权是一项破产债务人(公司)对于其执行董事的请求权,在破产程序中往往由破产管理人对执行董事主张。这一请求权的存在,也使得执行董事在德国成了一项"高危职业",稍有不慎就有可能倾家荡产,赔上自己的身家。《破产法》第 15b 条对于执行董事是非常严格的,它规定只要出现了破产原因(失去支付能力、资不抵债),公司就不能再对外付款,原则上来说,所有出现破产原因之后的对外付款都应当由执行董事以个人财产赔偿。是否出现破产原因是一个极为专业问题,即便是税务师、审计师或者破产律师都有可能做出错误判断,更不要说一些不具备专业知识的执行董事了。因此,在实践中执行董事必须对这个问题慎之又慎,一旦对公司的支付能力产生了怀疑就必须立即咨询专业人士。

2. 地域管辖[1]

本案并不涉及《民事诉讼法》第 12 条以下有关专属法院地的规定。

因此，根据《民事诉讼法》第 35 条的规定，原告可以在可能考虑的任何特殊管辖地，和《民事诉讼法》第 12 条和第 13 条所规定的被告 Glas 博士的一般管辖地之间进行选择。

a）履行地作为法院地，基于《民事诉讼法》第 29 条第 1 款

根据《民事诉讼法》第 29 条第 1 款的规定，一个特殊的法院管辖权可能源于履行地的法院管辖权。《民事诉讼法》第 29 条第 1 款以履行有争议的义务的地点为依据。第 29 条也包括合同中的附随义务。在这里，作为附随义务请求权应考虑到基于缔约过失（Culpa in contrahendo，c. i. c.）的请求权。争议义务应履行的地点是履行行为的地点，也就是根据《民法典》第 270 条第 4 款、第 269 条第 1 款所理解的履行地点。[2] 本案中涉及的是一项因损害赔偿请求权而出现的金钱支付行为。依据《民法典》第 270 条第 4 款的规定，对于金钱债务来说也适用《民法典》第 269 条的规定。[3] 在存在疑问时，应认为履

---

[1] 地域管辖问题原则上规定在《民事诉讼法》第 12 条及以下。《破产法》第 3 条第 1 款所规定的破产法院的地域管辖与本案无关，因为即便从实体法上来说，本案的争议也不是由破产法院管辖的。

[2] 《民事诉讼法》第 29 条第 1 款的表述在这里存在一定误导性，因为它提到了履行义务（Erfüllung der Leistung），这更容易让人误以为是指履行结果地（Erfolgsort）而不是履行行为实施地（Leistungsort）。

[3] 根据《民法典》第 270 条第 1 款的解释规则，将金钱债务作为派遣（寄送）债务处理（译者注：这类债务的履行行为实施地在债务人处，履行完成地在债权人处），根据《民法典》第 270 条第 4 款的规定，该解释规则并未规定履行地。

行地在债务人的住所地。[1] 而在本案中，Glas 博士的住所地在慕尼黑。

本案中，被告 Glas 博士虽然不是与巴伐利亚铝业股份公司的合同的当事人，而只是一方当事人的领导机关。但《民事诉讼法》第 29 条第 1 款也包含一种与《民法典》第 311 条第 3 款、第 241 条第 2 款所规定的对方当事人代理人的特殊关系。正是基于这种特殊关系，在本案中产生了特定的请求权。

因此，基于《民事诉讼法》第 29 条第 1 款的规定，慕尼黑中级法院具有地域管辖权。

由于本案中的法律责任源自法定债之关系并针对一个开放的群体，因此，基于《民法典》第 823 条第 2 款和《破产法》第 15a 条第 1 款第 1 项的规定可能产生的请求权，不适用于《民事诉讼法》第 29 条第 1 款。然而，根据《法院组织法》第 17 条第 2 款的规定，依据《民事诉讼法》第 29 条第 1 款的规定对此类案件享有管辖权的法院，也可以对侵权损害赔偿作出裁决。

b）侵权行为地作为法院地，基于《民事诉讼法》第 32 条

此外还可以考虑的是，依据《民事诉讼法》第 32 条规定，侵权行为地是否可以作为特殊的法院地。

根据所谓普适性原则（Ubiquitätsprinzip），既可以以侵权行为实施地，也可以以损害结果发生地作为法院地。

在本案中，侵权行为地是 Pellet 有限公司的住所地慕尼黑。

在这里，巴伐利亚铝业股份公司受到侵权损害的双重相关事实都

---

[1] 如果铝的交付成为争议的焦点，那么根据《民法典》第 269 条第 1 款，首先应优先考虑当事人的协议和具体的情况，特别是债务关系的性质，以确定履行地点。如果仍无法确定履行地点，那么依据《民法典》第 269 条第 1 款的规定，交付义务将不会被认定为带来债务（Bringschuld，译者注：带来债务的履行地和成就地是债权人的住所或营业地）。无论是领取债务还是发送债务，履行地点都在债务人处。对于派遣债务来说，其成就地在债权人处，因此履行地点和成就地点不一致。对于领取债务（Holschuld）来说，成就地点在债权人处，因此履行地点和成就地点都在债务人处。根据《民法典》第 269 条第 1 款、第 2 款的规定，本案中履行地点的特殊法院管辖权应定位于巴伐利亚铝业股份公司在雷根斯堡的商业营业地。

可以得到有力主张。

依据《民事诉讼法》第 32 条的规定得到的结论是，慕尼黑第一中级法院享有地域管辖权。

按语：关于双重相关事实。当某一事实既涉及诉讼的合法性又涉及其合理性时，就存在所谓双重相关的事实。因此，只要能够明确地主张新债权人享有侵权损害赔偿请求权，就足以满足合法性要求。所谓有力陈述，意味着只要假设所陈述的内容是真实的，就会得出一个损害赔偿请求权。而全面证据仅在涉及诉讼的合理性时才需要提出。一种常见的双重相关事实的例子是作为员工的身份。

c）破产管理人的一般法院地，基于《民事诉讼法》第 19a 条

还可以考虑的是《民事诉讼法》第 19a 条作为破产管理人的一般法院地。该条规定涉及与破产财产相关的被动诉讼。但在本案中，被告一方是作为执行董事的 Glas 博士，而不是破产管理人，因此《民事诉讼法》第 19a 条并不适用。

d）一般法院地，基于《民事诉讼法》第 12 条、第 13 条

《民事诉讼法》第 12 条和第 13 条规定了所谓一般法院地，即被告 Glas 博士的住所地慕尼黑。

e）对地域管辖的结论

依据《民事诉讼法》第 29 条第 1 款、第 32 条、第 12 条和第 13 条的规定，在本案中，慕尼黑中院享有地域管辖权。

Ⅲ. 与当事人有关的事实判断要求

与当事人有关的事实判断要求涉及当事人能力（Parteifähigkeit）、诉讼权利能力（Prozessfähigkeit）及诉讼行为能力（Prozessführungsbefugnis）。

依据《民事诉讼法》第 50 条第 1 款，以及《股份法》第 1 条第 1 款第 2 句的规定，巴伐利亚铝业股份公司具有当事人能力。依据《民事诉讼法》第 51 条第 1 款，以及《股份法》第 78 条第 1 款第 1 句，该公司由其董事会代表，因此具有诉讼权利能力。

依据《民事诉讼法》第 78 条第 1 款第 1 句的规定，在中级法院进

行诉讼的前提条件是必须由律师进行代理（Postulationszwang，律师强制代理）。

1. 诉讼行为能力

问题在于，在主张对执行董事 Glas 博士的请求权时，巴伐利亚铝业股份公司是否具有诉讼行为能力。所谓诉讼行为能力，是指以自己的名义对通过诉讼所主张的权利进行主动或者被动诉讼的权力。在破产程序之外，只要巴伐利亚铝业股份公司可以对执行董事 Glas 博士主张自己的权利存在，就可以认为其具有诉讼行为能力。

由于破产程序的出现，巴伐利亚铝业股份公司的损害赔偿请求权有可能因为《破产法》第 92 条第 1 句的规定无效。依据该条规定，在破产程序存续期间，只有破产管理人可以主张破产债权人的总体损害赔偿请求权。依据《破产法》第 92 条的规定，尽管债权人在实体上仍然是权利的持有人，但对于整体损害赔偿请求权而言，他们已经失去了对此进行主张和诉讼的权利。与此同时，破产管理人则有权主张损害赔偿。

按语：关于《破产法》第 92 条。该规范的理论基础是，根据"债权人平等"（par conditio creditorum）的原则，将所有债权人享有的权利分配给破产财产。《破产法》第 92 条因此废除了对于个别强制执行具有约束力的优先原则。这样做的目的是避免个别损害赔偿债权人因对执行董事采取更迅速的行动而受到优待（"疯狗原则"），因为破产财产通常不足以清偿所有债权人的债权。

与总体损害相对应的是所谓个别损害（Individualschaden），个别损害不受《破产法》第 92 条的限制，也可以在破产程序存续期间由个别债权人通过诉讼进行主张。

2.《破产法》第 92 条第 1 句意义上的总体损害

根据《破产法》第 92 条第 1 句的法定定义，总体损害（Gesamtschaden）是指在破产程序开启之前或之后，破产债权人共同遭受的因破产财产减少而产生的损失。

从"减少破产财产"这一事实特征中可以看出，总体损害意味着破产财产的减少，从而导致可以分配给破产债权人的破产份额的相应减少。

基于这一原因，需要在《破产法》第92条的框架内对新旧债权人做出区分。将旧债权人和新债权人区分开来是因为法律对这两个债权人群体在法律后果方面的处理方式不同。在破产程序中，只有旧债权人会因破产财产的减少而遭受损失（破产清偿率损失）。在迟延申请破产时，破产财产会因此减少，相应地对破产债权所分配的份额（破产清偿率）也会减少。如果在破产申报义务产生时及时申请了破产，债权人本来可以获得一个更高的清偿率。根据《民法典》第249条第1款的所谓差额假设（Differenzhzpothese）*，应当向债权人返还实际获得的份额与及时履行破产申报义务时可以获得的份额之间的差额，为此，破产管理人应根据《破产法》第92条的规定，尝试对损失的破产财产进行"追索"。

自1994年联邦最高法院第二民事审判庭的判例变更以来，新债权人不再仅仅获得各自的份额损失赔偿，[1]而是整个损失都可以得到赔偿。这是因为，根据对《民法典》第249条第1款损害赔偿法具有决定性意义的差额假设，债权人应处于与他们遵守破产申报义务、及时申请破产时相同的地位。由于（此时）他们通常不会再与公司签订合同，因此他们的损害赔偿要求限于消极利益，而不仅仅局限于由于因延迟提交破产申请而导致减少的破产财产。

对于债权人群体的区分，其判断标准是该债权人的债权是在破产义务产生之前还是之后产生的。根据《破产法》第15a条第1款第1项的规定，一旦出现失去支付能力或资不抵债的破产原因，就应该提

---

* 或称"差额假说"。

〔1〕 参见联邦最高法院判例BGH, NJW 1994, 2220, 2222 ff.。对于判例的修订，第二民事审判庭此前已征得联邦最高法院其他相关民事审判庭（第三、六、九民事审判庭）以及德联邦劳动法院第三审判庭的同意。

出破产申请,这就是所谓破产状态的开始(Insolvenzreife,破产条件成熟)。[1]

3. 归纳

因此,确定是总体损害还是个别损害的问题,取决于巴伐利亚铝业股份公司被视为旧债权人还是新债权人。

在巴伐利亚铝业股份公司与 Pellet 有限公司签署铝制品买卖合同时,后者已经失去了支付能力(《破产法》第 17 条第 1 款、第 2 款),因此破产程序开始的条件已经存在。就像《有限责任公司法》第 64 条第 1 句、《股份法》第 92 条第 2 款第 1 句,以及《商法典》第 130a 条第 1 款第 1 句所显示的,所谓破产状态的出现取决于破产条件是否存在。对于破产状态的出现来说,并不要求《破产法》第 15a 条第 1 款第 1 句所规定的三周期限经过。因此,巴伐利亚铝业股份公司应属于新债权人。

由于这个问题既涉及诉讼的合法性又涉及合理性,所以存在一种所谓的双重相关事实。因此,只要作为新债权人可以合理地主张存在损害赔偿请求权,就足以满足合法性的要求。这意味着,只要假设所陈述的内容是真实的,那么应该就会产生一项损害赔偿请求权。在本案中,原告是可以成功地提出这样一个主张的。

4. 对《破产法》第 92 条第 1 句的结论

综上所述,《破产法》第 92 条第 1 句在本案中不适用。因此,巴伐利亚铝业股份公司享有不受限制的诉讼行为能力。

这也适用于 Glas 博士。依据《民事诉讼法》第 78 条第 1 款第 1 句的规定,他也必须由律师代理进行诉讼。

Ⅳ. 对于诉讼合法性的中间结论

总体来说,并不存在与诉讼合法性相抵触的情况。巴伐利亚铝业

---

[1] 无论对于新债权人还是旧债权人来说,他们的损失都会得到赔偿。这里不存在对两个债权人群体的区别对待。

股份公司对 Glas 博士的诉讼应当被允许,是合法的。

B. 诉讼的合理性

如果巴伐利亚铝业股份公司可以向 Glas 博士主张返还 2.5 万欧元,那么该诉讼就是合理的。首先应当审查的是所谓(类似)合同请求权是否存在。

Ⅰ.《民法典》第 280 条第 1 款、第 241 条第 2 款,以及第 311 条第 3 款的请求权

巴伐利亚铝业股份公司有可能基于缔约过失责任,依据《民法典》第 280 条第 1 款、第 241 条第 2 款,以及第 311 条第 3 款的规定,要求返还 2.5 万欧元。有可能导致这种结果的情况是,比如 Glas 博士与巴伐利亚铝业股份公司之间已经形成了一种先合同债务关系,并且 Glas 博士基于故意或过失地违反了这一先合同债务关系中的义务。

1. 先合同债务关系

这里首先要求在 Glas 博士与巴伐利亚铝业股份公司之间必须成立一项先合同债务关系。

可以明确的是,Glas 博士在签订购买合同时是作为 Pellet 有限公司的执行董事行事的,也就是该公司的代表。基本上,代表行为的法律效果仅对有限责任公司生效,而不会直接影响到执行董事自身。因此,先合同债务关系不能基于《民法典》第 311 条第 2 款规定而产生。

然而,依据《民法典》第 311 条第 3 款第 1 项的前提条件,代表人的自身责任是有可能发生的。在《民法典》第 311 条第 3 款第 1 句和第 311 条第 2 款中,都涉及基于缔约上过失的法律责任,因为它们的措辞"将成为合同方"指向的是一种未来的合同关系。因此,需要审查的是,Glas 博士是否属于《民法典》第 311 条第 3 款第 1 项中所规定的人员适用范围。

2. 基于特殊信赖的请求权

依据《民法典》第 311 条第 3 款第 2 项的规定,尤其是当第三方

特别依赖于自己的信任，并因此在很大程度上影响了合同谈判或合同签订时，就会形成一种先合同债务关系。因此，需要澄清的是，Glas 博士在为有限责任公司购买铝材时，是否使他人对他形成了特别的信赖。

一种超出正常谈判信任范围的特殊个人谈判信任只能在严格限制的情况下存在，即当合同伙伴对于代表者的陈述的准确性和完整性产生了额外的、源自代表者本人的信任时。这种特殊信赖必须能够对交易的存续和正常的履行提供额外的保障。在本案中，尚不清楚 Glas 博士是否特别强调了 Pellet 有限公司具有支付能力，或者是否打算对此做出其他保障。最后，对于巴伐利亚铝业股份公司不存在任何对其进行告知的法律义务，因此 Glas 博士的沉默自然也不会产生特殊的信任。

因此，在本案中，无法从对信任的依赖上得出一种先合同债务关系。

3. 特殊经济利益

先合同债务关系的另一个出发点可以是执行董事的特殊经济利益。这一点原则上是可能的，因为《民法典》第 311 条第 3 款第 2 项并未作出最终规定。

这里的着眼点可以是 Glas 博士执行董事的法律地位。然而，就这一点而言，Glas 博士只是在为 Pellet 有限公司追求一种经济利益，这一点与所有为 Pellet 有限公司工作的人并没有什么两样。

此外，Glas 博士作为 Pellet 有限公司股东的身份也并不能构成其自身的特殊经济利益。如果让有限责任公司的股东个人承担责任，将导致《有限责任公司法》第 13 条第 2 款的贬值，依据该款规定，公司只需要以公司的财产对公司的债权人承担责任。在有限责任公司中使股东承担责任，将会使有限责任公司与人合公司趋同。

在这种情况下，即使是出于特殊的经济自身利益，也不会导致《民法典》第 311 第 3 款第 1 句意义上的债务关系产生。

4. 对第 I 项的结论

本案中，在巴伐利亚铝业股份公司与 Glas 博士之间并不存在一项《民法典》第 311 条第 3 款意义上的所谓先合同债务关系。因此，基于《民法典》第 280 条第 1 款、第 241 条第 2 款，以及第 311 条第 3 款第 1 和第 2 句的法律责任也就不存在。

Ⅱ. 基于《民法典》第 823 条第 1 款的请求权

基于《民法典》第 823 条第 1 款的请求权并不存在，因为巴伐利亚铝业股份公司的资产不是受到《民法典》第 823 条第 1 款保护的法益。在这种情况下，也没有其他在建立和运营商业活动的框架内的其他权利受到侵害。

Ⅲ.《民法典》第 823 条第 2 款第 1 句、《破产法》第 15a 条的请求权

但是，巴伐利亚铝业股份公司仍然有可能依据《民法典》第 823 条第 2 款第 1 句，以及《破产法》第 15a 条主张侵权行为请求权。《民法典》第 823 条第 2 款所保护的并不限于所列举的法益，因此对于主要的财产损害也可以适用该条进行赔偿。

1.《破产法》第 15a 条第 1 款作为保护他人的法律，以及保护的范围

首先，《破产法》第 15a 条必须能够作为《民法典》第 823 条第 2 款第 1 句中保护他人的法律*适用，并且巴伐利亚铝业股份公司处于其个人和实体的保护范围内。

a)《破产法》第 15a 条作为保护他人的法律

《破产法》第 15a 条是《民法典》第 823 条第 2 款第 1 句意义上的一项保护他人的法律。其规范目的是保护债权人及交易安全。

b)《破产法》第 15a 条的个人保护范围

巴伐利亚铝业股份公司还必须处于《破产法》第 15a 条的个人保

---

* 或称"以保护他人为目的的法律"。

护范围之内。

没有争议的是，《破产法》第15a条第1款第1句的保护范围涵盖了所谓的老债权人，他们的受偿前景显然会因为迟延提交破产申请而受到影响。其中一个支持这一观点的理由是，及时提出破产申请可以避免债权人数量的增加，从而避免每个债权人应得的破产分配份额的降低。

这里的问题在于，是否像巴伐利亚铝业股份公司这样的新债权人也处于《破产法》第15a条第1款第1句的保护范围以内。

该条规范的宽泛措辞实际上有利于新的债权人，也有利于将濒临破产公司从市场中剔除。而新的合同债权人则应当受到保护，使其不与破产的资合公司发生业务联系。即使破产公司有可能继续运营，在与破产管理人签订合同后，新债权人也会根据《破产法》第55条第1款第1项获得一项共益债权，所以，只要及时提出破产申请，新债权人永远也不会成为破产债权人。因此，新债权人也在《破产法》第15a条第1款第1句的个人保护范围之内。

c）满足保护他人法律的要件

此外，还必须满足《破产法》第15a条第1款第1句作为保护他人的法律的构成要件前提。为此，该法人必须已经失去支付能力或资不抵债，Glas博士必须是其代表机构的一名成员，且该代表机构未能在出现失去支付能力或资不抵债的情况后3周内，及时提出启动破产程序的申请。

根据本案案情，Pellet有限公司从9月6日起失去了支付能力，参见《破产法》第17条第1款、第2款。[1]

执行董事Glas博士可能被指控在申请破产方面存在过失性拖延。实际上从9月6日开始，Glas博士已经知晓了Pellet有限公司失去支付能力的事实。他本应立即采取行动，但截至2021年9月30日，他仍未

---

[1] 对于失去支付能力的确定参见附录1。

申请破产。因此，根据《民法典》第 276 条第 1 款第 2 句所谓一般商人的谨慎标准，他的行为至少是存在过失的。由于《破产法》第 15a 条的所谓"过失迟延"已经要求执行董事在迟延申请破产一事上存在过错，因此，《民法典》第 823 条第 2 款第 2 句所要求的过错审查就不必再进行了。

此外，由于 Glas 博士直到 2021 年 10 月 7 日才提出破产申请，他实际上也违反了《破产法》第 15a 条第 1 款第 1 句所规定的 3 周期限。他至少对迟延申请破产负有过失责任，参见《民法典》第 823 条第 2 款、第 276 条。

因此，《破产法》第 15a 条第 1 款第 1 句的构成要件已经得到满足。

d）责任范围的因果关系（Haftungsausfüllende Kausalität）与损害，基于《民法典》第 249 条以下规定

这里还需要澄清的是由责任所导致的损害的范围。在这里特别值得注意的是责任范围的因果关系。

（1）"份额损失"（Quotenschaden）

巴伐利亚铝业股份公司的损害赔偿请求权可能以所谓的份额损失为限。

对于已在公司进入破产状态之前取得债权的老债权人，有限公司执行董事的责任以份额损失为限。也就是说，能够得到的赔偿只有实际减少的破产清偿份额与假定及时提交申请而增加的清偿份额之间的差额。

需要澄清的是，这种想法是否可以应用于像巴伐利亚铝业股份公司这样的新债权人。支持这一观点的论据是，根据《破产法》第 15a 条第 1 款，给予新债权人一种完全赔偿的保护目的，是为了避免与破产公司发生任何法律联系。《破产法》第 15a 条第 1 款可以被视为一项保护他人的法律，其规范目的只是对出现破产条件时破产财产的减损进行补偿。因此，这里可以主张的只能是破产清算份额拟制减少的部

分。或者也可以说，新的债权人实际上通过预付款在自己承担风险的情况下向 Pellet 有限公司提供了贷款。

如果遵循这一观点，那么只有实际受偿的份额，与相对于未延迟申请破产的情况下假定更高的破产清算份额之间的差额，才需要进行赔偿。

（2）全部损失的赔偿

然而，也可以考虑对所有消极利益进行赔偿，即总损失金额减去实际得到的破产清偿份额。

《破产法》第 15a 条第 1 款的措辞实际上允许对超过份额损失的部分进行全额赔偿。

新债权人的损失还在于，他们在与破产的有限公司签订合同时就已经获得了一项毫无价值的权利。出于对 Pellet 有限公司偿付能力的信赖，新债权人做出了履行，但最终没有得到相应的补偿。

此外，如果适用"无此则不"的公式（Conditio-sine-qua-non-Formel）*，应该向新债权人赔偿的不仅是清偿份额的损失，还应包括全部的消极利益。实际上，如果 Glas 博士没有因过错迟延履行他的破产申请义务，Pellet 有限公司和巴伐利亚铝业股份公司彼此根本就不会再签订任何合同。这样一来，后者根本就不会成为破产债权人，不仅不会遭受所谓份额损失，也不会遭受任何损害。

旧债权人的债权贬值属于他们的正常风险范围内；这是一种典型的商业伙伴"破产"风险。相反地，新债权人并没有向即将破产的有限公司提供任何贷款，而是一直相信它在与一家有偿付能力的有限公司签订合同。[1]

最后，对于信赖损害的责任（扣除实际破产清偿份额）与《破产法》第 15a 条第 1 款的保护目的是一致的，其实际目的在于使破产的

---

* 或称"若无则不"公式。

[1] 这一论点只在某种程度上适用于其他侵权损害。然而，如果企业及时提出了破产申请，这些损害也可能根本就不会发生。

公司远离进一步的商业活动，从而保护潜在的债权人免受损害。

综上所述，更有力的论点支持应当对巴伐利亚铝业股份公司赔偿2.5万欧元的全部损失，前提是巴伐利亚铝业股份公司需要转让其对破产财产的请求权。

(3) 基于《民法典》第254条对请求权进行限制

需要注意的是，请求权有可能从《民法典》第254条第2款和第1款所谓的共同过错的角度进行限制。

然而根据本案的具体情况，目前并没有迹象表明巴伐利亚铝业股份公司在签订合同之前需要审查Pellet有限公司的信用状况，或者存在可识别的情况，可以得出对该公司的债权有风险的结论。

2. 对《民法典》第823条第2款第1句，以及《破产法》第15a条的请求权的结论

巴伐利亚铝业股份公司基于《民法典》第823条第2款，以及《破产法》第15a条第1款第1句，享有要求赔偿2.5万欧元的请求权。

Ⅳ.《民法典》第823条第2款第1句，以及《刑法典》第263条第1款的请求权

同时，基于《民法典》第823条第2款，以及《刑法典》第263条第1款也又可能产生相应的请求权。

《刑法典》第263条第1款也是《民法典》第823条第2款意义上的保护他人的法律。

当然，此时还需要满足《刑法典》第263条第1款的所有构成要件。从客观构成要件上来说，需要审查Glas博士是否实施了欺诈行为。但本案中不存在积极的或默示的行为；对于通过不作为实施的欺骗行为，需要以存在特殊的披露义务为前提，但一次性的业务联系远不能提供这种义务。

因此，《民法典》第823条第2款，以及《刑法典》第263条第1款的请求权无法成立。

V. 《民法典》第 823 条第 2 款，以及《破产法》第 15a 条第 4 款、第 5 款的请求权

这里可以考虑的还有《民法典》第 823 条第 2 款，以及《破产法》第 15a 条第 4 款、第 5 款的请求权。

《破产法》第 15a 条第 4 款和第 5 款是一种对现存和未来的公司债权人的保护法律。巴伐利亚铝业股份公司包含在该规范的实体及个人保护范围以内。

1. 保护他人法律的构成要件前提

这里当然必须满足《破产法》第 15a 条第 4 款和第 5 款的构成要件前提。

从客观构成要件上来说，《破产法》第 15a 条第 4 款和第 5 款以没有履行破产申报义务为前提。在本案中，破产原因已经出现。但 Glas 博士没有及时履行破产申报义务。

如果公司的执行董事在知晓已经出现破产原因后，因忘记或者因违反了谨慎义务未能提出破产申请，那么他至少对此存在过失，也就满足了主观的构成要件。在本案中，Glas 博士已经知晓出现了破产申报义务，但仍未实施破产申报，已经满足了构成要件。

在本案中，违法性和过错均已存在。

关于应该赔偿的损害范围，可以参考上述有关根据《民法典》第 823 条第 2 款与《破产法》第 15a 条第 1 款相关请求权的说明。因此，巴伐利亚铝业股份公司依据《民法典》第 823 条第 2 款与《破产法》第 15a 条第 4 款和第 5 款，享有对 Glas 博士的损害赔偿请求权。

VI. 因毁灭性侵害而引发的直接追索责任

在本案中，并不存在直接针对 Glas 博士作为股东（及执行董事）因所谓毁灭性侵害（existenzvernichtender Eingriff，德语直译为对存在进行毁灭的侵害，意即直接导致公司破产的侵害行为）而导致的直接追索责任。本案没有迹象表明 Glas 博士没有适当考虑 Pellet 有限公司的财产和商机，也没有迹象表明是他的侵害行为直接导致了 Pellet 有限

公司无法再履行其债务。[1] 实际上，Pellet 有限公司的财产应以优先满足债权人为目的，这一点也已经被考虑到了。[2]

在最近的裁判中，虽然联邦最高法院明确确认了"毁灭性侵害"这一概念，并将其归类为《民法典》第 826 条的一种情形，但它却被设计为一种纯粹的内部责任，也就是作为受害的公司本身的债权处理。[3] 也是基于这一原因，对执行董事 Glas 博士的一种（外部）责任并不成立。

Ⅶ.《民法典》第 826 条的请求权

对于毁灭性侵害这种案例类型之外，因为缺乏 Glas 博士作为执行董事的侵害故意，基于《民法典》第 826 条产生的请求权也不成立。

Ⅷ.《破产法》第 15b 条第 4 款第 1 句的请求权*

这里同样也不必考虑基于《破产法》第 15b 条第 4 款第 1 句的请求权。一方面，基于《破产法》第 15b 条第 4 款第 1 句只能产生一项公司的请求权；另一方面，单纯基于一项买卖合同上的义务也无法产生《破产法》第 15b 条第 4 款第 1 句意义上的支付。[4]

Ⅸ. 有关诉讼合理性的结论

巴伐利亚铝业股份公司对 Glas 博士享有要求支付 2.5 万欧元的请

---

[1] 参见联邦最高法院判例 BGH，NJW 2001，3622（Bremer Vulkan 案）。

[2] 参见联邦最高法院判例 BGH，NJW 2001，3622（Bremer Vulkan 案），以及 BGH，ZIP 2002，1578，1580，（KBV 案）。

[3] 参见联邦最高法院判例 BGH，NJW 2007，2689（Trihotel 案）。

* 实际上对于拖延申报破产的法律责任来说，最为重要的请求权基础就是《破产法》第 15b 条第 4 款第 1 句。但正如作者所言，该请求权是一项破产债务人（公司）对于其执行董事的请求权，在破产程序中往往由破产管理人对执行董事主张。这一请求权的存在，也使得执行董事在德国成了一项"高危职业"，稍有不慎就有可能倾家荡产，赔上自己的身家。《破产法》第 15b 条对于执行董事是非常严格的，它规定只要出现了破产原因（失去支付能力、资不抵债），公司就不能再对外付款，原则上来说，所有出现破产原因之后的对外付款都应当由执行董事以个人财产赔偿。是否出现破产原因是一个极为专业的问题，即便是税务师、审计师或者破产律师都有可能作出错误判断，更不要说一些不具备专业知识的执行董事了。因此，在实践中执行董事必须对这个问题慎之又慎，一旦对公司的支付能力产生了怀疑就必须立即咨询专业人士。

[4] 也可以参见案例 4。

求权，其请求权基础是《民法典》第 823 条第 2 款、《破产法》第 15a 条第 1 款，或者《民法典》第 823 条第 2 款、《破产法》第 15a 条第 4 款和第 5 款，前提是需要让与对破产财产的请求权。因此，诉讼有理由。

C. 结论

诉讼可以受理，且理由充分，因此有胜诉的可能。

按语：新债权人的损害在于其消极利益与实际受偿份额之间的差额。因为他的一部分损害通过实际受偿的份额得到了弥补。

在例外的情况下，新债权人还可以要求赔偿利润损失——在本案中，作为新债权人有可能总共获得 3 万欧元的赔偿（其中利润损失 5000 欧元）。只要新债权人能够证明，如果他不与破产的公司签订合同，他本可以在其他地方实现这部分利润，就可以主张利润损失的赔偿。

由于在破产程序结束之前尚不能确定具体的破产清算份额，因此可以暂停诉讼，直到破产程序结束（参见《民事诉讼法》第 148 条）。这里选择了第二种方法，即要求赔偿全部损失，但同时让与对破产财产所享有的要求按清偿份额受偿的请求权。

练习案例 7　破产计划程序

2021 年 7 月，Pellet 有限公司的执行董事收到了其法律顾问律师 Stephanie Simon 女士的下述邮件。

亲爱的 Glas 博士先生，

鉴于 Pellet 有限公司目前资金周转困难，我们应考虑所有备选方案，特别是制定破产计划以及自主管理下的破产程序。

最好的祝福

Stephanie Simon

律师

2021 年 7 月 9 日

Glas 博士因此安排了与 Simon 女士的见面日期。周五下午，两人在 Simon 律师事务所的办公室见面。Glas 博士记下了有关破产计划程序的各种问题。

处理说明：请回答 Glas 博士的问题。

有关破产计划的问题：

1. 破产计划是在哪里规定的？
2. 破产计划程序有哪些前提条件？
3. 与普通破产程序相比，破产计划程序在处分权、撤销权和（不）履行选择权方面是否有变化？

4. 哪部外国破产法是破产计划程序的灵感来源？

5. 破产计划能否涵盖别除权人？

6. 对于有取回权的债权人应如何处理？

7. 破产计划能否规定公司的清算？

8. 谁可以提交破产计划？

9. 最早可以在什么时间点提交破产计划？

10. 破产计划包括哪些部分，其中有哪些规定？

11. 通过破产计划需要多大债权人比例？

12. 什么是所谓的"阻挠禁令"？

13.《破产法》第 264 条的规范目的是什么？

14. 破产计划程序如何结束？

15. 针对破产计划有哪些法律救济措施？

16. 破产债权人的债权中未在破产计划程序中得到清偿的部分应如何处理？

17. 所谓的《进一步促进企业重组法》（ESUG）是什么？

18.《进一步促进企业重组法》对破产计划程序作了哪些改变？

19. 按破产计划程序处理的破产程序占多大比例？

解答：

1. 破产计划是在哪里规定的？

破产计划是在《破产法》第 217 条以下规定的。[1]

2. 破产计划程序有哪些前提条件？

债权人必须在报告期日（Berichtstermin）投票通过破产计划（《破产法》第 156 条）。此外，还必须有足够的财产来支付共益债务（《破产法》第 258 条第 2 款）。

---

[1] Vgl. Zimmermann, Grundriss des Insolvenzrechts, 11. Aufl. 2018, Rn. 520 ff.

3. 与普通破产程序相比，破产计划程序在处分权、撤销权和（不）履行选择权方面是否有变化？

在破产计划程序中，就处分权、破产撤销或履行选择而言并没有变化。只有在与自我管理相结合的破产计划程序中这些才会发生相应变化。相反，破产计划程序的核心领域是尽可能地促使相关的债权人群体参与重组，并尽可能地对阻碍性债权人进行否决。

4. 哪部外国破产法是破产计划程序的灵感来源？

破产计划程序的范本是《破产和解法》（VerglO）* 中所规定的和解程序，以及美国破产法第 11 章中的程序（Chapter 11 des US Bankruptcy Codes）。

5. 破产计划能否涵盖别除权人？

是的。这源自《破产法》第 217 条。《破产法》第 217 条包含了破产计划的规定事项的最终目录。《破产法》第 232 条、第 238 条也提到了别除权人。

6. 对于有取回权的债权人应如何处理？

破产计划不能干涉有取回权的债权人的权利。《破产法》第 217 条并未提及这些债权人。因此，他们大部分的物权不会受破产程序的影响。

7. 破产计划能否规定公司的清算？

可以，一家企业也可以通过破产计划进行清算。但破产计划主要还是应用于重组，参见《破产法》第 1 条第 1 句。

8. 谁可以提交破产计划？

根据《破产法》第 218 条第 1 款的规定，破产管理人和债务人有提交破产计划的权利。在自主管理的框架内，还有代替破产管理人的

---

* 德国以前的破产法律主要有两部，即 1877 年生效的《破产清算法》（Konkursordnung），及 1935 年生效的《破产和解法》（Vergleichsordnung）。这两部古老的法律在 1999 年破产法改革时被统一的《支付不能法》（Insolvenzordnung）所取代。但为避免不必要的误解，本书仍遵循中文习惯将 Insolvenzordnung 翻译为《破产法》。

财产监管人（Sachwalter）有提交破产计划的权利（《破产法》第284条）。

单个债权人没有制定破产计划的权利。然而，他们可以在债权人会议上授权破产管理人起草一份破产计划（《破产法》第157款第2句、第218条第2款）。

9. 最早可以在什么时间点提交破产计划？

根据《破产法》第218条第1款第2句的规定，破产计划最早可以在提交破产申请时一并提交。如果在此时破产计划已经起草并与债权人协商一致，那么破产程序可能非常短暂（即所谓的打包计划，*pre-packaged plan*）。

10. 破产计划包括哪些部分？其中有哪些规定？

破产计划包含3个部分，参见《破产法》第219条：陈述部分（darstellender Teil）、构建部分（gestaltender Teil），以及计划预算（Planungsrechnungen）和其他计划附件（Plananlagen，《破产法》第229条、第230条）。

陈述部分的内容由《破产法》第220条规定。该部分旨在提供相关方的信息。在构建部分中，"规定了计划如何改变相关方的法律地位"（《破产法》第221条）。

债权人将被分为不同的群组，他们在相对于债务人的法律地位上存在着差异。《破产法》第222条第1款第1—4项明确提到了4个群组。《破产法》第223—225a条规定了这4个群组的详细内容。

根据《破产法》第222条第2款的规定，可以进一步构建其他不同的小组，这些小组的法律地位是相同的，但在经济利益上有所不同。比如，可以对雇员、银行、供应商、小额债权人和税务机关进行区分。这些群体的划分有助于应对各种差异，例如在破产债权人大群体内部可能存在的进一步差异（参见《破产法》第222条第1款第2项、第38条）。因为在一个群体内，所有债权人都应该受到平等对待，除非该群体内的所有债权人都同意接受不同的待遇（参见《破产法》第226

条第 2 款第 1 句）。

在对破产计划进行投票的背景下，关键在于投票的群体中的多数人以必要的多数同意该计划（参见《破产法》第 244 条第 1 款、第 245 条第 1 款第 3 项）。因此，群组的划分实际上具有重要的战略意义。

《破产法》第 226 条的平等待遇原则仅适用于各自群体内的债权人。

11. 通过破产计划需要多大债权人比例？

通过破产计划需要所谓双重多数：根据《破产法》第 244 条第 1 款第 1 项的规定首先需要按人头计算的债权人多数，根据《破产法》第 244 条第 1 款第 2 项还需要债权总额的多数。

根据《破产法》第 243 条的规定，对破产计划的投票是在群组中进行的。这些群组是根据《破产法》第 222 条组建的。

12. 什么是所谓的"阻挠禁令"？

根据《破产法》第 245 条的规定，在特定情况下，破产计划在某个群组的通过是可以拟制的*。这样做的目的是防止个别债权人对破产计划的通过进行阻挠，对破产计划提出反对或为投同意票索要高昂的价格。在拟制其同意之前，必须同时满足 3 个条件：（1）与没有破产计划的情况相比，不会使该债权人处于更加不利的地位；（2）该债权人可以按照《破产法》第 245 条第 2 款详细描述的方式，获得适当的价值；并且（3）获得群组内多数债权人的同意。

阻挠禁令的模板是美国《破产法》第 11 章（Chapter 11 des Bankruptcy Codes）下重组程序中的所谓"强制性重组"（*cramdown*）。[1]

对劣后顺位的债权人还需要补充适用《破产法》第 264 条的规定。

---

* 也就是说，虽然破产计划在某个群组未能获得通过，但是在一定情况下却可以假定破产计划在该群组已经获得通过。

〔1〕 参见 Herweg：《企业重组中的阻挠禁止》（Das Obstruktionsverbot bei der Unternehmenssanierung），科隆 2004 年版。

13.《破产法》第 264 条的规范目的是什么？

破产计划中规定的贷款，可以在后续的破产程序中取得共益债权的顺位。[1] 这些贷款被称为框架贷款。

14. 破产计划程序如何结束？

当债权人通过了破产计划后，根据《破产法》第 247 条的规定，破产计划还需要债务人的同意，因为债务人的支持在实现破产计划的过程中也是至关重要的。

基于《破产法》第 248 条以下的规定，此后破产计划还需要破产法院的确认。该确认以裁定形式实施，参见《破产法》第 252 条第 1 款。

在确认程序的框架内，个别债权人可以根据《破产法》第 251 条的规定，提出少数人保护申请（Minderheitenschutzantrag），要求拒绝确认破产计划。为了不过度危及破产计划的通过，《破产法》第 251 条对少数人保护申请规定了严格的前提条件，其中包括：根据《破产法》第 251 条第 1 款第 1 项的规定，异议申请最迟必须在表决会议上提出，并同时提出该债权人因破产计划而处于不利地位的可靠证据（《破产法》第 251 条第 1 款第 2 项、《民事诉讼法》第 294 条）。此外，如果已经在破产计划中提供了资金用于平衡债权人的地位，则申请必须被驳回。

在法院的确认裁定生效后，破产法院会进一步裁定破产程序终止（Aufhebung des Insolvenzverfahrens，参见《破产法》第 258 条第 1 款）。

15. 针对破产计划有哪些法律救济措施？

针对破产法院裁定的救济途径是即时抗告（sofortige Beschwerde，《破产法》第 253 条第 1 款、第 6 条，《民事诉讼法》第 567 条以下）。但抗告的可能性受到一定限制，因为抗告人必须满足《破产法》第

---

[1] 参见《破产法》第 265 条、第 266 条。

253 条第 2 款规定的前提条件［抗告人必须已经对破产计划提出异议并投了反对票，能够证明如果破产计划通过其利益会受到严重损害（即损失超过 10%），且其损失不能通过破产计划所提供的基金来弥补］。

出于尽快确立破产计划法律效力的考虑，依据《破产法》第 253 条第 4 款第 1 项的规定，只要破产管理人提出了申请，中级法院应立即驳回抗告，前提条件是：根据法院的自由裁量，破产计划的即时生效应当具有优先权，因为延迟破产计划的执行所产生的不利后果超过了对抗告人造成的不利后果（解禁程序）。但根据《破产法》第 253 条第 4 款第 3 项的规定，抗告人随后有权要求损害赔偿。

16. 破产债权人的债权中未在破产计划程序中得到清偿的部分应如何处理？

根据《破产法》第 227 条第 1 款的规定，除非破产计划另有规定，否则债务人将被免除其对破产债权人的剩余债务。[1] 这是与《破产法》第 201 条明显不同的地方，根据《破产法》第 201 条的规定，破产债权人可以在破产程序结束后继续主张其剩余债权，并且根据《破产法》第 201 条第 2 款第 1 项的规定，在某些情况下甚至可以立即基于一份可执行名义进行强制执行。[2]《破产法》第 227 条强调了破产计划程序对于保全企业的适用性。

根据《进一步促进企业重组法》（ESUG）所引入的《破产法》第 259a 条、第 259b 条，确保了对债务人免受迟延追债者的保护。但有争议的是，排除条款（Ausschlussklausel）对迟延的债权人是否有效。[3]

17. 所谓的《进一步促进企业重组法》（ESUG）是什么？

《进一步促进企业重组的法律》（ESUG）于 2012 年 3 月 1 日生效。

---

［1］《破产法》第 225 条第 3 款中的罚款除外。

［2］参见《破产法》第 201 条第 2 款第 1 句："只要破产债权已经被确认、并且在审查期日上未被债务人提出异议，那么该破产债权人就可以使用他们在破产债权登记表中的登记，就像使用一份可执行的判决书一样，对债务人进行强制执行。"

［3］有关在《进一步促进企业重组法》（ESUG）下免责条款的效力，参见汉堡地方法院判决，BeckRS 2014, 13309；以及联邦劳动法院判例，NZI 2013, 1076。

其目的是使《破产法》和其他一些法律更加有利于重组。

18.《进一步促进企业重组法》对破产计划程序作了哪些改变？

《进一步促进企业重组法》缩短了一些期限，以便加快程序的进行（《破产法》第231条第1款第2项、第232条第3款第2项），即便在股东未参与投票的情况下，也可以假设他们已经同意了破产计划（《破产法》第246a条），并且限制了阻挠通过破产计划和对确认裁定进行救济的可能性。此外，现在即使未经过原有公司的同意，也可以对股东的权利进行干预。为此，《破产法》中引入了第217条第2句、第222条第1款第4项、第225a条和第246a条。对于迟延债权人的处理也进行了规范（第259a条、第259b条）。

19. 按破产计划程序处理的破产程序占多大比例？

在所有破产程序中，按破产计划程序处理的不到2%。

练习案例 8　自主管理程序

由于与 Simon 女士交谈的时间太短，无法讨论自主管理的情况，Glas 博士在下一周的周五再次来到律所。这次，他带来了下面的问题：

1. 自主管理程序是在哪里规定的？
2. 自主管理程序的目的是什么？
3. 以自主管理方式处理的破产程序占多大比例？
4. 为什么自主管理的比例如此之低？
5. 2021 年 1 月 1 日生效的《关于进一步发展重组和破产法的法案》（SanInsFoG）给自主管理程序带来了哪些变化？
6. 破产保护程序（又称"保护伞程序"，Schutzschirmverfahren）有哪些特点？
7. 为什么破产计划程序和自主管理程序的组合是一种很好的选择？
8. 是否可以在破产申请程序中进行自主管理？
9. 在自主管理程序中，哪些工作由债务人承担，而哪些工作又由财产监管人承担？
10. 哪一部破产法律是自主管理程序的灵感

来源？

解答：

1. 自主管理程序是在哪里规定的？

自主管理程序规定在《破产法》第 270 条及以下。[1]

2. 自主管理程序的目的是什么？

自主管理程序旨在促使债务人尽早提出破产申请。这是其最主要的目的。

除此之外，还有其他的论点，比如利用过去管理层的知识，避免破产管理人的适应时间，或者减少成本和费用，因为财产监管人（Sachwalter）只能获得破产管理人报酬的约 60%（《破产管理人薪酬法》第 12 条），以及充分利用自主管理程序在集团破产中的优势等。[2]

3. 以自主管理方式处理的破产程序占多大比例？

实际上只占 0.5% 左右。然而，由于一些大型案件已经采用了自主管理的方式处理，因此它享有不成比例的高知名度。这些大型破产重组案件包括：Philipp Holzmann AG、Babcock Borsig AG、KirchMedia GmbH & Co. KGaA、AgfaPhoto GmbH 和 Ihr Platz GmbH & Co. KG。

自《进一步促进企业重组法》（ESUG）于 2012 年春季生效以来，自主管理程序的案件数量有轻微的增长。因此，包括 Pfleiderer AG、Suhrkamp Verlag、IVG Immobilien AG、centrotherm photovoltaics AG、DURA Group、Eppe-Drescher Group、SIAG Industrie GmbH、Leiser Fabrikations-und Handelsgesellschaft 和 Loewe AG 等公司的破产案件均是以自主管理的方式处理的。这些公司同时还选择了《破产法》第

---

[1] Vgl. Zimmermann, Grundriss des Insolvenzrechts, 11. Aufl. 2018, Rn. 534 ff.

[2] 参见 *Eidenmüller*, ZHR 2011, 11。

270d 条[1]所规定的新的"破产保护程序"（Schutzschirmverfahren），并与破产计划程序相结合，作为进入破产程序的起点。

4. 为什么自主管理的比例如此之低？

其根本原因是债权人对原管理层的能力缺乏信任（"山羊成为园丁"*）。因此，破产法官对批准自主管理程序也会保持克制。

由于自主管理与常规处理方式有很大不同，因此自主管理程序意味着法律咨询者与破产管理人需要投入大量的工作，并产生相应高昂的费用。**

此外，自主管理主要在早期提出申请时更具吸引力，但破产的负面形象可能会使潜在的申请人并不愿意过早提出破产申请。而与破产的负面形象相关的一系列间接破产成本（如合作伙伴退出等）进一步阻止了债务人申请自主管理程序。无论如何，破产被视为个人的一种

---

[1] 在 2021 年 1 月 1 日之前，破产保护程序在《破产法》第 270b 条中有详细规定，实际上比现行规定都要详细。

* 这句成语指的是山羊会吃掉花园里的植物，因此非常不适合做园丁。

** 虽然德国《破产管理人薪酬法》明文规定，自主管理程序中财产监管人的薪酬只有一般破产程序破产管理人薪酬的 60%，但在实践中，债务人往往需要花费更大的价钱聘请法律咨询人为他的自主管理程序"掌舵"。因此，自主管理程序在实践中的费用往往是很高的，有时候整体费用甚至比一般破产程序还要高。这也造成了一种窘况，许多债务人通过自主管理程序一番操作下来，发现流动性状况并没有发生什么显著的变化，仍然在破产的边缘挣扎。这多多少少都与法律市场中咨询者素质参差不齐甚至乱收费有一定关系。德国立法者应当也是看到了这种情况。因此，在引入"预重组"（破产程序之外的重组）之后，有意限制了自主管理程序适用的范围，增加了更严格的批准条件。《破产法》第 270a 条对申请自主管理程序的前提条件作了详尽的规定。简单来说，除了需要提交一系列详尽的申请材料之外，一般还要求提出申请的债务人不能有劳动者的工资债务、社保金债务，以及税金债务。如果存在上述一项或多项债务，必须能够提出有说服力的理由，向法院说明不会影响重组。在实践中，法院一般会立即委任一位鉴定人，在短期内对是否符合自主管理的前提条件提出鉴定报告。这一方面是因为时间比较仓促；另一方面，如果后续自主管理程序开启，鉴定人马上就可以被委任为财产监管人，对他来说自然又多了一笔收入。因此，实践中鉴定人往往只看债务人是否有财产支付他自己的工资，很少深入地评估该债务人是否适合开启自主管理程序。鉴于德国实践中的这种现状，译者推测，也许以后德国立法者会进一步收紧自主管理程序的适用范围，同时鼓励企业进行预重组。也就是说，要么在问题还不严重的时候果断重组，要么干脆破产清算，没必要做一些无意义的挣扎。

失败，因此人们一定会不惜一切代价避免它。[1]

5. 2021 年 1 月 1 日生效的《关于进一步发展重组和破产法的法案》（SanInsFoG）给自主管理程序带来了哪些变化？

该法案提高了对自主管理的申请要求。现在，想要申请自主管理程序债务人首先必须满足《破产法》第 270a 条第 1 款目录中所提出的要求，其中最主要的是提交一份为期 6 个月的财务计划（Finanzplanung）。此外，破产程序如何运行必须已经做了通盘的考虑，债务人既不能负有高额债务，也不能违反相关的披露义务，参见《破产法》第 270a 条第 2 款第 3 项、第 270b 条第 2 款第 3 项。债务人可以在临时自主管理程序中基于《破产法》第 270c 条第 4 款的规定创设共益债务*。

6. 破产保护程序（又称"保护伞程序"，Schutzschirmverfahren）有哪些特点？

2012 年生效的《进一步促进企业重组法》（ESUG）在《破产法》第 270d 条引入了所谓"破产保护程序"（2021 年 1 月 1 日之前的破产

---

〔1〕 这一点与美国不同，在美国，人们非常强调"重新开始"（fresh start）。

* 是否能够成功创设共益债务的问题，尤其是在临时自主管理程序中，往往关乎自主管理程序的成败。因为如果想要推进自主管理程序，就意味着必须继续运营企业，继续运营企业需要方方面面的支持，其中主要是供货商。在破产申请之前产生的债权必然是一般破产债权，在自主管理程序中完全不必顾及（暂时不用还），这其实也是有些咨询人鼓动债务人申请自主管理程序的一个最大的"底气"。但是，显而易见地，如果想要继续运营企业，供货商一般需要立即收到钱才愿意配合，否则自主管理程序面临着申请即失败的风险。这个时候，债务人就必须有能力创设共益债务。对于自主管理程序来说，因为不存在破产管理人，债务人财产的处分权仍由其自己保有，并未转归财产监管人，因此，理论上来说他应当有能力自己决定创设共益债务。然而，鉴于共益债务的存在影响甚大，德国《破产法》第 270c 条第 4 款还是作出了明文规定，即由债务人申请，由破产法院决定，破产法院一般也会听取财产监管人的意见。在实践中，有关自主管理程序中共益债务的问题必须一事一议，由债务人的法律咨询人向法院提出报告，法院依个案作出具体决定。值得注意的是，德国联邦最高法院在 2018 年 11 月 22 日作出判决，在临时自主管理程序中出现的税款债务一般不能作为共益债务处理（BGH, Urteil vom 22. 11. 2018 - IX ZR 167/16）。显然，按照联邦最高法院的意见，税款债务在临时自主管理程序中不能享有优先权。如果执行董事在临时资管管理程序中支付了税款，在正式破产程序中是有可能被撤销的。基于这一判决，企业可以在自主管理程序中获得更多的流动性空间。

保护程序规定在《破产法》第 270b 条）。

如果债务人在面临即将失去支付能力（drohende Zahlungsunfähigkeit）或资不抵债（Überschuldung）的情况下提出了自主管理程序的申请，法院可以规定最多 3 个月的期限，令债务人提交破产计划。此外，债务人还必须提交一份证明，证明他并没有失去支付能力，且所追求的重组也不是没有希望的（参见《破产法》第 270d 条第 1 款）。

只能由债务人自己以《破产法》第 18 条所规定的即将失去支付能力作为破产理由，提出破产申请，相反地，债权人是不能以该理由提起破产申请的。这种情况，实际上为债务人提供了与大债权人共同制定所谓的"预打包"计划的机会。这样一来，在程序启动后，该破产计划就可以很快付诸实施，破产程序也可以终止。

依据《破产法》第 270d 条第 3 款的规定，基于债务人的申请，破产法院可以颁布《破产法》第 21 条第 2 款第 1 句第 3 项的措施，也就是说，在破产保护程序中，破产法院也可以宣布禁止强制执行措施。这样一来，实际上就是给债务人撑起了一把"保护伞"*，使他免受债权人的攻击。债务人获得了难得的喘息机会，以便他可以制订一份破产计划。在有可能出现的破产程序中，债权人往往会遭受更大的损失，因此，他们很可能会倾向于放弃部分债权，以换取债务人的重生。

基于《破产法》第 270c 条第 4 款的规定，债务人可以被授权创设共益债务。这一点很重要，因为企业往往需要流动资金来维持运营，而共益债务可以在一定程度上保证流动资金的维持。只要业务能够继续运营，那么破产财产的贷款就可以偿还，同时可以为所有相关各方提供价值保障，因为通常情况下，继续经营的企业价值应当远远超过其被清算的价值。

7. 为什么破产计划程序和自主管理程序的组合是一种很好的选择？

在破产计划中往往会对企业进行重组（reorganisiert）。为达此目

---

* 这也是"保护伞程序"这一名称的由来。

的，要求企业不能完全丧失经济价值，这意味着债务人必须及早提出破产申请。这其实就是自主管理的目的。

8. 是否可以在破产申请程序中进行自主管理？

可以。从 2012 年开始，法院可以裁定实施临时自主管理（vorläufige Eigenverwaltung）程序。从 2021 年 1 月 1 日开始，临时自主管理制度进行了根本性改革。根据《破产法》第 270a 条的规定，债务人在申请自主管理时必须提供全面的信息和规划。除其他事项外，基于《破产法》第 270a 条第 1 款第 1 项的规定，债务人必须有至少能维持 6 个月运营的足够的流动资金。新的贷款也可以考虑在内。依据《破产法》第 270a 条的规定，如果自主管理计划完整、合理，并且没有任何迹象表明自主管理计划在重要方面是基于不准确的事实完成的（参见《破产法》第 270b 条第 1 款第 1 句），法院就应当裁定批准临时自主管理申请。如果债务人拖欠员工工资，或严重拖欠养老金、税款、社会保障机构或供应商的款项，或存在其他违规行为，那么只有在例外的情况下法院才会允许实施临时自主管理程序，参见《破产法》第 270b 条第 2 款。

在临时自主管理程序中，破产法院不会颁行《破产法》第 21 条第 2 款第 1 句第 2 项所规定的所谓一般处分禁止（allgemeines Verfügungsverbot），充其量只会在例外的情况下要求一些事项需经财产监管人同意（Zustimmungsvorbehalt），参见《破产法》第 270c 条第 2 款第 2 句、第 270b 条第 1 款第 2 句、第 21 条第 2 款第 2 项第 2 种情况。

在临时自主管理程序中，临时破产管理人由临时财产监管人取代。

9. 在自主管理程序中，哪些工作由债务人承担，而哪些工作又由财产监管人承担？

基于《破产法》第 279 条第 1 句的规定，债务人可以根据按照《破产法》第 103 条以下的规定选择履行或不履行一项尚未完全履行完毕的双务合同。债务人在此承担了破产管理人的职责，因此实际上扮演了双重角色：一方面他仍是债务人；另一方面，他实际上变成了债权人的信托管理人。他负责编制清单并处置带有别除权的财产标的（《破产法》第151—153条、第282条）。

而对于不属于日常经营活动的债务，债务人在创设之前必须取得财产监管人的同意（《破产法》第275条）。对这项规定的违反并不会影响负担行为的有效性。但破产法院可以要求债务人在处理某些事宜之前必须取得财产监管人的同意，参见《破产法》第277条。

根据《破产法》第280条的规定，财产监管人负责主张破产撤销权（《破产法》第129条以下规定）、追究股东责任（《破产法》第93条），以及负责主张有关共同损害的责任，尤其是向老债权人主张拖延申请破产的责任（《破产法》第92条）。[1] 这样做是因为考虑到可能存在的利益冲突，这些冲突可能妨碍债务人向股东或者执行董事主张法律责任，或行使破产撤销权。

10. 哪部破产法律是自主管理程序的灵感来源？

美国《破产法》第11章（Chapter 11 des Bankruptcy Codes）规定的重组程序是自主管理程序的灵感来源。那里就有所谓的债务人自我管理制度（debtor-in-possession）。破产公司的管理层仍然保留对资产的处分权，但现在的身份是债权人的信托管理人，代表债权人行事（in-possession）。

---

〔1〕 参见练习案例6。

练习案例9 集团破产

在对自主管理和破产计划程序进行咨询之前，作为 Glas 博士的长期法律顾问，律师 Simon 女士已经在她的议程中安排了了解有关集团破产法律变动的事宜（《破产法》第 3a 条以下、第 269a 条以下、第 270d 条）。

她对这个主题非常感兴趣；她也嗅到了新的商机。然而，她学习有关《股份法》的课程已经过去好多年了，最近的工作也很少涉及集团公司法。因此，Simon 女士记录下了她的问题，然后叫来了她的法律实习生 Felix Xerox。"Xerox 先生，我这里又有一项您的实习任务。"她说着，并将以下问题交给了他：

1. 何谓集团公司？
2. 在集团公司破产中会出现哪些困难？请参考下一页的一个集团公司的图表，并详细分析下面的问题：

   a) 借款人的破产对整个集团可能会产生什么影响？

   b) 集团中各个单独公司的破产程序分别由那些法院管辖？

3. 为什么集团破产非常重要？

4. 如何解决集团公司破产的问题，以及如何在《破产法》中找到必要的工具？

5. 在整个欧洲层面，有关集团公司破产的法律状况如何？

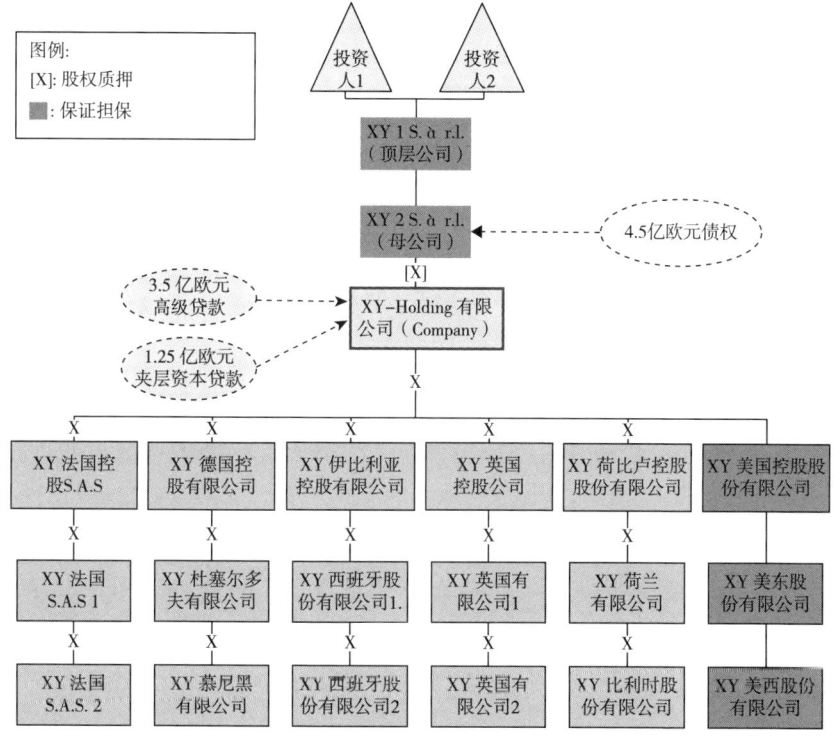

集团公司图表*

---

* • S. à r. l. 是 Société à responsabilité limitée 的缩写，是在卢森堡注册的有限责任公司。
  • S. A. S. 是 Société par actions simplifiée 的缩写，是在法国注册的股份有限公司。
  • S. L. 是 Sociedad de responsabilidad limitada 的缩写，是在西班牙注册的资合公司，类似于有限责任公司。
  • S. A. 是 Sociedad Anónima 的缩写，是在西班牙注册的股份有限公司。
  • N. V. 是荷兰语 Naamloze vennootschap 的缩写，是在比利时注册的股份有限公司。
  • B. V. 是荷兰语 Besloten Vennootschap 的缩写，是在荷兰注册的有限责任公司。

解答:

1. 何谓集团公司?

一个企业集团是法律上独立但经济上相互关联的公司的综合体。《股份法》第 18 条提供了一个定义。该定义与法律形式无关:

《股份法》第 18 条

(1) 如果一家控股公司和一家或多家从属公司在控股公司的**统一管理**下合并,它们就形成了一个集团;每家个别的企业都是集团公司企业。只要在各个企业之间存在控制协议(Beherrschungsvertrag,《股份法》第 291 条)或其中一家公司并入另一家公司(《股份法》第 319 条),那么这些公司应被视为处于统一管理之下。一家**从属公司**被推定为与控股公司组成一个集团。

(2) 如果法律上独立的公司在**统一管理**下合并,而其中一家公司又不依附于另一家公司,它们也构成一个**集团**;每家个别的企业都是集团公司企业。

《股份法》第 18 条第 1 款规定了所谓从属集团,而第 18 条第 2 款则规定了所谓平级集团。"在统一管理下"(unter der einheitlichen Leitung)这个术语是一个不确定的法律概念,在法律中没有明确定义。在将企业纳入一个至少涉及物流、财务、人力资源、生产的其中一个核心决策领域时,就会存在一个统一的管理。

从广义上讲,《股份法》第 15 条及以下各条意义上的关联公司法可称为集团公司法。《股份法》第 15 条及其后续条款定义了企业关联的不同形式(多数股权参股、从属关系、集团公司、相互参股)。

《股份法》第 291—393 条,即《股份法》的第三编,规定了关联企业(所谓的实质性集团法)。这里区分了合同集团和事实集团。合同型集团,是通过公司间协议(控制和利润转移协议,《股份公司法》第 291 条)来实现集团的统一管理的。在事实集团的情况下,虽然不存在控制协议,但却存在事实上的统一管理(《股份法》第 311—318 条)。

即使在事实性集团中，法律也规定了控制型企业影响力的限制。

《股份法》第319—327条对整合进行了规定。与此相关的指示权（Weisungsrecht，《股份法》第323条）超出了控制协议的范围。

2. 在集团公司破产中会出现哪些困难？

a）对整个集团的影响

一个集团公司的破产，尤其是那些位于集团顶层的公司（母公司、控股公司）的破产，往往会迅速引发集团内其他公司的破产。这可能会使集团内剩余的其他公司的继续经营变得困难或不可能。

尤其是当集团内的多家公司对债务的偿还进行了担保，并且以自己的资产设定了担保时，这种情况就更为突出，这种情况实际上在实践中很常见。当债权人要求实现担保时，这些集团内的其他公司很有可能也会陷入破产。

b）关于破产法院的管辖权方面存在的困难

由于各公司在法律上的独立性，对集团内的每家破产公司都应分别启动破产程序。[1] 这通常导致不同的破产法院享有管辖权，甚至可能涉及不同的司法管辖区。无论是德国的《破产法》的第3条第1款还是《欧盟破产法》（EuInsVO）的第3条第1款的规定，都将地域管辖的审查重点放在每个单独公司的经济活动中心。

c）对破产管理人的人选存在的困难

由于各公司在法律上的独立性，对集团内每家破产的公司都应分别启动破产程序。这一般会导致委托多个不同的破产管理人。

d）集团破产中的其他问题

破产原因的确定可能变得更加困难（例如，在母公司出具安慰函的情况下）。

对于合同型集团而言，破产程序的开启会影响到公司间的合同（如控股与利润转移协议）。这些公司间的协议有可能随着破产程序的

---

[1] 尤其是当该集团公司不是民事合伙时。

开启因为重大原因被解除,或者按照部分观点[在原《破产清算法》(Konkursordnung)的时代甚至是通说]可以自动终止。[1]

根据《破产法》第129条及以下的规定,集团内部的给付交换可能会被撤销。因此,价值链并不总是能够保持不变。

根据《股份法》第302条的规定,控股公司的亏损补偿责任直到被控股公司的破产程序开启后才结束。

破产也会对现金池(Cash-Pooling)产生影响,特别是已经完成的支付可能会被撤销,这在一个集团内部实际上是经常出现的情况。此外,对于子公司而言,在不违反《有限责任公司法》第30条第1款资本维持义务的前提下向母公司付款,已经基本上不可能了。

如果破产的集团在多个国家设有子公司,那么破产就可能涉及不同的司法管辖区,并将适用不同的破产制度。此外,还需要澄清法律适用问题,特别是必须区分究竟需要适用公司法还是破产法。

3. 为什么集团破产非常重要?

因为集团破产通常会涉及非常大的企业。按照集团形式组织的企业占据了70%的营业额和53%的就业人口。[2]

4. 如何应对集团破产,并在《破产法》中找到必要的工具?

a)一个破产法院对整个集团的破产案件享有管辖权

对此可以考虑的是,使一个破产法院对破产集团中的所有破产程序享有管辖权。比如,可以根据母公司的经济重心来确定相关的法院。然而,在某些情况下,这可能会很困难,而且并不明确。或者,也可以根据集团中第一家提出破产申请的公司其破产程序开启的地点,来确定管辖法院(优先原则,Prioritätsprinzip)。德国立法者已经选择了集体管辖和移交选项(参见《破产法》第3a条及以下规定)。集团公

---

〔1〕 Hirte, in Uhlenbruck, 15. Aufl. 2019, § 11 Rn. 397 f.

〔2〕 参见 www. bmjv. de/SharedDocs/Archiv/DE/Kurzmeldungen/2013/20130828_ Gesetzentwurf_ zum_ Konzernin-solvenzrecht_ vom_ Kabinett_ beschlossen. html? nn =4795612%22, 2014年8月14日访问。

司破产程序可以集中在最初提出破产申请的破产法院进行。如果申请不一致，已经受理的法院可将破产程序移交给已经受理集团公司破产的法院集中管辖（《破产法》第 3b 条）。

b）为整个集团任命一名破产管理人

如果能为所有集团公司指定同一名破产管理人，无疑将会很有帮助。即便以前，在实践中通常已经只为各个集团公司指定一名破产管理人或来自同一律师事务所的几名管理人。

在管理人任命框架内，《破产法》第 56b 条提供了为所有破产集团公司指定同一名破产管理人的可能性。在这种情况下就出现了破产管理人独立性的问题，这也是《破产法》第 56 条第 1 款所要求的。在集团公司之间出现撤销权或责任请求权时，这一点就会变得尤为重要。确保独立性的一种方式是针对特定问题任命特别破产管理人（Sonderinsolvenzverwalter，参见《破产法》第 56b 条第 1 款第 2 项）。在理想情况下，特别破产管理人不应与破产管理人来自相同的律师事务所，当然出于效率上的考虑，通常也会选择破产管理人同一律所的同事来担任特别破产管理人。

集团破产的例子：Klaus Hubert Görg* 最初被任命为母公司 Arcandor AG 以及其子公司 Karstadt Warenhaus GmbH、Quelle GmbH 和 Primondo GmbH 的破产管理人。随后，Görg 律师事务所的不同员工被任命为 Arcandor 集团其他公司的破产管理人。

c）破产程序的协调和集中管理

在程序上的协调意味着每个法人实体的清算都在一个单独的程序中进行。但不同的破产法院和破产管理人却应当共同合作。法律规定了破产法院和破产管理人的协调责任，并在一定程度上将程序尽可能地集中在少数破产管理人和破产法院手中。

---

* Klaus Hubert Görg 是德国著名的破产管理人，GÖRG（贵珂）律师事务所也以他的名字命名。

破产管理人应被允许参与其他程序的债权人会议，并且可以对程序进展提出清算建议。

通过相互协调处理财产，可以尽可能地增加责任财产，并降低程序成本，这些都可以说明相互协调的好处。[1]

德国立法者已经选择了这条道路。2018 年，通过《破产法》第 269a 条及以下的规定，在《破产法》中引入了一个新的规则体系，规范了管理人的合作、债权人委员会的合作、协调程序、协调管理人和协调破产计划。

d）破产程序的实质性（实体）整合

解决集团破产的可能性不仅限于程序上的协调和破产管理人权责的集中化。因此，还可以考虑对破产程序进行实质性的合并。

在实质性整合的情况下，可以考虑将集团公司视为一个单一的企业，其破产由一家破产法院负责，并任命一名破产管理人。

支持这种做法的论点在于，从经济上来看，一个集团通常就是一个大型企业，只是由多个法律实体组成而已。

然而，反对实质性整合的理由是法人实体原则，以及集团内部每个单独公司的责任限制原则。此外，如果一个集团内部的某家公司仍然具有一定的偿付能力，其债权人的破产清偿率一定会被其他偿付能力较弱的公司的债务拉低，这样一来，偿付能力较强的公司的债务人显然会受到不利的影响。还需要注意的是，责任分离在破产之前就已经对信贷发放产生过激励作用了。当银行只面对一家公司时，显然可以更好地计算风险。

基于这些批评观点，2010 年提出的《联合国国际贸易法委员会破产法立法指南》（UNCITRAL Legislative Guide on Insolvency Law）的第三部分，仅在发生资产混同或存在欺诈活动的情况下提倡实质性整

---

[1] Vgl. Eidenmüller/Frobenius, Beilage zu ZIP 22/2013, 1, 3.

合。[1] 这些例外情况（资产混同或欺诈活动）通常已经通过司法判例和有关权利滥用的规定得到了覆盖。[2]

德国立法者并没有选择实质性整合的处理方式。

e）破产程序的程序性整合

Eidenmüller/Frobenius 在其著作中提出了其他的建议。在所谓的程序性整合中，虽然对集团中的所有公司只适用一个统一的破产程序，但各个公司之间的责任财产则相互保持独立。[3]

这就是集团协调程序的方向（参见《破产法》第 269d 条及以下规定）。

f）总结

有关集团破产的规定从 2018 年 4 月 21 日开始成为《破产法》的一部分。主要包含以下内容：

——一般合作权利与合作义务，基于《破产法》第 269a 条以下规定。

——特殊协调程序，基于《破产法》第 269d 条以下规定。

——集团法院地的引入，基于《破产法》第 3a 条以下规定。

——统一委任破产管理人，基于《破产法》第 56b 条规定。

5. 在整个欧洲层面，有关集团公司破产的法律状况如何？

集团公司通常会在国际间活动。因此，对于国际破产法规定来说，集团破产是主要的应用案例。

《欧盟破产法》（EUInsVO，编号 2015/848）在第 56—77 条规定了破产管理人、破产法院，以及破产法院与破产管理人之间的协调和信息披露义务。尽管《欧盟破产法》已于 2017 年生效，并且是以德国有关集团破产的政府草案作为范例制订的。只是由于立法程序的拖延，

---

[1] www.uncitral.org/pdf/english/texts/insolven/Leg-Guide-Insol-Part3-ebook-E.pdf（14.8.2014）.

[2] Vgl. Eidenmüller/Frobenius, Beilage zu ZIP 22/2013, 1, 3.

[3] Vgl. Eidenmüller/Frobenius, Beilage zu ZIP 22/2013, 1, 3.

德国的规定晚于欧盟的规定之后生效。参照德国的规定,欧盟的法规还引入了一个集团协调程序(参见《欧盟破产法》第 61 条及以下规定)。然而,欧盟的规定仍然在很大程度上缺乏促使各个程序的破产管理人进行合作的义务(《欧盟破产法》第 64 条及第 65 条)。就是首先接到申请的法院的管辖权也并非没有问题。

练习案例 10 《欧盟破产条例》* 与国际破产法

Railways 有限公司专门从事为城市公共交通建造动车组。该公司在伦敦注册成立。然而，在那里，他们其实只雇用了一名半职员工。公司的行政总部设在慕尼黑，生产基地则分布在东欧各国。慕尼黑市中心的圣母主座教堂双子塔是该公司双语（德语/英语）主页的背景图片。所提供的银行账户信息仅涉及德国银行的账户。所有联系电话均以区号 +49 89 开头。通用联系邮箱为 kontakt@railways.de。

2021 年初，Pellet 有限公司向 Railways 有限公司交付了 20 套列车车厢的连接系统。由于 Railways 有限公司数月都未支付货款 5 万欧元，Pellet 有限公司虽然申请了强制执行也并无效果，

---

* 此处的《欧盟破产条例》特指"VERORDNUNG（EU）2015/848 DES EUROPÄISCHEN PARLAMENTS UND DES RATES vom 20. Mai 2015 über Insolvenzverfahren"，即"Die Europäische Insolvenzordnung（EuInsVO）"《欧盟破产条例》。欧盟的 Verordnung 可以直接适用于成员国，而不必再如欧盟指令 Richtlinie 一般必须经由成员国自行转化为国内法。

遂向慕尼黑（基层）破产法院申请了 Railways 有限公司破产。

　　a）慕尼黑破产法院是否拥有管辖权？

　　b）对破产程序应适用哪部法律？

　　c）Railways 有限公司的执行董事（Director）是否有可能依据德国《破产法》第 15b 条承担责任？

　　d）如果该公司（Railways Corporation）注册在美国特拉华州，但行政中心依然在慕尼黑，会发生哪些变化？

　　e）附加问题[1]：Railways 有限公司未支付 Pellet 有限公司的债务也并非毫无理由。该公司目前确实处于财务困难中。Railways 有限公司发行的一笔受英国法律管辖的债券及其利息，目前均无法支付。因此，Railways 有限公司正在考虑通过和解计划（Scheme of Arrangement，Scheme）重组债券的债务。Railways 有限公司的执行董事要求您提供有关该计划的一些关键数据。他尤其关心和解计划的适用范围、程序，以及是否可以在德国得到承认。

欧洲议会和欧盟理事会于 2015 年 5 月 20 日颁布的《关于破产程序的欧盟条例》（Nr. 2015/848）摘录[2]

　　欧洲议会和欧盟理事会考虑到以下原因：

　　（2）欧盟旨在建立一个自由、安全和法制的空间。

　　（2）高效和有效的跨境破产程序是内部市场顺利运作的必要条件。采纳这项法规对实现这一目标至关重要，该目标属于根据欧盟条约第 81 条所规定的民事司法合作范畴。

　　［……］

---

　　[1]　由于和解计划（Scheme of Arrangement）对德国和欧洲重组实践具有重要意义，因此增加了这个附加问题。但由于其涉及英国法律，因此并不是考试的内容。

　　[2]　其前身是欧盟委员会 2000 年 5 月 29 日颁布的有关破产程序的第 1346/2000 号条例。

（88）根据《欧洲联盟条约》（Vertrag über die Europäische Union，EU-Vertrag，EUV）和《欧洲联盟工作条约》（Vertrag über die Arbeitsweise der Europäischen Union，AEUV，AEU-Vertrag）附加的第22号议定书的第1条和第2条规定，丹麦不参与采纳本法规，也不受此法规约束，亦无义务对其予以适用。

特颁布以下条例：

第一条　适用范围

（1）本条例适用于基于破产法规定所实施的包括临时程序在内的公开整体程序，这些程序的目的是挽救（破产企业）、债务调整、重组或清算，在这些程序中：

a）债务人对其财产的处分权会全部或部分被剥夺，并会委任一位破产管理人；

b）债务人的财产及其业务会受到法院的控制或监管，或者

c）由法院或根据法律规定，允许暂时中止个别执行程序，以便债务人与其债权人之间进行谈判，条件是允许暂时中止的程序规定了保护所有债权人的适当措施，并且在未达成协议的情况下，必须先执行a项或b项中的其中一个程序。

在仅存在破产可能性的情况下可启动本款所述程序时，该程序的目的应是避免债务人破产或停止其业务活动。

本款引用的程序在附录A中列出。

（2）［……］

第二条　定义

根据本条例的目的做如下定义

4."破产程序"一词指附录A中列出的程序；［……］

第三条　国际管辖权

（1）破产程序的开启应由债务人主要利益所在成员国法院享有管辖权（以下称为"主破产程序"）。主要利益的中心是指债务人通常进行其利益管理的地点，且对第三方是可确定的。

(2)对于公司或法人实体来说,除非能够提出相反证据,否则推定其主要利益的中心为其住所地。但只有在申请启动破产程序前三个月内未将住所地迁至另一成员国境内的情况下,这一推定才能适用。[……]

第七条 法律适用

(1)除非本条例另有规定,否则对于破产程序及其效力适用开启该程序的成员国的破产法(以下简称"程序开启国")。

解答:

Ⅰ.问题 a)

只要德国的破产法院对于开启 Railways 有限公司的破产程序在国际上具有管辖权,并且慕尼黑破产法院在德国内部享有地域管辖权,那么慕尼黑破产法院就在本案中享有管辖权。

1. 德国破产法院的国际管辖权

德国破产法院的国际管辖权有可能基于《欧盟破产条例》(EuInsVO)第 3 条第 1 款推导出。由于欧盟法具有优先性,因此,德国《破产法》第 335 条在此不能适用。

按语:关于《欧盟破产条例》[VO(EU)Nr. 2015/848]。《欧盟破产条例》规定了所谓的国际破产法及国际破产程序法。国际破产法涉及适用的破产法问题,国际破产程序法尤其涉及跨境破产情况下哪个破产法院享有管辖权(《欧盟破产条例》第 3 条),以及对破产程序的承认(《欧盟破产条例》第 19 条及以下规定)问题。

《有关民事和商事案件的司法管辖权以及判决的承认与执行》的布鲁塞尔条例[VO(EU)Nr. 1215/2012][1]规定了民事和商事案件的管辖权,但却排除了破产、和解及相关程序(参见第 1 条第 2 款 b

---

[1] 自 2015 年 1 月 10 日起,它取代了欧盟委员会第 44/2001 号条例(布鲁塞尔Ⅰ),通常也称为《关于民事和商事案件的法院管辖权以及判决的承认与执行的条例》(EuGVVO)。

项)。当然,这两个条例在适用范围上并不重叠。

《欧盟破产条例》的改革

2015年,欧盟对《欧盟破产条例》进行了改革。新的《欧盟破产条例》适用于在2017年6月26日之后开启的破产程序,对此只存在少数例外。

适用范围:新的《欧盟破产条例》的适用范围延伸及于临时破产程序和自主管理程序。然而,归根结底,重要的(只是)程序是否被列入了附件A。

管辖权:就司法管辖权而言,欧盟法院(Europäische Gerichtshof,EuGH)*关于主要利益中心地(Centre of Main Interest,COMI)的判例已被纳入了该条例。在这个问题上,欧盟法院要求具有客观的、对第三方可确定的标准。[1] 新条例也规定了一个为期3个月的封锁期,以便在一定程度上对主要利益中心地位于注册地的推定设置例外情况。这样可以在一定程度上防止论坛购物(Forum Shopping)。[2] 此外,还引入了开启破产程序法院的审查和论证义务(《欧盟破产条例》第4条)。《欧盟破产条例》第5条则为债权人设置了救济方式。第6条则规定了对附件诉讼的管辖权(Annexklagen,即与破产程序相关的全部诉讼)。

次要程序:次要程序应当受到限制。如果位于次要程序所在国家的财产也是主程序中的破产财产,而次要程序的开启会对这些财产造成影响,法院可以拒绝开启次要破产程序。主次程序的协调应当得到改善,次要程序不再必须是清算程序。

集团破产:新的条例还规定了集团破产之间的协调。与德国法草

---

* 也有称为"欧洲法院"。但实际上,Europäische Gerichtshof(缩写EuGH)是依据欧盟法律设立的欧盟的最高法院。鉴于欧盟与欧洲并不是同一概念,此处仍翻译为"欧盟法院"。

[1] 参见欧盟法院判例 EuGH (Eurofood), NZI 2006, 360, 361, Rn. 34; EuGH (Interedil), NZI 2011, 990, Rn. 51 f., EuGH (Rastelli Davide), NZI 2012, 147.

[2] 当然此方法是否奏效还存在一定疑问。因此,主要利益中心地的迁移无论如何仍然是可能的。

案一样，欧洲范围内也将设立一个基本上不具约束力的集团协调程序，在该程序中，一位协调者将提出协调计划。

此外，还有一些其他的新变化，例如关于破产登记的网络化。

《欧盟破产条例施行法》（EGInsO）第102c条：《欧洲破产条例施行法》第102c条包含了许多关于如何执行欧盟破产法规的规定。

a)《欧盟破产条例》的适用范围

具体的适用范围必须在《欧盟破产条例》中得到明确。

(1)《欧盟破产条例》的实体适用范围

根据《欧盟破产条例》第1条第1款的规定，其实体适用范围涉及整个程序。关于所涵盖的程序的详细描述可以从《欧盟破产条例》第2条第4项与该条例的附录A中得到。

在条例的附录部分"德国"项下列有破产程序（Insolvenzverfahren）*。因此，德国的破产程序确定可以适用《欧盟破产条例》。

(2)《欧盟破产条例》的空间适用范围

根据《欧盟工作条约》（AEUV）第288条第2款第2句的规定，欧盟的条例在每个成员国中直接适用。[1] 德意志联邦共和国是欧洲联盟的成员国。

(3) 与跨境有关的事宜

需要考虑与跨境有关的事宜源自《欧盟破产条例》第2条的基本思路，该思路旨在实现对跨境破产的有效管理。考虑到 Railways 有限公司在伦敦注册成立，并在慕尼黑设立管理总部，因此显然存在跨境关联。

b) 程序开启的管辖权，基于《欧盟破产条例》第3条

根据《欧盟破产条例》第3条第1款第1句的规定，破产程序开

---

* 换句话说，如果某一成员国项下没有明确列出"破产程序"，则《欧盟破产条例》就不能适用于该成员国的破产程序。

〔1〕根据《欧盟破产条例》第33条的考虑，丹麦是一个例外。

启的管辖权取决于债务人主要利益中心地在哪里。[1]

根据《欧盟破产条例》第3条第1款第2句的规定，在没有相反证据的情况下，法人的主要利益中心被推定为其章程所载的住所地。由于Railways有限公司在伦敦注册，英国法院确实有可能享有国际破产程序的管辖权。

然而，《欧盟破产条例》第3条第1款第2句的推定是可以被推翻的。该条规定允许提出"相反的证据"。但是，根据欧盟法院对 *Eurofood/Parmalat* 案的裁决，推翻《欧盟破产条例》第3条第1款第2句推定的要求是相当高的。[2] 国际管辖权应当是可以预见的，并因此具有法律确定性。正如欧盟法院在 *Interedil* 案判决中所述，[3] 所依据的事实必须是客观存在的，并且对债权人是可识别的。对此需要进行全面的考量，并考虑到个案中的所有情况。为了推翻《欧盟破产条例》第3条第1款第2句的推定，除了管理机构的设立地和对企业的控制之外，还必须在另一个成员国实际开展业务活动。[4]

在本案中，根据现有证据，有许多迹象表明Railways有限公司的主要利益中心位于慕尼黑。慕尼黑的圣母主座教堂双子塔为该公司德英双语主页的背景图片。提供的银行信息只涉及德国银行的账户。联系电话号码全部以区号+49 89开头，联系邮箱的后缀为".de"。因此，《欧盟破产条例》第3条第1款第2句的推定是可以被推翻的。

Railways有限公司的主要利益中心位于慕尼黑。

c) 对国际管辖权的结论

因此，德国的破产法院应当享有本案破产程序的（国际）管辖权。

---

〔1〕 所谓的"主要利益所在地"（COMI）。
〔2〕 参见欧盟法院判例EuGH, NZI 2006, 360 ff.（Eurofood/Parmalat）。
〔3〕 参见欧盟法院判例EuGH, DZWIR 2012, 60（Interedil），可参见该案的评论Cranshaw, DZWIR 2012, 53。
〔4〕 参见欧盟法院判例EuGH, DZWIR 2012, 60（Interedil）。因此，欧盟法院并不认可"管理精神"（mind of management）理论，该理论侧重于战略和其他企业管理决策的地点。相反，欧盟法院更倾向于所谓的"业务活动"（business-activities）理论，该理论侧重于运营、广告活动，以及因此而实施企业管理决策。

按语：关于考试中的国际私法（IPR）与国际民事程序法（IZVR）。

Ⅰ. 在德国法院提起诉讼的**合法性**层面

1. 适用的程序法（IZVR）

这里适用的是法院管辖地原则（lex fori），即适用受理该案件的地区的诉讼程序法；因此，在德国法院应当适用德国的诉讼程序法。

2. 国际管辖权（IZVR）

这里应适用《关于民事和商事案件的法院管辖权以及判决的承认与执行的条例》（EuGVVO）、《涉及民事和商事案件的法院管辖权和法院裁决的执行的日内瓦远程诉讼公约》（LugÜ）、《欧盟破产条例》（EuInsVO）或者德国《民事诉讼法》第12条及其后续条款（§§ 12 ff. ZPO）的规定。

3. 外国公司的当事人能力（IPR）

这里涉及公司注册地和成立地理论。

Ⅱ. 在德国法院的诉讼**合理性**层面

这里涉及适用的实体法问题。

所讨论的法律关系必须首先被定性为公司法、资本市场法、侵权法、破产法等法律部门。

随后，可以借助冲突规范来确定所适用的法律。

例如：

公司法⇒没有规定冲突规范；因此，可以通过住所地和成立地理论确定需要适用的法律。

侵权法⇒通过《有关非合同义务适用法律的条例》（Rom-II-VO）确定需要适用的法律。

破产法⇒通过《欧盟破产条例》第4条和第3条的规定（COMI），以及德国《破产法》第335条以下的规定，确定需要适用的法律。

2. 在德国法上有关管辖权的规定

在德国地区享有管辖权的法院应根据《破产法》第3条第1款确

定。依据该条规定，债务人一般住所地所在地区的破产法院拥有专属管辖权，除非债务人的独立经济活动中心位于其他地方，参见《破产法》第 3 条第 1 款第 2 句。依据《民事诉讼法》第 17 条第 1 款第 1 句的规定，法人的一般法院地位由其住所地确定。《民事诉讼法》第 17 条也适用于英国的有限责任公司（Limited），只要其权利能力可以在德国根据成立地理论（Gründungstheorie）判断并予以确认。依据《民事诉讼法》第 17 条第 1 款第 2 句的规定，除非另有规定，否则行政管理地即为住所地。这种情况发生在债务人的独立经济活动中心位于其他地方的情况下，参见《破产法》第 3 条第 1 款第 2 句。

在本案中，Railways 有限公司的行政管理机关设在慕尼黑，参见《民事诉讼法》第 17 条第 1 款第 2 句。并无迹象表明其独立经济活动的中心位于其他地方。因此，慕尼黑破产法院享有地域管辖权[1]。慕尼黑地方法院的这种地域管辖权是一种专属管辖权，参见《破产法》第 3 条第 1 款第 1 句。

按语：关于成立地与住所地理论。《欧盟破产条例》第 7 条适用于在具有国际因素的案件中确定破产法的适用，而在确定公司法的适用时则可以借助成立地与住所地理论。

迄今为止，德国尚未出台有关公司法冲突规范的法律规定。只要这个问题没有通过国家间的条约作出规定，就应当适用不成文的成立地与住所地理论（Sitz-und Gründungstheorie）。这两种理论，在诉讼合法性问题中对于澄清当事人能力问题，以及在诉讼合理性问题中对于确定所适用的公司法律，都有一定作用。

成立地理论：根据成立地理论，公司成立时所依据的法律制度具有决定性作用。由于 Railways 有限公司是依据英国法律有效成立的，因此它在德国也被承认为具有权利能力，并且可以认为具有当事人能力。

---

[1] 只有在债务人的独立经济活动中心不在其行政管理地的情况下，《破产法》第 3 条第 1 款第 2 句才会导致不同的管辖地产生。

住所地理论：根据住所地理论，实际行政管理总部的位置具有决定性作用。依据该理论，也可以对 Railways 有限公司应适用德国公司法。由于（英国的）有限责任公司（Limited）不是德国法律规定的任何一种公司形式，因此，Railways 有限公司在德国法上将被视为个体工商户或人合公司（民事或商事合伙）。

但德国联邦最高法院（BGH）在欧盟范围内不再遵循住所地理论，因为该理论违反了设立（迁徙）自由（Niederlassungsfreiheit）原则。欧盟法院对此作出了具有开创性意义的裁决。[1]

3. 对于慕尼黑地方法院管辖权的结论

慕尼黑地方法院作为破产法院，对于破产申请的裁决享有管辖权。

Ⅱ. 问题 b)

除非《欧盟破产条例》第 8 条及以下各条的规定对于特定的情况，如第三方的物权、抵销、劳动合同或破产撤销，确定了其他需要适用的法律，否则，根据《欧盟破产条例》第 7 条第 1 款的规定，程序启动地国家的破产法（破产法院地法，lex fori concursus）起决定性作用。在本案中德国是启动破产程序的国家，因此，对于 Railways 有限公司的破产程序应当适用德国法。当然，保护债权人的例外情况相当多，例如，《欧盟破产条例》第 8 条规定债权人的物权受物之所在地法（lex rei sitae）管辖。

Ⅲ. 问题 c)

（外国）有限公司（Limited）的执行董事是否应根据德国《有限责任公司》第 64 条第 1 款承担责任的问题，长期以来一直存在争议。这个问题实际上取决于对《有限责任公司法》第 64 条第 1 句的定性。这里可以考虑的是，将该规定定性为公司法抑或是破产法。为了随后能够正确地确定所适用的冲突规范，这种定性是绝对必要的。如果将

---

[1] 参见欧盟法院判例 EuGH, NJW 1989, 2186（Daily Mail）；NJW 1999, 2028（Centros）；NJW 2002, 3614（Überseering）；NJW 2003, 3331（Inspire Art）；NJW 2006, 425（Sevic）；NJW 2009, 569（Cartesio）；NJW 2012, 2715（Vale）。

《有限责任公司法》第 64 条第 1 款视为公司法，则适用（不成文的）公司法冲突规范，即成立地和住所地理论。根据在欧盟范围内适用的成立地理论，将适用英国的公司法。如果将《有限责任公司法》第 64 条第 1 款视为破产法，那么适用的冲突规范是《欧盟破产条例》第 7 条，将可以适用在德国破产程序中使用的法律。

德国联邦最高法院在 2014 年 12 月 2 日的提案裁定（Vorlagbeschluss）中将该条规定视为破产法规则，但同时向欧盟法院提交了一份问询提案，要求欧盟法院确认，在德国法上，对在出现失去支付能力的情况后所进行的付款需要承担的法律责任，是否应依据《欧盟破产条例》第 7 条（旧《欧盟破产条例》第 4 条）适用德国破产法。[1] 在这个问题上，欧盟法院（EuGH）赞同了德国联邦最高法院的论点。[2]

由于《有限责任公司法》第 64 条已经于 2021 年 1 月 1 日被《破产法》第 15b 条所取代，因此，现在就这个问题可以更清楚明确地作出回答，该条规定属于破产法。

Ⅳ. 问题 d）

如果在本案中 Railways Corporation 的注册地位于美国特拉华州，那么显然就不能再适用《欧盟破产条例》了。《欧盟破产条例》的适用范围显然限于欧盟境内。[3] 对此应参考《破产法》。

与《欧盟破产条例》第 3 条不同，在德国《破产法》中并没有关于国际管辖权的明确规定。对于不能适用《欧盟破产条例》的程序，

---

〔1〕 参见联邦最高法院判例 BGH，NZI 2015，85。该判决涉及《有限责任公司法》第 64 条第 2 款（旧法），该规定是《有限责任公司法》第 64 条第 1 句的前身。从 2021 年 1 月 1 日开始，《有限责任公司法》第 64 条第 1 句也已经被《破产法》第 15b 条所代替。

〔2〕 参见欧盟法院判例 EuGH，NJW 2016，223；对管辖权问题参见 EuGH NZI 2015，88。

〔3〕 与《罗马条例Ⅰ》（《有关合同之债适用法律的条例》，Rom-I-VO）和《罗马条例Ⅱ》（《有关非合同之债适用法律的条例》，Rom-II-VO）不同，《欧盟破产条例》的适用范围仅限于欧盟境内的事务。相比之下，两项《罗马条例》规定了欧盟成员国可以适用的法律，包括与美国等第三国有关的法律。

应当参考德国《破产法》第 3 条中关于地域管辖权的规定来确定国际管辖权（即所谓的双重功能原则）。[1] 因此，国际管辖权也可以由《破产法》第 3 条确定。根据这一规定，债务人一般法院地的破产法院具有管辖权。法人的一般法院地在《民事诉讼法》第 17 条作出了规定。法人的住所地即其一般法院地。如果没有其他法律规定，那么法人的行政管理中心所在地为其住所地。Railways Corporation 的行政管理中心位于慕尼黑。因此，德国的破产法院具有国际管辖权。在德国，慕尼黑破产法院享有地域管辖权。

适用法律由《破产法》第 335 条及以下条款确定。类似于《欧盟破产条例》第 7 条第 1 款的规定，根据《破产法》第 335 条的规定，适用开启破产程序的成员国的法律。由于德国对于破产程序的开启享有国际管辖权，因此应适用德国破产法。

V. 问题 e)

1. 和解计划（Scheme of Arrangement）的适用范围

"和解计划"是英国法下的一种破产前的程序。[2] 该程序可以不需要出现破产原因即可开启。

债权人，例如银团贷款或债券的债权人，可以通过多数表决决定延长其债权的到期日或减少其债权。该决议对这些债权的所有债权人都具有拘束力。而拒绝参与重组的个别债权人（hold-out creditors）的意见可以通过多数决议被无视（"cram down"）。在德国法上，直到最近，这种可能性还只存在于破产程序开启后的破产计划程序中，[3] 或者在破产前适用于那些在德国法律下发行的债券，这些债券适用《债券法》（Schuldverschreibungsgesetz）的规定。[4] 自 2021 年 1 月 1 日

---

[1] 参见科隆高级法院判例 OLG Köln，NZI 2001，380；AG Düsseldorf NZI 2017，63。
[2] Sec. 895 ff. Companies Act (CA). Vgl. dazu u. a. Bork, IILR 2012, 477; Eidenmüller/Frobenius, WM2011, 1210; Thole, ZGR 2013, 109; Carli/Weissinger, DB 2014, 1474.
[3] 参见《破产法》第 245 条。
[4] 特别参见《债券法》第 5 条的规定（2009）。还可参见练习案例 12。

起，德国法通过《企业稳定与重组法》（StaRUG）在破产程序之外引入了这种可能性。此外，在某些情况下，融资合同也可以规定合同相对方的多数决策权［不过很少适用于像延长期限或减少债务等"资金条款"（Money Terms）］。

在过去几年中，包括 Rodenstock、Tele Columbus、Primacom 和 APCOA 等公司都通过和解计划（Scheme）进行了重组。从德国的角度来看，和解计划的另一个优点是避免了破产程序的负面宣传。

最终，公司会与特定或所有类别的债权人之间达成协议，并由法院对此进行确认。

2. 和解计划的步骤

法院会先下令召开一次或多次债权人会议，即所谓的召集听证会（Convening Hearing）。与德国的破产计划程序类似，债权人将被划分为不同群组对和解计划进行投票决定。只要超过 50% 的债权人多数以及超过 75% 的债权总额多数同意，和解计划即可获得通过。计划必须在每个小组都获得通过。此外，在所谓的批准听证会（Sanction Hearing）上，和解计划还需要得到法院的批准。法院需要特别审查该计划是否公平且合理（fair and reasonable）。协议一经法院确认，即对所有群组的债权人均具有约束力。[1]

为了使英国法院对和解计划享有管辖权，必须符合欧盟《关于民事和商事案件的法院管辖权以及判决的承认与执行的条例》（EuGVVO）中有关管辖权规定，尤其是根据该条例第 24 条可能由于法院管辖协议而产生的管辖权。如果认为该条例不能适用，则管辖权将根据英国自治法确定，并且需要与英国存在"足够的关联"（sufficient connection），这主要源于选择英国法律的协议。在停车场运营商 APCOA 的案例中，就是通过债权人的 2/3 多数决定，将信贷合同

---

[1] Sec. 899 (3) CA.

的适用法从德国法变成了英国法，并约定了英国法院享有管辖权。[1]

3. 和解计划的承认

和解计划是否可以在德国获得承认是一个备受争议的问题。持异议的债权人是否可以继续在德国就其原始债权提起诉讼，或者德国法院是否必须承认该和解计划呢？根据《欧盟破产条例》第16—25条，或德国《破产法》第343条的规定，无法对和解计划进行承认，因为和解计划不是《欧盟破产法条例》或德国《破产法》第343条意义上的破产程序。[2] 即便是修改后的《欧盟破产条例》也不能适用于和解计划。自英国脱欧以来，也不再考虑通过欧盟《民商事案件司法管辖和判决的承认与执行条例》（EuGVVO）第32条对和解计划进行承认。仍然可以考虑的是，通过《民事诉讼法》第328条在德国承认和解计划。在双方具有排他性法院管辖权协议的情况下，可能会考虑根据2005年6月30日生效的《关于法院管辖权协议的第37号海牙公约》对和解计划予以承认，该公约于2021年1月1日在英国生效。[3] 在英国也加入洛迦诺公约后，和解计划的承认会变得更容易。[4]

---

[1] 对于这种信贷合同的修改所需的必要多数取决于各个信贷合同的具体约定。

[2] 参见联邦最高法院判例 BGH, NJW 2012, 2113（Equitable Life）。对此还可参见 Cranshaw, DZWIR, 2012, 223; Thole, ZGR 2013, 109。基于欧盟《关于民事和商事案件的法院管辖权以及判决的承认与执行的条例》（EuGVVO）第8条以下所规定的保险案件的专属管辖权，德国联邦最高法院（BGH）否认了英国法院的管辖权。还可参见策勒高级法院判例 OLG Celle, DZWIR 2012, 256; 谈到这个问题的还有 v. Nienerza/ Commandeur, NZG 2009, 1220, 以及 Eidenmüller/Frobenius, WM 2011, 1210; Thole, ZGR 2013, 109 ff.

[3] 根据《海牙公约》第8条，对和解计划的承认以双方达成了双方排他性法院管辖权协议为前提。目前很少有双方排他性协议，而金融合同通常只规定了单方面的排他性。

[4] 英国已经于2020年4月提交了加入该条约申请。但其正式加入仍需要得到所有缔约方的同意。

练习案例 11　个人破产

执行董事 Glas 博士曾在 2019 年做过如下的意思表示：

我谨在此对 Pellet 有限公司的债权人负有如下义务：如果 Pellet 有限公司无法偿还债务，我个人将为公司偿还债务，但以 100 万欧元为上限。该义务在 2022 年 3 月 31 日自动终止。

Glas 博士

2019 年 9 月 17 日

在 Pellet 有限公司的破产程序开始后，先后有不同的债权人向 Glas 博士主张债权。此后，还有财政局向其书面要求偿还 Pellet 有限公司的债务 80 万欧元。在接下来的书信往来中，Glas 先生多次表示他因为缺乏流动资金而无法清偿这笔债务。因此，财政局以 Glas 先生已经失去支付能力为由对其提出了破产申请。破产法院以编号为 1501 的信函向其告知了此事。

另外一位债权人，Asset 有限公司同样对其提出了破产申请，并在申请中说明，Pellet 有限公司的债务已经超过了 Glas 先生的个人资产。

Glas 先生要求与律师 Simon 女士进行简短的咨询。他提出了如下问题：

1. 2019 年 9 月 17 日的意思表示在法律上应如何归类（保证、担保、安慰函）？

2. 上述两项破产申请是否合法？债权人对此应说明什么？

3. 可能存在哪些法律救济方式？

4. 债权人是否可以把他们的债权同时在 Pellet 有限公司和 Glas 先生个人的破产程序中进行申报？

5. 什么是消费者破产程序（Verbraucherinsolvenzverfahren）？

6. 什么是剩余债务免除，是否包括所有债权？

7. 债务人可扣押的财产必须转让给受托人多少年？

8. 只有消费者才有可能享受剩余债务免除吗？

9. Glas 先生下一步应当怎么做？

10. 如果 Glas 先生希望在破产程序中提高免予扣押的金额，他需要采取什么措施呢？

解答：

1. 2019 年 9 月 17 日的意思表示在法律上应如何归类（保证、担保、安慰函）？

Glas 先生的声明是一封提高公司信用度的所谓安慰函（Patronatserklärung，*letter of comfort*）。由于声明是发给债权人而不是公司的，因此它是一份"外部"安慰函（与发给公司的"内部"安慰函不同）。如果年度财务报表的审计师要求股东做出这一声明，并将其作为按照《商法典》第 252 条第 1 款第 2 项规定的对持续经营价值进行评估的前提条件，则股东通常会出具安慰函。

按语： 关于安慰函与破产原因。内部的安慰函，即股东向公司出具的安慰函，在某些情况下可以避免失去支付能力和资不抵债的破产理由。在失去支付能力的情况下，如果子公司能够不受阻碍地获得资金，则内部安慰函将被考虑在内。[1] 这同样也适用于将资不抵债作为评估企业是否能够持续经营的第一步。就资不抵债而言，如果存在对股东的支付请求权，即如果连付款的"方式"也有规定，则内部安慰函将被考虑在内。

安慰函所产生的责任可能是巨大的，特别是如果资助人违反了安慰函规定的义务，并导致受益公司破产时更是如此。此后，破产管理人会提出损害赔偿的请求，并要求资助人将企业恢复到其未违反义务时的状况，也就是消除破产。

例如：阿布扎比伊蒂哈德航空公司于2017年4月28日为柏林航空公司提供了安慰函：

"为了最终确认柏林航空有限公司截至2016年12月31日的年度财务报表，我们已经审阅了您所提供的至2018年12月31日为止的两年期财务预测。我们在此确认，我们有意继续为柏林航空有限公司提供必要的支持，确保其在可预见的未来，或至少从本函出具之日起的18个月内，能够顺利履行其财务上的到期义务。我们的承诺体现在，我们过去曾通过贷款形式对柏林航空有限公司提供支持，而现在，我们也在努力协助其获得更多的融资。"[2]

柏林航空的破产管理人已经对赞助人提起了诉讼，柏林地方法院已将争议金额确定为20亿欧元。[3]

此外，还必须区分"软性"和"硬性"安慰函。软性安慰函并不具有拘束力（善意声明，*Good-will-Erklärung*）。软性安慰函不包括对

---

[1] 参见联邦最高法院判例 BGH, NZG 2011, 913, 915。

[2] 律师 Lothar Müller-Güldemeister 为2019年3月13日德国联邦议院法律事务和消费者保护委员会听证会所做准备的书面意见，第6页，载 https：//www.bundestag.de/resource/blob/628058/e04ec1de169c0c50acbfeaa235e4c683/mueller_ gueldemeister-data.pdf, 2021年1月3日访问。

[3] https：//www.airliners.de/london-high-court-air-berlin-schadenersatz-etihad/52710, 2021年1月3日访问。

流动性的承诺，但包括其他类型的承诺，如不出售子公司股份的声明。相反地，硬性安慰函则具有保证（Bürgschaft）或担保（Garantie）的特征。然而，与保证不同，法律并未明文规定安慰函。这也意味着《民法典》第766条的书面形式要求不适用于安慰函。*

按语：关于安慰函的终止（Kündigung）。在某些情况下，安慰函可以面向未来被终止。联邦最高法院迄今为止只对内部安慰函的解除作出过判决。[1] 支持可以终止外部安慰函的论据有，解除其实只会对未来产生影响，因此那些根据安慰函评估信用价值的债权人仍然可以继续享受安慰函的保障。

2. 上述两项破产申请是否合法？债权人对此应说明什么？

两份破产申请中，只有财政局的破产申请是合法的，因为它是以 Glas 先生已经失去支付能力作为基础的。相反地，资不抵债并不是自然人破产的理由（参见《破产法》第19条第1款）。[2]

依据《破产法》第14条第1款的规定，债权人必须能够证明他们在破产程序的开启上具有法律利益，即具有受到法律保护的必要。在某些情况下确实存在例外的情况，比如一个有优先受偿权的债权人，其债权实际上已经得到了完全的保障，因此不会作为破产债权人参与到将要开启的破产程序中，或者当破产申请是基于权利滥用的动机，

---

* 在德国实践中，经常使用硬性安慰函来避免公司出现失去支付能力或资不抵债的破产原因。但一份安慰函是否真的能够完全屏蔽破产原因却难以概括地确认，而需要在个案中根据安慰函的具体措辞结合企业的实际情况作出判断。一般来说，作为一份"合格的"安慰函至少首先需要承诺对债务人一切现存和未来的债务（sämtliche gegenwärtigen und zukünftigen Verbindlichkeiten）承担责任，并且放弃几乎所有的抗辩权，承诺安慰函不可撤回（unwiderruflich），并设置严格的终止（Kündigung）条件，例如直至债务人不间断地具有支付能力6个月之后方可终止等。或者干脆对债务人的支付能力或流动性作出兜底承诺，如使用一切可行的手段确保债务人始终对自身的债务具有支付能力等。如果是由股东（公司）出具的安慰函，还经常会与放弃股东贷款顺位的承诺（Rangrücktrittsvereinbarung）一并使用，确保一切股东贷款或者因履行安慰函所支付的款项都处于劣后顺位，且其有效性可延伸至破产程序中。显然，无论是出具安慰函的保证人，或者是作出劣后顺位承诺的公司股东，都有可能承担巨大的法律责任，很多时候有可能直接导致自身破产，因此需要慎重考虑。

〔1〕参见联邦最高法院判例 BGH，ZIP 2010，2092（Star 21）。

〔2〕Vgl. Zimmermann, Grundriss des Insolvenzrechts, 11. Aufl. 2018, Rn. 47 ff.

以对一个有支付能力但却不愿支付的债务人施加压力为目的时，就会缺乏法律利益。

此外，财政局还必须证明其债权有效存在，以及开启破产程序的原因（在本案中是失去支付能力）。

按语：关于可信性证明。与一般情况不同，这里的"可信性证明"并不意味着法官必须相信主张的真实性（参见《民事诉讼法》第294条）。只要他认为这种说法是可能的就足够了。此外，提供证据的一方并不局限于严格的举证（证人、目击者、当事人听证、证书、专家证人），还可以使用代宣誓的保证（eidesstattliche Versicherung）。然而，证据必须是实际存在的。

3. 可能存在哪些法律救济方式？

依据《破产法》第21条第1款第2句的规定，对破产法院在破产申请程序（Eröffnungsverfahren）中所颁布的安全措施可立即提出即时抗告（sofortige Beschwerde）。

对于法院开启破产程序的裁定（Eröffnungsbeschluss）只有债务人可以提出即时抗告（《破产法》第34条第2款）。因此，Glas先生可以对法院开启破产程序的裁定提起即时抗告。[1]

按语：关于破产程序中的抗告。在破产程序中，只有在《破产法》中明文规定了某项即时抗告权时，才允许进行救济（参见《破产法》第6条第1款第1句）。通过《破产法》第4条的规定，《民事诉讼法》第567条及以下条款得以适用。即时抗告应当提交到破产法院。破产法院要么解决抗告，要么将其提交给抗告法院（Beschwerdegericht）。基于《法院组织法》（GVG）第72条第1款的规定，抗告法院是中级法院（Landgericht）。针对抗告法院的决定，只有在很严格的条件下，才允许向联邦最高法院提出（法律）上诉*（Rechtsbeschwerde zum

---

[1] 如果破产申请是由债务人自己提出的，那么他就没有正式的抗告权。参见联邦最高法院判例 BGH，NZI 2012，318。

* 或称"法律抗告"。

BGH，参见《法院组织法》第133条）。[1]

4. 债权人是否可以把他们的债权同时在 Pellet 有限公司和 Glas 先生个人的破产程序中进行申报？

可以，债权人可以把他们的债权既在 Pellet 有限公司的破产程序，又在 Glas 先生个人的破产程序中分别进行全额申报，参见《破产法》第43条。

5. 什么是消费者破产程序（Verbraucherinsolvenzverfahren）？

消费者破产程序适用于所有未从事独立职业活动（selbstständige Tätigkeit，自由职业）的自然人。[2] 如果自然人以前曾经从事过自由职业，在其财务状况可控的情况下，消费者破产程序仍然对其开放（《破产法》第304条第1款第2句、第2款）。消费者破产程序的特殊之处在于，申请开启破产程序时需要提交一份债务清理计划（Schuldenbereinigungsplan）。通常，债务清理的尝试仅仅是一个过渡阶段，特别是当所谓的"零计划"（Null-Pläne）被提交给债权人时，这些计划其实并未包含任何对债权人的清偿。*

据档案号"IN"显示，Glas 先生的案件被作为一般破产程序进行（消费者破产："IK"）。

6. 什么是剩余债务免除，是否包括所有债权？

《破产法》第286条及以下条款规定了剩余债务免除（Restschuldbefreiung），即自然人在程序结束时免除其尚存的债务（《破产法》第

---

[1] Vgl. Zimmermann, Grundriss des Insolvenzrechts, 11. Aufl. 2018, Rn. 77 f.
[2] Vgl. Zimmermann, Grundriss des Insolvenzrechts, 11. Aufl. 2018, Rn. 577 ff.
* 在德国个人破产程序中，由于消费者破产程序具有程序简便、审查相对宽松等优点，自然人一般都倾向于采用消费者破产程序。但为了开始消费者破产程序，法律却强制要求债务人必须先向债权人提出一个债务清偿计划，只有在该计划无法获得通过后才能开启消费者破产程序。这一要求的结果就是也只能是债务人在实践中都会提出零计划，或者几近零计划，也就是说询问债权人：我不还钱了可以吗？结果自然是遭到债权人的否决，从而可以借此顺利开始消费者破产程序。德国破产实践中也有部分管理人对这种立法政策有所诟病，但这就是目前德国消费者破产程序的日常情况。

301 条)。[1] 然而，债务人因故意实施的侵权行为、拖欠法定赡养费、税务犯罪、罚款和无息程序费用贷款而产生的债务和其他新产生的债务，不在剩余债务免除之列（《破产法》第 302 条）。

因此，剩余债务免除对债权人的基本追索权构成了一个例外（参见《破产法》第 201 条）。它旨在为摆脱过度负债及其各种副作用（心理和社会不稳定）提供一条出路。这种处理方式往往会更有意义，因为（在个人破产程序中）债权人的追索权通常几乎没有经济价值。

根据《破产法》第 287a 条第 2 款第 1 项的规定，在获得剩余债务免除后，再次申请剩余债务免除需要经过一个 11 年的封锁期。*

无论是在一般破产程序中，还是在消费者破产程序中，都可以申请剩余债务免除。

依据《破产法》第 287 条第 1 款第 1 句的规定，剩余债务免除以债务人自己提出破产申请为前提。此外，债务人还必须将其个人收入在 3 年的期限内内转让给法院委任的一位信托管理人（《破产法》第 287 条第 2 款）。[2] 3 年的转让期从破产程序正式开启时起算（《破产法》第 287 条第 2 款）。因此，实际上在债务人的破产程序结束后，其转让期仍然会继续一段时间（即所谓的良好行为期，Wohlverhaltensperiode**）。[3]

7. 债务人可扣押的财产必须转让给受托人多少年？

依据《破产法》第 287 条第 2 款的规定，转让期原则上为 3 年。

当然，只要程序费用已经支付，并且没有任何债权申报，或者所

---

[1] Vgl. Zimmermann, Grundriss des Insolvenzrechts, 11. Aufl. 2018, Rn. 546 ff.

* 换句话说，在上次获得剩余债务免除后的 11 年内，不得再次申请剩余债务免除。

[2] 对于 2020 年 10 月 1 日之前提出申请的破产程序，其转让期为 6 年。

** 在德国实践中，消费者破产程序的持续时间大约为 4—6 个月，剩下的两年多时间都是所谓的良好行为期。换句话说，3 年的收入请求权让与期从破产程序正式开始时起算。一般来说，只要债务人诚实履行收入申报义务，将可扣押范围内的收入交由信托管理人（破产管理人）管理，从破产程序开始时起算，3 年后都可以获得剩余债务的免除。

[3] Vgl. Zimmermann, Grundriss des Insolvenzrechts, 11. Aufl. 2018, Rn. 559 f.

有申报的债权都已得到清偿,法院就可以在转让期结束前作出关于剩余债务免除的决定。新的《破产法》第 300 条在 2020 年 10 月 1 日生效。

按语: 关于破产计划。通过破产计划,可以在破产程序终结时获得与剩余债务免除相同的效果,因此债务人可以撤回对剩余债务免除的申请。由于有关破产计划程序的法律(《破产法》第 217 条及以下)没有类似于第 302 条的规定,所以即使是侵权责任债务也可以在破产计划中进行处理。因此,《破产法》第 227 条的效力也延伸及于债权人的侵权行为债权,除非破产计划另有规定。

8. 只有消费者才有可能享受剩余债务免除吗?

不是的。依据《破产法》第 286 条的规定,剩余债务免除可以适用于所有自然人。这意味着,剩余债务免除制度既可以与适用《破产法》第 304 条及以下条款的消费者破产程序相结合,也可以与一般破产程序结合。因此,剩余债务免除作为一个独立的规则体系,是与一般破产程序和消费者破产程序平行存在的。*

9. Glas 先生下一步应当怎么做?

Glas 先生应当自己提出破产申请,并附带提出剩余债务免除的申请。为了获得剩余债务免除,其申请必须在破产程序正式开始前提出。

在自己提出破产申请后,Glas 先生可以对法院开启破产程序的裁定提起抗告。此时就不再有其他形式障碍了。[1]

10. 如果 Glas 先生希望在破产程序中提高免予扣押的金额,他需要采取什么措施呢?

Glas 先生需要根据《民事诉讼法》第 850f 条提出更改不可扣押

---

* 但需要特别注意的是,剩余债务免除需要独立于破产申请之外单独提出申请,不在提出破产申请时一并提出剩余债务免除的申请,是无法在 3 年后获得剩余债务免除的。但一般在实践中,破产法院都会对自然人作出相关提示。

[1] 参见联邦最高法院判例 BGH, NZI 2012, 318。这其实是令人遗憾的,因为当债权人提出破产申请并且债务人原则上想要进行抗辩时,债务人却不得不先自己提出破产申请以获得剩余债务免除,这样一来其实就限制了债务人获得法律保护的机会。

金额*的申请（《破产法》第 36 条第 1 款第 2 句）。此问题的管辖法院不再是强制执行框架中的执行法院（Vollstreckungsgericht），而是破产法院（《破产法》第 36 条第 4 款）。在本案中其实并无区别，因为慕尼黑地方法院既是执行法院（《民事诉讼法》第 828 条第 2 款、第 13 条），又是破产法院。在破产法院，由司法助理（Rechtspfleger）负责处理这些问题（《司法助理法》第 3 条第 2 项 e），除非法官自己保留了决定权（《司法助理法》第 18 条第 2 款)。[1]

---

* 从 2024 年 7 月 1 日起，德国可扣押收入的下限是 1499.99 欧元，也就是说，只有超过 1499.99 欧元的债务人税后净收入才可以纳入破产财产，未超过的部分必须留给债务人作为最低生活保障金。在债务人有需要抚养的权利人时，比如夫妻、未成年子女等，这一金额还会水涨船高，例如有一位抚养权利人时为 2059.99 欧元，有两位时为 2369.99 欧元，以此类推。可扣押收入下限的提高，实际上使得德国更多的个人破产案件可以按"无财产"（masselos）处理。此时，破产管理人只能从国库获得 1120 欧元的最低工资。这也造成了德国的破产管理人越来越不重视个人破产案件。

[1] 在破产程序之外，司法助理的权限来源于《司法助理法》第 20 条第 17 项。

练习案例 12 《企业稳定与重组法》* 下的重组计划

　　Automobil 股份公司是银团贷款的借款人。在 2017 年 11 月，五家银行总共向 Automobil 股份公司贷款 5000 万欧元。贷款在 2022 年 11 月到期。由于经济环境恶劣，Automobil 股份公司的董事会认为不太可能对贷款进行再融资。相反，他们希望说服贷款人延长贷款期限。作为回报，Automobil 股份公司向银行提供了更高的利率（保证金上浮）和额外的抵押品（修改和延期）。根据贷款协议，只有在所有贷款人都同意的情况下才能延长贷款期限。

　　董事会认为，如果 2021 年上半年运营业务出现负面发展，一些银行可能会将其债权以折扣价转卖给专业投资人。例如，银行可能将 1000 万欧元的应收贷款出售给不良债务基金，出售价仅为 400 万欧元。而新债权人有可能会拒绝董事

---

* 德国《企业稳定与重组法》于 2021 年 1 月 1 日才生效。目前，德国破产法实务界对该法也还处于摸索阶段。这一点其实从本书这一部分也可以看得出来，作者在这一部分也只是作了一些法律条文内容的介绍。

会的建议，因为他们有其他想法，例如打算将他们的债权转换为股权（债转股）。

2021年3月，董事会向律师Simon女士咨询，希望了解是否可以利用于2021年1月1日新引入的重组程序，来解决如果董事会提案未能按照贷款协议的要求获得所需的100%同意时所出现的问题。对此，董事会对下列问题比较感兴趣：

1. 重组程序的优势在哪里？
2. 稳定和重组框架有哪些工具可以使用？《企业稳定与重组法》（StaRUG）是否也有助于对抗强制执行通知书？
3. 重组计划提供了哪些构建选择？未来可以修改合同吗？
4. 如何对重组计划进行表决，是否所有小组都必须同意该计划？
5. 对重组计划有哪些法律救济途径？
6. Automobil股份公司是否可以随时进入重组程序，或者是否需要满足某些前提条件？
7. 在重组程序中董事会有哪些义务？
8. 是否在每种情况下都会任命一名重组专员？
9. 哪家法院对此享有管辖权？
10. 锁定协议在《企业稳定与重组法》（StaRUG）中将发挥什么作用？
11. 《企业稳定与重组法》（StaRUG）第89条的目的是什么？
12. 《债券法》（SchVG）与《企业稳定与重组法》（StaRUG）在哪些方面有相似之处？
13. 根据《债券法》何时以及如何任命共同代表？是否可以任命法人作为代表？共同代表扮演什么角色？

解答：

1. 重组程序的优势在哪里？

《企业稳定与重组法》（Gesetz über den Stabilisierungs – und

Restrukturierungsrahmen für Unternehmen，StaRUG，以下简称《重组法》）所规定的重组程序，可以在企业面临失去支付能力的情况下，通过多数决定实施重组，类似于破产计划和《债券法》。根据《重组法》第25条第1款的规定，接受重组计划的多数意见在每个债权人组别中为75%。不需要所有债权人（或其他受计划影响的债权人）的100%同意，就可以实施重组。

与破产计划不同，《重组法》所规定的程序是一种选择性程序，比如可以仅涉及银行。

与《债券法》不同，《重组法》并不局限于在德国法下发行的债务凭证。债务人的其他债务以及受外国法律管辖的债务也可以纳入该重组程序。例如，高收益债券（High Yield Anleihen）通常受纽约法律管辖，银团贷款通常受英国法律管辖。

虽然贷款合同或债券条款（Indentures）中规定的变更多数通常为50%或66%（2/3），然而，对于重要决定，如延长期限，需要达到90%（高收益债券）或100%的债权人同意。

2. 稳定和重组框架有哪些工具可以使用？《企业稳定与重组法》（StaRUG）是否也有助于对抗强制执行通知书？

《重组法》第29条规定了4种稳定与重组框架工具：

（1）法院讨论重组计划（《重组法》第45—46条）：依债务人的申请，法院会安排一个重组计划接受听证会（讨论日期和投票日期）。召集会议的通知期为14天。在听证会上，相关各方将对重组计划进行讨论并进行投票。

（2）法院的预审核（《重组法》第47—48条）：依债务人的申请进行。预审核的对象可以是任何对于确认重组计划具有重大意义的问题。但预审核并无法律拘束力。

（3）暂停执行/稳定（《重组法》第49—59条）：依债务人的申请实施。法院可以禁止或中止对债务人所采取的强制执行措施（强制执行冻结）。在启动破产程序时，一些债权人可以对债务人的某些动产标的物主张别除权（Absonderungsrecht）或取回权（Aussonderungsrecht），但如果这些动产对债务人的业务延续非常重要，（法院可以决定）债权人不得强制执行这些权利，这些标的物必须被用于债务人业务的延续（变现阻碍，Verwertungssperre）。当然，由于此时债权人的权利受到严重侵犯，债务人的上述申请必须满足《重组法》第50条的要求（重组计划）。依据《重组法》第53条的规定，该禁令的有效期最长为3个月。从原则上来说，只有在这个最长禁令期间内才能发布后续和新的禁令，除非：(i) 债务人向债权人提出了一项重组计划提议；并且（ii）没有迹象表明该重组计划无法在一个月内获得通过。在上述情况下，禁令的最长期限可以延长一个月。如果债务人已经向法院提出了确认重组计划的申请，则在重组计划最终确认生效之前（最长为初始禁令下达后8个月内），可以下达后续禁令和新的禁令（关于此规则的例外情况，参见《重组法》第53条第4款）。

（4）法院确认重组计划（《重组法》第60条以下规定）：这项措施虽然也是依债务人的申请实施的，但是，只要对重组计划没有达到100%的同意，则始终需要对重组计划经由法院进行确认（也参见《重组法》第17条第1款第1句）。如果重组计划可以事先获得债权人100%的批准，则无须进行《重组法》所规定的程序，（但此种情况显然很少发生，）因此在几乎所有《重组法》所规定程序中，重组计划都需要经由法院进行确认。

3. 重组计划提供了哪些构建选择？未来可以修改合同吗？

（1）债权的构建（调整）：针对债务人的债权和在债务人财产上存在的担保可以进行调整，例如可以减少或延长其期限等（参见《重组法》第2条第1款第1项）。但对劳动者的债权（包含养老金请求权）则不能进行调整（《重组法》第4条第1句第1项）。同样地，基于故意实施的侵权行为的债权（《重组法》第4条第1句第2项），以及确定的罚金债权（《重组法》第4条第1句第1项）都不能进行调整。

（2）对与多方签订的合同进行修改：对于与多方签署的合同可以进行调整（也就是说，不仅仅可以对基于该合同产生的债权本身进行调整*，参见《重组法》第 2 条第 2 款）。对此通常会涉及银团贷款协议和债券条件，例如允许调整财务契约（Financial Covenants）、到期日和其他义务。如果债务人也是债权人间协议的一方，对债权人间协议的修改也很重要。

（3）释放关联公司提供的担保和保证：由关联公司所提供的保证、共同债务或者其他担保（《股份法》第 15 条）也可以通过重组计划进行调整（《重组法》第 2 条第 4 款）。对（受到影响的）债权人应当给予适当的补偿，并在各自的群组中进行表决（参见《重组法》第 9 条第 1 款第 2 句）。

（4）将债权转换为股本：根据重组计划，对债务人企业的股权或成员权利可以被调整或转让（参见《重组法》第 2 条第 3 款）。这实际上是允许通过实物投资将债权转换为股本（债转股）。

《重组法》的政府草案还带有可以终止尚未完全履行完毕的双务合同的措施，类似于《破产法》第 103 条以下规定。这一措施尤其对于租赁合同影响很大。但《重组法》的最终版本放弃了该措施。

4. 如何对重组计划进行表决，是否所有小组都必须同意该计划？

对重组计划的表决在不同的小组中进行（《重组法》第 25 条第 1 款）。最初应根据在破产程序中受到重组计划影响的各方法律地位进行分组（《重组法》第 9 条第 1 款第 1 句），此时形成下面的组别：可以期待享有别除权的债权人（担保权）、无担保债权人、股东贷款和其他劣后债权以及股东。由第三方提供担保的债权人构成一个独立的小组（参见《重组法》第 9 条第 1 款第 2 句）。在此基础上，还可以根据债权人的经济利益分成更多的小组，因此，制定重组计划的人在群组形成方面实际上具有很大的灵活性（《重组法》第 9 条第 2 款）。根据经

---

* 也就是可以对合同内容进行调整、变更。

济利益选择债权人和形成群组必须是合理的（参见《重组法》第 8 条、第 9 条第 2 款第 2 句）。

为了使重组计划获得通过，要求在每个群组中，支持该计划的群组成员持有该群组中至少 75% 的表决权（Stimmrechte，是表决权的 75% 同意，而不仅仅是超过 75% 的债权人参与投票）。与破产计划的通过不同，这里并不需要人数上的多数（Kopfmehrheit，参见《重组法》第 25 条）。

如果在一个群组中未能达到投票权的 75% 多数同意，但法院确认了该重组计划，则对于在该群组中投否决票的受计划影响者来说，该计划仍然生效（强制执行，Cram-Down）。

类似于《破产法》第 245 条，在某些特定情况下，整个群组的同意也可以被替代（跨类别强制，Cross-Class Cram-Down）。但依据《重组法》第 26 条的规定必须符合下面的前提条件：

（1）对于被否决的群组成员来说，根据重组计划的安排，他们的状况并不会比没有计划时更差（这需要债务人提供与计划相关的比较计算，并且该计划通常应提供企业继续经营的价值）。

（2）大多数参与投票的群组赞成该计划。如果只有两个表决组，一个表决组赞成即可。

（3）被否决的群组成员仍然可以以合理的方式享受该重组计划的价值。根据《重组法》第 27 条的规定，该要点的含义是：

——受该重组计划影响的其他债权人获得的经济价值均不超过其债权的全额。

——任何参与重组计划的劣后债权人、债务人或参股债务人企业的相关人员，都不会获得任何未通过向债务人资产付款而全额受偿的经济价值。如果股东的参与对公司至关重要，或者对债权人权利的干预并不过分（尤其是：将贷款或债券延长至最长 18 个月），则可以放宽这项规定（绝对优先权规则，absolute priority rule），使其对股东有利。

——参与重组计划的任何平等受偿的债权人（*pari passu* Gläubiger）都不会比被否决的群组中的债权人得到更加优惠的待遇。在特殊情况下，如果考虑到具体情况和需要克服的经济困难，这一规定也可以有所松动（参见《重组法》第 27 条第 1 款）。

实际上，它与依据《破产法》第 222 条的要求建立群组的破产计划有许多相似之处，《重组法》同样也提供了类似的替代整个群体同意的可能性，参见《破产法》第 245 条。当然，不同于重组计划的是，破产计划需要在群组中获得人数上的多数同意，参见《破产法》第 244 条第 1 款第 2 项。根据《破产法》第 244 条第 1 款第 1 项的规定，群组内有表决权的债权人所代表的债权总额的 50% 同意就足以制定破产计划，而《重组法》第 25 条第 1 款则要求群组内有表决权的债权人所代表的债权总额的 75% 以上同意。在破产计划中不能规定《重组法》第 28 条所规定的违反绝对优先权规则的例外情况。

5. 对重组计划有哪些法律救济途径？

那些有关重组计划的内容和程序处理，以及有关受计划影响的各方如何接受计划的法律规定，如果在某一重要项目上未能得到遵守，且缺陷无法得到纠正或未得到纠正，则法院应拒绝依职权驳回重组计划（《重组法》第 63 条）。

在《重组法》第 64 条规定的少数债权人保护的框架内，如果受到重组计划影响的债权人预计在重组计划下将处于比没有计划更为不利的境地，他们可以申请法院驳回重组计划。

依据《重组法》第 66 条的规定，在特定情况下，还可以对确认重组计划的裁定提出即时抗告。依据《重组法》第 64 条第 2 款第 3 项的规定，抗告人必须能够证明"他在重组计划下会处于比没有重组计划更加不利的境地"。与《破产法》第 6 条的情况类似，只有在《重组法》规定可以提起即时申诉的情况下，才可以对重组法院的裁决提出抗告（《重组法》第 40 条第 1 款）。依据《重组法》第 38 条的规定，除非《重组法》对此另有规定（例如，即时申诉应当向重组法庭提出，参见《重组法》第 40 条第 1 款和第 2 款），否则即应适用《民事诉讼法》第 567 条及以下关于即时申诉的规定。

6. Automobil 股份公司是否可以随时进入重组程序，或者是否需要满足某些条件？

稳定和重组框架（Stabilisierungs-und Restrukturierungsrahmen，英语 Scheme）适用于所有尚未失去支付能力或资不抵债的债务人，但其必须已经处于濒临失去支付能力的状态，并且其经济利益中心（center of main interest，COMI）位于德国。

在预测期一般为 24 个月的情况下，如果预计债务人在此期间会出现无法偿还到期债务的情况，就可以认为其即将失去支付能力（参见《破产法》第 18 条第 2 款）。但同时，不能存在《破产法》第 17 条（Zahlungsunfähigkeit，失去支付能力）或第 19 条（Überschuldung，资不抵债/过度负债）所规定的破产原因*。

根据本案中的情况，贷款于 2022 年 11 月到期。因此，贷款到期时间在潜在的失去支付能力的 24 个月评估期限内。董事会必须对公司是否有望在到期时偿还债务进行评估，无论哪种情况必须至少有超过 50% 的可能性。对依据《重组法》来推迟到期日的程序，显然无法进行考虑，因为那将会造成循环推理。

对于有限责任公司的管理层来说，一个重要的问题是，股东是否必须同意进入该（重组）程序。与政府草案中的规定不同（《重组法》草案第 2 条），最终的法律规定不再涉及管理层受托责任的转移（Shift of Fiduciary Duties）。该责任涉及董事会在公司濒临破产阶段保护债权人利益的责任。如果存在这一责任，则董事会将不再需要考虑与此利益不一致的股东决议，当然也不需要再征求股东们的同意。在受托责任的转移尚未成为法律的背景下董事会显然仍应在内部关系中征得股

---

* 如果出现失去支付能力或资不抵债的情况，或者二者同时出现，则会产生破产申报义务，原则上来说必须申请破产，即便有重组的想法也只能在破产程序的框架内尝试重组。

东的同意*。反对强制股东参与的理由是，《重组法》第 43 条第 1 款可能具有的前置效力，该条规定原则上只在《重组法》开始适用后才发生效力，而且债权人的利益无疑应当是濒临破产阶段公司利益的一个重要的参照点。

7. 在重组程序中董事会有哪些义务？

《重组法》第 1 条跨越不同公司形式规定了对危机的早期识别（Krisenfrüherkennung）和应对措施（Gegenmaßnahmen）的义务（对于股份公司，请参见《股份法》第 91 条第 2 款）。公司的经营者必须持续监控可能危及公司生存的发展趋势。这些义务是普遍适用的，即无论是否利用了稳定和重组框架中的工具，或者公司是否正在制定重组计划。

在重组案件提交法院后（参见《重组法》第 31 条第 3 款），管理层以及债务人都必须开始考虑债权人的利益（参见《重组法》第 43 条第 1 款）。根据《重组法》的政府草案 [作为《企业稳定与破产法发展法》（SanInsFoG）的第 1 条]，在计划中的《重组法》第 2 条曾经规定，在企业面临潜在的支付困难后，管理层必须明确考虑债权人的利益，并在危机进展到一定程度时优先考虑债权人的利益而不是股东的利益。虽然最终法案并未包含 "受托责任的转移"（Shift of Fiduciary Duties）这一内容。然而，由立法程序引发的讨论则提出了一个论点，即在企业出现危机，也就是出现潜在的支付困难的情况下，应将债权人利益视为企业利益的主要参考点。依据《重组法》第 43 条第 1 款的规定，在管理层违反上述义务时有可能面临损害赔偿。这种损害赔偿责任是一种管理层对债务人的内部责任，并且损害总额受限于债权人实际遭受的损害（参见《重组法》第 43 条第 1 款第 2 句）。

依据《重组法》第 42 条的规定，在重组事项未决期间，暂停履行申请破产的义务。然而，破产申请义务人必须在出现失去支付能力或

---

* 换句话说，新法对于管理层信托责任的放弃，意味着不能强制股东同意参与重组。

资不抵债的情况时，毫不迟延地告知法院该情况。与《破产法》第15a条第4款和第5款类似，在违反该义务时，也有可能面临刑事处罚（参见《重组法》第42条第3款）。

一般来说，《重组法》区分了债务人的义务（例如，参见《重组法》第32条）和管理层的义务（例如，参见《重组法》第43条）。

8. 是否在每种情况下都会任命一名重组专员？

依据《重组法》第73条的规定，只有在以下情况下，重组法院才会依职权指定一名重组专员：（i）在重组过程中涉及消费者或中小型企业的权利；（ii）在重组过程中稳定企业的措施与全部或大部分债权人的利益有冲突；或者（iii）如果重组计划规定对其履行需要进行监督（参见第72条）。在个别情况下，如果指定对维护相关方权利并无必要或明显不合适，法院可以决定不进行指定。

此外，法院还可以指定重组专员作为专家对重组案件进行审核（参见《重组法》第73条第3款）。可以预见的是，法院将大量使用这种类似于破产程序的方法*。不过，被任命为专家的重组专员的工作其实比较少（参见《重组法》第76条第1款）。

如果可以预见到需要根据《重组法》第26条替代某些群组的同意，那么也会指定重组专员，除非只有金融债权人作为计划相关方参与，因为立法者认为这些金融债权人有能力维护自己的利益。

依据《重组法》第77条的规定，如果债务人或25%的债权人（按每个群组的表决权计算）提出申请，可以选择指定一名重组专员。

除重组专员外，根据《重组法》第94条及以下各条的规定，还可选择重组调解（Sanierungsmoderation）**。

9. 哪家法院对此享有管辖权？

依据《重组法》第34条第1款的规定，原则上，辖区内有高级法

---

* 破产程序的模式实际上就是由法院委任破产管理人为破产法院进行工作。在德国，破产程序的工作实际上大部分由破产管理人完成，而破产法院实际上只起监督作用。

** 也就是在一个由法院委任的主持人的主持下，在债权人与债务人之间就是否能够进行重组实施调解。

院（Oberlandesgericht）的地方法院（Amtsgericht），在高级法院的辖区内作为重组法院专门负责决定重组事项。

依据《重组法》第 35 条的规定，在地域管辖方面，仅由债务人一般法院地的重组法院管辖。如果债务人的经济活动中心位于其他地方，则该中心所在地区的重组法院拥有专属管辖权。这项规定在很大程度上符合《破产法》第 3 条和《欧盟破产条例》第 3 条第 1 款的规定，即以主要利益的中心（COMI，centre of main interest）作为确定管辖权的依据。

《重组法》第 37 条规定了团体管辖（类似于《破产法》第 3a 条以下）。

10. 锁定协议在《企业稳定与重组法》（StaRUG）中将发挥什么作用？

在与重组相关的锁定协议（Lock-up Vereinbarung）中，债权人有义务支持先前协商的重组解决方案，并且，例如，有义务在重组计划程序中投票支持这个重组解决方案。这种重组解决方案可能涵盖任何可能的交易，例如，延长到期日以换取股东的资本注入，或者进行债转股（参见练习案例 5）。

如果债务人成功使得足够数量的、享有高额债权的债权人签署锁定协议，那么债务人便可以预期，在根据《重组法》进行的重组计划投票中，将获得接受重组计划所必需的多数支持。尤其是在签署锁定协议的各方所代表的每个群组债权额均超过 75% 的情况下更是如此。即便未能达到债权额的 75% 多数，只要可以预期其他一些债权人也会同意，锁定协议依然可以增加交易的安全性。

类似地，债权人之间也可以相互承诺不接受债务人的特定提议（负面锁定，negativer Lock-up）。如果有足够数量的债权人签署了负面锁定协议，那么债务人的提议可能从一开始就注定失败。这可能发生在以下情况下，例如，当债务人发布了一项债券的回购或交换提议，并设定了 66%（2/3）的最低接受门槛。而与此同时，如果超过 33%

(1/3)的债券持有人相互承诺不接受该提议，因为他们认为该提议不够吸引人，那么回购或交换提议将几乎肯定会失败，债务人或债务人的股东将不得不对债权人提出更优惠的提议。

通常情况下，锁定协议会规定，一个债权人只有在买方（及受让人）同意承担锁定协议下的义务时，才能出售其债权。

因此，这实际上涉及债权人之间的一项债法上的协议，在较大规模的重组中，这种协议大大简化了重组的规划和实施，并增加了交易的安全性。

11.《企业稳定与重组法》（StaRUG）第 89 条的目的是什么？

《重组法》第 89 条旨在减少债权人基于《民法典》第 826 条在重组过程中产生的法律责任，以及因故意侵害债权人利益而导致的破产撤销的风险。

一般来说，如果个别债权人的行为导致了迟延申请破产（Insolvenzverschleppung），或者他们在其他债权人的损失下获取了利益，他们可能会根据《民法典》第 826 条对其他债权人承担损害赔偿责任。此外，银行通常被认为是处于良好信息状态的债权人，如果实施了上述行为，依据《民法典》第 138 条，则可能会导致贷款合同和担保无效。最终，银行只能依据《民法典》第 812 条第 1 款第 1 句第 1 种情况，对借款人提出不当得利请求权（Bereicherungsanspruch），而这在还款义务人破产时只能按一般破产债权处理。

如果债务人具有重组能力，则不会触发《民法典》第 826 条的法律责任。当然，通常情况下，这只能通过一位外部的、客观的和熟悉该行业的经济专家的重组评估报告来证明。在更复杂的情况下，这份评估报告还需要遵循德国注册会计师协会（IDW）的 S6 标准。[1] 此

---

〔1〕 德国注册会计师协会（IDW）发布了许多标准，例如企业估值标准（IDW S1）和评估破产原因、开启破产程序的标准（IDW S11）。根据《破产法》第 270d 条（在 2021 年 1 月 1 日之前是第 270b 条）提出破产保护程序（Schutzschirmverfahren）申请的证明遵循 IDW S9 标准。

外，债权人还必须同意进行重组。

在获得重组评估报告之前的中间阶段，可以通过过桥贷款或中期融资来过渡。这种贷款只能用于短期维持拟重组企业的生存，直到完成重组评估的目的，并且贷款金额必须根据该时期所需的金额确定。

12.《债券法》（SchVG）与《企业稳定与重组法》（StaRUG）在哪些方面相似？

与《重组法》类似，《债券法》也允许多数债权人做出一项对所有债权人具有约束力的决定。《债券法》适用于根据德国法发行的债权凭证（Schuldverschreibung），特别是适用于受德国法管辖的债券（Anleihen）。

根据《债券法》第5条第4款的规定，原则上，债权人以简单多数做出决定，而特别重大的措施则需要75%的绝对多数。而债券条款可以规定更高的多数要求。

与《重组法》不同，这里只涉及参与投票的表决权的简单多数或特定多数。[1] 根据《债券法》第15条第3款第1句的规定，只要代表50%以上未偿还债务凭证的多数债权人出席，则第一次债务凭证持有人大会便具有决议能力。如果这个法定人数不在场或未被代表，可以召开第二次债权人大会，此次大会需要由代表25%的未偿还债务凭证的债权人出席或被代表*，通过相关决议则需要出席会议的75%的特定多数才能通过决议。如果在债券条款中没有规定更高的特定多数，那么就可以通过75%的在场债权人来作出适用于所有债券持有人的决议；在极端情况下，代表未偿还债券总额的18.75%的债权人所作出的

---

〔1〕 在《重组法》中，这里的75%多数是指在该类别中所有表决权的比例，而不是参与投票的表决权的比例。相应地，如果参与投票的重组计划相关人较少，那么在每个群组中均获得75%的债权额多数将会变得更加困难。

* 换句话说，《债券法》对出席人数的要求并不高，即便第二次会议只有25%的未清偿债权人出席，只要这25%中的75%通过了决议就可以对全体债券持有人生效。而《重组法》则要求代表债权额75%的债权人通过重组计划，也就是说，出席人数越少，达到这一要求越困难。如果少于75%债权额的债权人出席，则通过重组计划会变得不可能。

决议将约束所有其他债券持有人。[1]

《债券法》第 5 条第 3 款列举了债权人可以做出决定的一些措施，以此作为示例。因此，可以修改利息和本金的到期日。债权人也可以通过多数决议放弃（部分）利息和本金。

13. 根据《债券法》何时以及如何任命共同代表？是否可以任命法人作为代表？共同代表扮演什么角色？

共同代表可以在债券条款中就作出提前任命。与破产管理人（《破产法》第 56 条第 1 款）或重组专员（《重组法》第 74 条第 1 款）不同，《债券法》还允许任命专业的法人作为共同代表（《债券法》第 7 条第 1 款）。

如果在发行人破产之前尚未任命共同代表，那么在破产程序中，债权人可以以 50% 的多数（参与投票的债权人）选举出一个共同代表（《债券法》第 19 条第 2 款）。

共同代表通常具有由法律或债权人以多数决议授予的职责和权力（《债券法》第 7 条第 2 款）。在破产程序中，共同代表独自有权独立代表所有债权人，在破产程序中主张债权人的权利，并负有相应的义务（《债券法》第 19 条第 3 款），例如向破产管理人申报债权。

---

〔1〕 也就是说，是代表债权额 25% 的债权中的 75% 的特定多数所作出的决议。

最后的训练——24个最终案例

> **最终案例1**
> 作为慕尼黑地方法院的破产法官,您正在审查P有限公司破产申请的合法性。需要审查哪些内容?

解答:

法院需要特别审查一般诉讼前提条件是否存在,法院的管辖权(《破产法》第2条),以及债务人的破产能力(《破产法》第11条和第12条)。当破产申请由债权人提起时,还需要其对自己的债权以及债务人是否出现破产原因进行证明(《破产法》第14条第1款第1句、《民事诉讼法》第294条),此外,债权人还必须证明自己对于破产程序的开启有法律上的利益关系。如果债权人的债权已经100%得到了担保,则破产程序的开启对于该债权人来说就会缺乏此种法律上的利益关系。[1]

在审查破产申请方面,由法官负责(参见

---

[1] Vgl. Zimmermann, Grundriss des Insolvenzrechts, 11. Aufl. 2018, Rn. 73 ff.

《司法助理法》第18条第1款)。而在其他方面,在破产程序中,则由司法助理承担许多法院职责(参见《司法助理法》第3条第2项e项)。

> **最终案例2**
> 对破产申请的合理性应如何处理?

解答:

这里需要依据《破产法》第16条及其以下规定审查是否存在破产原因。

此外,还需要评估债务人的财产是否足够支付程序费用。如果足以支付程序费用,破产法院会裁定开启破产程序(《破产法》第27条)。如果债务人的财产不足以支付程序费用,法院会驳回破产申请,参见《破产法》第26条第1款。

对于法人来说,无论是因为没有财产而被驳回破产申请,还是因为开启了破产程序,都将导致公司的解散。[1] 如果一家有限责任公司因无财产被驳回了破产申请,应由执行董事对公司进行清算(《有限责任公司法》第66条第1款),并在清算完成后从商业登记簿删除(《有限责任公司法》第74条第1款第2句)。只要破产程序开启,它就将取代公司法意义上的清算程序。

依据《破产法》第34条和第6条,以及《民事诉讼法》第567条以下的规定,在破产申请被驳回时,作为法律救济手段可以提起即时抗告(sofortige Beschwerde)。

---

[1] 参见《有限责任公司法》第60条第1款第4项和第5项。

> **最终案例 3**
> 如果在破产程序开启后发现破产财产不足以
> a）支付程序费用，或者；
> b）支付共益债务，
> 应如何处理？

解答：

a）如果是在破产程序开启后才发现债务人的财产不足以支付程序费用，法院会中止破产程序（《破产法》第 207 条）。

b）如果债务人的财产虽然足够支付程序费用，但却不足以清偿其他共益债务（Masseverbindlichkeiten），则破产管理人应告知法院存在财产不足（Masseunzulänglichkeit）的情况（《破产法》第 208 条）。此时，共益债务将按照《破产法》第 209 条所规定的顺序进行清偿，待财产分配完毕后，破产程序将中止（《破产法》第 211 条第 1 款）。

> **最终案例 4**
> 尽管有关其债权的文件资料有限，但一位债权人还是提出了关于 P 有限公司的开启破产程序的申请，"前提是无须就启动原因提供专家意见"。债权人希望通过这种方式节省他本应承担的评估费用，尤其是当其申请被视为不合法而驳回时仍应承担的费用，参见《破产法》第 4 条、《民事诉讼法》第 269 条第 3 款，并参考《破产管理人报酬条例》第 11 条第 4 款，以及《司法费用补偿法》第 9 条第 2 款。该申请是否合法？

解答：

不可以，作为诉讼行为（Prozesshandlung）*，申请不得附有期限或条件限制，因为立法者并不希望出现与非诉行为条件相关的不确定性。

最终案例 5
请解释一下"共益债权人"的概念？

解答：

《破产法》第 53 条定义了共益债权人。这涉及破产程序费用的债权人以及其他共益债务的债权人。《破产法》第 54 条以下规定对这两种费用做出了详细的规定。

破产程序的费用包括法院的费用**、（临时）破产管理人的工资与费用，以及债权人委员会成员的工资与费用（《破产法》第 54 条）。法院的费用基于《法院费用法》（GKG）附录的第 KV 2310 项及以下项目计算。法院的其他费用是根据破产财产在程序结束时的价值确定的（《法院费用法》第 58 条第 1 款）。（临时）破产管理人的工资和费用基于《破产管理人报酬法》（InsVV）计算。这也同样适用于债权人委员会成员的工资和费用（《破产管理人报酬法》第 17 条及以下规定）。

其他的共益债务，比如会涉及那些在破产程序开始后产生的债务

---

* 在德国法上，破产申请是一种程序法上的诉讼行为。

** 与诉讼程序不同，在德国实践中，由于破产法院原则上只对破产程序的运行起组织、监督作用，绝大部分工作都是由（临时）破产管理人承担的。因此，在破产程序中，法院费用是很低的，往往只有破产管理人工资的零头。在个人破产程序中，如果债务人确实没有财产支付程序费用，甚至是法院费用，他可以一开始就申请减免破产程序的法院费用部分，而（临时）破产管理人的工资则一般由国库支付。

(《破产法》第 55 条第 1 款第 1 项)。这实际上是给了债权人继续与债务人签订合同（供电、供水、供货等）的动力。共益债权人优先于一般破产债权人受偿。共益债权不受《破产法》第 87 条和第 89 条的限制，也就是说，他们可以根据《破产法》第 90 条的规定对破产管理人提起诉讼并对破产财产进行强制执行。

> **最终案例 6**
> 是否可以在破产申请程序（Eröffnungsverfahren）中即创设共益债务（Masseverbindlichkeiten）？

解答：

可以，但需要通过所谓的"强"临时破产管理人（《破产法》第 21 条第 2 款第 2 项第 1 种情况、第 55 条第 2 款第 1 句）。

所谓"弱"临时破产管理人，可以要求债务人对所有决定都必须事先征得他的同意（Zustimmungsvorbehalt）。但即便如此，基于《破产法》第 21 条第 2 款第 2 项第 2 种情况、第 22 条第 2 款、第 23 条和第 24 条第 1 款的规定，在创设共益债务时，也只能一事一议，在个案中取得法院的授权。[1] 原则上来说，"弱"临时破产管理人需要避免在破产申请程序中出现过多的共益债务。

按语： 破产程序中的公示。依据《破产法》第 23 条的规定，无论是"弱"还是"强"临时破产管理人的任命，都必须进行公示。这往往是破产程序中的第 1 条公示信息，因为破产申请本身并不是需要公示的信息。

同样需要公示的是破产程序开始的裁定（《破产法》第 30 条第 1

---

[1] 参见联邦最高法院判例 BGH，NJW 2002，3326。

款），裁定中会包含报告和审核期日（Berichtstermin und Prüfungstermin）的具体日期（《破产法》第 29 条），以及相应的要求（《破产法》第 28 条）。

另外一项需要公示的例子是经法院确认的破产管理人的工资（《破产法》第 64 条第 2 款第 1 句）。

破产程序中信息的公示依据《破产法》第 9 条实施，网址是：www. insolvenzbekanntmachungen. de（或者：www. unternehmensregister. de）。

> **最终案例 7**
> P 有限公司将两辆公司轿车的所有权转移给了其开户行，用来担保对银行的债务。如果 P 有限公司进入了破产程序，银行可以行使哪些权利？

解答：

银行在破产程序中只能主张别除权（Absonderungsrecht），参见《破产法》第 51 条第 1 项第 1 种情况。

> **最终案例 8**
> 谁有权将两辆轿车变现？

解答：

这个问题应当依据《破产法》第 165 条及以下的规定确定。依据《破产法》第 166 条第 1 款的规定，破产管理人有权将在其占有下的动产进行变现，并将所得价金支付给有担保的债权人（《破产法》第 170

条第 1 款第 2 句)。在本案中，轿车属于动产，且在破产管理人的占有之下，因此破产管理人可以将轿车变现。只有当破产管理人允许债权人自己进行变现时(《破产法》第 170 条第 2 款)，或者该动产并未被置于破产管理人的占有之下时，债权人才可以将该动产自行变现。比如，在债权人享有质权（Pfandrecht）时有可能出现这种情况，因为质权一般必须被置于担保取得人的占有之下。

> **最终案例 9**
> 代偿取回权（Ersatzaussonderung）指的是什么？

解答：

根据《破产法》第 48 条的规定，当那些本应被从破产财产中分离出来的财产被非法让与时，权利人有权追索其让与收益。第 48 条第 1 句规定了对待给付尚未支付的情况。此时，权利人有权要求让与债务人对受让人的价金请求权。而第 2 句则规定了对价已经支付，并且仍然可以清晰地在破产财产中进行区分的情况。[1]

> **最终案例 10**
> 在已经开启的破产程序中应如何处理善意取得问题？

解答：

基于《破产法》第 81 条第 1 款第 2 句、第 91 条第 2 款的规定，

---

[1] 对于已经不能区分的情况参见练习案例 2。

在破产程序中只有土地还有可能善意取得。[1]

> **最终案例 11**
> 为何买受人的预告登记（Vormerkung）和所有权保留（Eigentumsvorbehalt）被从《破产法》第 103 条以下规定中的履行选择权（Erfüllungswahlrecht）中排除了（参见《破产法》第 106 条、第 107 条第 1 款）？

解答：

取得人在这里取得了一种期待权（Anwartschaftsrecht）。这种法律地位在破产程序中不应被破坏。

> **最终案例 12**
> 如何区分《破产法》第 129 条以下所规定的破产撤销，以及《民法典》第 119 条以下所规定的民法上的撤销？

解答：

依据《破产法》第 129 条及以下规定的撤销：所取得的财产必须返还给破产财产（《破产法》第 143 条）。破产撤销以破产财产发生减损为前提，为了保护债权人的利益，这种破产财产的减损需要被恢复原状（防止财产转移损害债权人的利益）。

依据《民法典》第 119 条及以下规定的撤销：法律行为自始无效（*ex tunc*，《民法典》第 142 条）。民法上的撤销以存在有瑕疵的意思表

---

[1] 对细节问题，可以比较练习案例 1。

示为前提,因此表意人的意思需要受到保护(维护私法自治)。

> **最终案例 13**
> 请列出一张图表,用来说明如何审查破产撤销的构成要件。

解答:

(1)法律上行为(Rechtshandlung,《破产法》第 129 条);

(2)在破产程序开始前实施(《破产法》第 129 条、第 140 条、第 147 条);

(3)侵害债权人利益(《破产法》第 129 条、第 142 条第 1 款);

(4)撤销原因(包括期限/主观前提,《破产法》第 130—136 条);

(5)法律后果(《破产法》第 143 条、第 144 条)。

> **最终案例 14**
> 在适用《欧盟破产条例》(EuInsVO)的范围内,具有涉外关系的破产程序的管辖权由什么确定?适用于破产程序的是哪部破产法?

解答:

有关管辖权适用《欧盟破产条例》第 3 条第 1 款:[1]

"Mittelpunkt seiner hauptsächlichen Interessen"(主要利益中心地)在英文表述中称为"center of main interest",简称为 COMI。

---

[1] 对于细节问题可以参见练习案例 10。

根据《欧盟破产条例》第 7 条第 1 款的规定，这里所适用法律取决于"开启破产程序的成员国的破产法"。

出于论坛购物（"Forum Shopping"，一种法律策略，意指选择对自身最为有利的法律来适用）的目的，特别是英国法最为合适。过去是因为所谓的公司自愿安排（"Company Voluntary Arrangement"，CVA，英国法上的一种企业和解重组程序，可以通过与债权人达成协议来解决债务困境），而今天则是因为存在安排方案（"Scheme of Arrangement"，英国法上的一种重组程序）。

> **最终案例 15**
>
> 慕尼黑城市储蓄银行（S）向 P 有限公司提供了往来账户贷款，上限为 50 万欧元。P 有限公司目前对 S 银行的欠款即 50 万欧元。其中 30 万欧元的金额通过一项概括债权让与（Globalzession）进行了担保。目前，P 有限公司开启了破产计划程序。S 银行对于破产计划有怎样的表决权？

解答：

对于其中的 30 万欧元，银行可以在享有别除权的债权人群组中进行表决，参见《破产法》第 238 条。对于剩余的 20 万欧元，银行则只能在一般债权人的群组中进行表决，参见《破产法》第 237 条第 1 款第 2 句。群组的划分则依据《破产法》第 222 条进行。

> **最终案例 16**
>
> Hellberger 有限合伙（H）向 Pellet 有限责任公司租赁了一台叉车。P 有限公司的破产管理人选择了不继续履行租赁合同，H 公司则要求返还叉车。破产管理人告知 H 公司，一份破产计划正在起草之中，H 公司的问题已经在破产计划中"得到了适当的考虑"，或者 H 公司目前"必须配合"。请问破产管理人的表述是否合适？

解答：

如果 Hellberger 有限合伙是享有取回权的债权人，那么破产管理人的陈述就是毫无根据的。取回权人的权利在破产计划中是不能进行处理的。这可以从《破产法》第 217 条中得知，该条款在其详细列举中未提及享有取回权的债权人。

只要《破产法》第 47 条的前提条件得到满足，Hellberger 有限合伙就能够享有取回权。此后，它便可以从物权法或债法的层面主张，叉车不属于破产财产。

物权法上的权利可以从《民法典》第 985 条得出。对此，需满足 Hellberger 有限合伙是所有权人，而破产管理人是无权占有人的前提。在本案中，Hellberger 有限合伙是叉车的所有权人，破产管理人也是占有人。由于破产管理人依据《破产法》第 103 条选择了拒绝继续履行买卖合同，因此，他的占有权也相应地丧失了。《破产法》第 104 条以下所规定的履行选择权的例外情况这里并不存在。由于叉车不属于"不动产标的物"，因此《破产法》第 108 条第 1 款第 2 句在这里并不适用。[1] 因此，Hellberger 有限合伙可以基于《民法典》第 985 条要

---

〔1〕 对于《破产法》第 108 条第 1 款，参见 Zimmermann, Grundriss des Insolvenzrechts, 11. Aufl. 2018, Rn. 354 ff.；Gleußner, Insolvenzrecht, 2015, S. 118。

求返还叉车。

> **最终案例 17**
> Glas 博士向 Aluminiumwerke 股份公司的执行董事做出承诺，只要该公司可以同意破产计划，债权就将得到完全清偿。如何看待这样的承诺？

解答：

依据《破产法》第 226 条第 3 款的规定，该承诺无效。类似的规定还可以参见《企业稳定与重组法》第 10 条第 3 款。

> **最终案例 18**
> 所谓的阻挠禁止（Obstruktionsverbot）是指什么？

解答：

所谓的阻挠禁止（Obstruktionsverbot）在《破产法》第 245 条中作了规定。在关于破产计划的投票中，对于无法达成共识的债权人群组，只要可以预计他们在通过破产计划的情况下，不会比在一般破产程序中遭受更多的损失，他们的投票就可以被替代。

类似的规定可以参见《企业稳定与重组法》第 26 条。

> **最终案例 19**
> 在自主管理程序中，债务人不能采取哪些行动？

解答：

依据《破产法》第 280 条的规定，在自主管理程序中，只有财产监管人（Sachwalter）可以主张有关责任的请求权，并依据《破产法》第 129 条撤销相关法律行为。这项规定的背景是，债务人如果必须自己承担责任或撤销由他引起的资产转移，就会面临利益冲突问题。

但在自主管理程序中，债务人可以行使《破产法》第 103 条以下规定的权利（履行或拒绝履行选择权，参见《破产法》第 279 条）。他还可以将附有别除权的标的物自行变现（参见《破产法》第 282 条）。

最终案例 20

如果债权人因为拖延申请破产造成了损害，存在哪些请求权？

解答：

这里可以考虑的是基于缔约上过失责任（c. i. c.）的请求权（《民法典》第 280 条第 1 款、第 241 条第 2 款，以及第 311 条第 2 款）。该请求权是向公司主张的。根据《民法典》第 311 条第 3 款的规定，在某些情况下甚至可以追究公司管理层的责任，但应该谨慎使用该规定。

当然，基于《民法典》第 823 条第 2 款与《破产法》第 15a 条的请求权更有希望获得成功。在确定责任履行上的因果关系时，必须注意，旧债权人只能获得所谓清偿率损害的赔偿，即由于迟延申请破产而导致他们实际获得的清偿率降低所造成的损害，而新债权人则应获得全部损害的赔偿（论据：根据差额假设，应考虑到如果没有损害事件，即破产申请未提出时债权人的利益状况。在及时提出破产申请的情况下，新债权人根本就不会与债务人签约。）

而《破产法》第 15a 条的立法目的，即保护市场交易免受破产公司的侵害，也支持对新债权人进行全额赔偿。

此外，还可以考虑以《民法典》第 823 条第 2 款意义上的所谓保护他人的法律作为请求权基础，比如《破产法》第 15a 条第 4 款、第 5 款，《刑法典》第 263 条第 1 款。

最终案例 21

南山股份公司向破产管理人申报了 1.8 万欧元债权。如果该债权被——

a）破产管理人或者一位债权人，或者；

b）债务人

——否认，会产生什么后果？对破产程序结束后继续主张债权有什么后果？

解答：

所有破产债权人及破产管理人都可以就债权提出异议。这些异议会在债权申报列表中做出标注。为了最终在破产程序中获得分配，债权人必须对破产债权提起确认之诉（《破产法》第 179 条第 1 款、《民事诉讼法》第 256 条）。[1] 为了避免破产程序的终结因为债权确认之诉的持续而出现延迟，对于提起诉讼的债权人，应当根据《破产法》第 198 条的规定，对其债权进行提存。[2] 如果债权人已经拥有一份经过判决确认的债权，情况就会有所不同了。在这种情况下，必须由提出异议之人举证证明这笔债权不成立（参见《破产法》第 179 条第 2 款）。

---

〔1〕 依据《破产法》第 182 条的规定，应根据预期的清偿率来确定争议金额。有关债权申报，请参见 Gleuβner, Insolvenzrecht, 2015, S. 144 ff。

〔2〕 Vgl. Zimmermann, Grundriss des Insolvenzrechts, 11. Aufl. 2018, Rn. 483 ff.

如果只有债务人自己对债权提出异议，该债权一般应被确认并登记。债权人会按照破产清偿率获得清偿。此时，债权实际上并不是没有任何争议的，此时债权人在破产程序终结后无法获得可以对债务人进行强制执行的执行名义*（参见《破产法》第201条第2款）。为了获得执行名义，债权人必须对债务人重新进行起诉（《破产法》第184条第1款）。

如果确实没有任何人对债权提出异议，在破产程序终结后，债权人可以凭借破产债权申报列表的摘录，对债务人进行强制执行（《破产法》第201条第2款）。

> **最终案例 22**
>
> 在破产程序开启之前，Pellet 有限公司对一位拖欠货款的客户提起了一项涉及 2 万欧元账单的诉讼。破产程序会对诉讼产生什么影响？在什么情况下诉讼可以继续进行？

解答：

依据《民事诉讼法》第240条的规定，无论原告或被告，只要在一方当事人的财产上开启了破产程序，诉讼就将中断。

由破产债务人作为原告的诉讼（所谓的积极诉讼），可以由破产管理人接手继续诉讼（《破产法》第85条第1款、《民事诉讼法》第250条）。

如果破产管理人拒绝接手诉讼，可以由债务人或对方当事人继续

---

* 换句话说，如果任何人，包括债务人自己，都没有对某项债权提出异议，那么破产程序的登记列表（Tabelle）就可以获得执行名义的效力，该债权人可以在破产程序结束后，以该破产登记列表作为执行名义对债务人申请强制执行。因此，债务人必须自己也对破产程序中申报的债权做出谨慎的审查，而不能把所有的工作都扔给破产管理人。否则有可能在法律上遭受不利的后果，为债权人省去了诉讼的时间和金钱。

诉讼（《破产法》第 85 条第 2 款）。此时，该诉讼不再涉及破产财产。有争议的权利将被视为不属于债务人的破产财产。[1]

> **最终案例 23**
> 如果在上述诉讼中，Pellet 有限公司是被告，会有什么不同？此时是 Pellet 有限公司未履行欠款。

解答：

由债务人作为被告的诉讼（所谓消极诉讼），在特定情况下（《破产法》第 86 条第 1 款），即当该诉讼涉及取回权、别除权或共益债务时，可以由破产管理人或原告继续推进诉讼。[2]

但相反地，破产债权人原则上仍然只能在破产程序中申报债权（《破产法》第 87 条）。由于价金债权在破产程序中只能作为一般破产债权（Insolvenzforderung）处理，因此原告不能继续推进诉讼，而只能申报债权。

> **最终案例 24**
> 慕尼黑市在 2021 年失去了支付能力。对于慕尼黑市长的破产申请，破产法院应如何处理？

---

[1] Vgl. Zimmermann, Grundriss des Insolvenzrechts, 11. Aufl. 2018, Rn. 317 ff.; Gleußner, Insolvenzrecht, 2015, S. 98.

[2] Vgl. Zimmermann, Grundriss des Insolvenzrechts, 11. Aufl. 2018, Rn. 321 ff.; Gleußner, Insolvenzrecht, 2015, S. 99 f.

解答：

如果慕尼黑市不具有破产能力（nicht insolvenzfähig），破产法院就可以对其破产申请作为无效处理。[1]

按语： 关于市镇的破产能力。根据《破产法》第12条第1款第2项的规定，如果地方法规作了相应规定，则处于某一州监管之下的公法人（juristische Person des öffentlichen Rechts）财产的破产程序是不被允许的。《巴伐利亚州市政法规》（Gemeindeordnung für den Freistaat Bayern，BayGO）第77条规定，不得对市镇的财产进行破产程序。相反，应该由州政府监管来解决这种情况。

---

[1] Vgl. Zimmermann, Grundriss des Insolvenzrechts, 11. Aufl. 2018, Rn. 41. 译者注：这里作者用了假设句，因为在德国法上，公法人是否具有破产能力是由地方（州议会）自己立法决定的，这个问题不是联邦法律能够解决的问题。